Anatole Leroy-Beaulieu

•

Un homme d'État russe (Nicolas Milutine) d'après sa correspondance inédite

Étude sur la Russie et la Pologne pendant la règne d'Alexandre II (1855–1872)

Paris

Librairie Hachette et Co

1884

Анатоль Леруа-Больё

•

Русский государственный деятель Николай Милютин

Исследование о России и Польше времен царствования Александра II (1855–1872)

Academic Studies Press
Библиороссика
Бостон / Санкт-Петербург
2025

УДК 94(470)"1856/1872"
ББК 63.3(2)51
Л49

Перевод с французского М. Щербины

Научный редактор Сергей Васильев

Серийное оформление и оформление обложки Ивана Граве

Издание подготовлено при поддержке
АНО МЦСЭИ «Леонтьевский центр»

Леруа-Больё, Анатоль.

Л49 Русский государственный деятель Николай Милютин. Исследование о России и Польше времен царствования Александра II (1855–1872) / Анатоль Леруа-Больё ; [пер. с фр. М. Щербины]. — СПб.: Academic Studies Press / Библиороссика, 2025. — 286 с.

ISBN 979-8-887199-59-7 (Academic Studies Press)
ISBN 978-5-907918-44-3 (Библиороссика)

Книга известного французского историка и русиста XIX века Анатоля Леруа-Больё посвящена жизни и деятельности Николая Алексеевича Милютина (1818–1872) — одного из главных организаторов Крестьянской реформы 1861 года и родного брата более известного государственного деятеля Дмитрия Милютина. Впервые на русском языке публикуется обширный корпус переписки Николая Милютина. Особое внимание в книге уделено относительно малоизученному этапу его карьеры — участию в социальных и административных реформах в Царстве Польском в 1863–1866 годах.

УДК 94(470)"1856/1872"
ББК 63.3(2)51

ISBN 979-8-887199-59-7
ISBN 978-5-907918-44-3

Предисловие научного редактора

Уважаемые читатели, вашему вниманию предлагается перевод книги французского историка Анатоля Леруа-Больё «Русский государственный деятель», посвященная биографии выдающегося российского реформатора середины XIX века Николая Алексеевича Милютина, главного организатора подготовки крестьянской реформы 1861 года.

Анатоль Леруа-Больё относительно малоизвестен российской читающей публике, хотя его фундаментальный труд «L'Empire des tsars et les russes» («Империя царей и русские»), изданный в 80-е годы XIX века [Leroy-Beaulieu 1881–1889], представляет собой первое профессиональное исследование истории России, осуществленное европейским специалистом. К сожалению, эта книга до сих пор не переведена на русский, но в интернете можно ознакомиться с ее английским переводом, сделанным еще в начале 90-х годов XIX века известной российской писательницей и переводчицей Зинаидой Рагозиной [Leroy-Beaulieu 1893–1896].

Биографическая книга Леруа-Больё о Николае Милютине гораздо скромнее и по историческому охвату, и по объему. Она основана в значительной степени на переписке Милютина и отчасти на личном общении автора с сотрудниками Милютина в подготовке крестьянской реформы — Юрием Самариным и князем Владимиром Черкасским.

Николай Милютин является одним из наиболее ярких представителей поколения реформаторов 60-х годов XIX века, поколения, которое осуществило самые глубокие и успешные социальные реформы в Российской истории. По своей роли в осуществлении социальных преобразований в России Николай Милютин стоит никак не ниже Михаила Сперанского, Сергея Витте или Петра Столыпина, однако сейчас является личностью полузабытой, а отчасти и загадочной. Николай Милютин был карьерным бюрократом, всю взрослую жизнь провел на государственной службе и не мог публично излагать свои общественные и политические взгляды. Он рано умер и не оставил, в отличие от своего старшего брата, военного министра Дмитрия Милютина, никаких воспоминаний.

После книги Леруа-Больё первая биография Н. Милютина на английском языке авторства Брюса Линкольна вышла в США только в 1977 году [Lincoln 1977].

Первая монография на русском языке, посвященная Николаю Милютину, вышла в 2019 году [Морозова 2019], но она в основном охватывает ранний период деятельности реформатора и в большей степени затрагивает вопросы участия Милютина в реформировании губернского и уездного управления.

Ценность работы А. Леруа-Больё состоит в том, что она основывается на большом корпусе переписки Николая Милютина, благодаря чему мы можем непосредственно ознакомиться с его мнениями и идеями. В предисловии к своей книге Леруа-Больё не указывает на источник переписки, но, по всей видимости, письма были переданы вдовой Милютина Марией Аггеевной через И. С. Тургенева, который был другом семьи Милютиных и одновременно хорошим знакомым Леруа-Больё.

Большая часть писем Николая Милютина до сих пор не опубликована. Исключения составляют мемуары Дмитрия Милютина, изданные в России в начале XXI века в семи томах, где представлена небольшая часть переписки братьев Милютиных, а также огромный труд княжны Ольги Николаевны Трубецкой «Кн. В. А. Черкасский и его участие в разрешении крестьянского вопроса. Материалы для биографии», изданный в начале XX века [Милютин Д. 1997–2006; Трубецкая 1904]. В указанной книге представлена переписка князя Черкасского с Николаем Милютиным до 1863 года. Переписка более позднего периода (1864–

1866 годы), связанная с пребыванием князя Черкасского в Польше, не была опубликована, однако вся она доступна в отделе рукописей Российской государственной библиотеки (РГБ) (фонд 327 Черкасские, картоны 30, 31, 32).

В архиве Милютиных (Российский государственный исторический архив, фонд 869) сохранилось очень небольшое количество оригиналов писем Н. А. Милютина (в основном это письма к М. А. Милютиной)[1] и практически нет оригиналов писем его корреспондентов. Однако М. А. Милютина в процессе подготовки своих записок, которые хранятся в архиве Милютиных в РГИА и были частично опубликованы в «Русской старине» [Милютина 1899], сделала значительное количество копий переписки Николая Алексеевича с его корреспондентами. Большая часть текстов писем, цитируемых в русском переводе книги, следует именно копиям, сделанным М. А. Милютиной, либо чистовым (писарским) копиям этих писем[2].

Некоторая проблема состоит в том, что М. А. Милютина при копировании писем опускала их отдельные фрагменты, в основном связанные с личными впечатлениями и некоторыми персоналиями, причем в разных копиях отсутствуют разные фрагменты. Так, копии писем Николая Милютина и его корреспондентов, находящиеся в так называемой коллекции Осборна (Osborn Collection)[3] в Йельском университете, существенно отличаются от текстов писем, представленных в РГИА. В случае таких расхождений мы ориентировались на французские тексты писем, цитируемые в книге Леруа-Больё.

Отличительной чертой книги Леруа-Больё является особое внимание к последнему периоду деятельности Н. А. Милютина, а именно к преобразованиям в Польше в 1863–1866 годы, которыми руководил Николай Милютин. Леруа-Больё подробно пишет о тех непростых дилеммах, с которыми сталкивалась

---

1 РГИА. Ф. 869 Милютины. Оп. 1. Д. 1197.

2 РГИА. Ф. 869. Оп. 1. Д. 1142, 1144, 1145, 1149.

3 Nikolai Alekseevich Miliutin papers. Osborn collection, Beinecke Rare Book and Manuscript Library, Yale University. Box 1, folder 3.

команда Милютина в Польше, и о дефектах в конструкции польской крестьянской реформы. При этом, однако, он умалчивает о том, что отдельные аспекты деятельности Н. А. Милютина в Польше осуждали не только «полонофилы» в придворных кругах, но и либеральная общественность Петербурга, а также многие московские славянофилы.

Серьезный конфликт существовал и внутри польского правительства, где два бывших союзника Н. А. Милютина по крестьянской реформе В. А. Арцимович (министр юстиции Польши) и А. И. Кошелев (министр финансов) открыто критиковали экстралегальные методы работы Н. А. Милютина и князя В. А. Черкасского (в то время — министра внутренних дел Польши) [Спасович 1902; Кошелев 2002].

В заключение хотелось бы привести две оценки личности Николая Милютина. Первая оценка принадлежит русскому историку А. А. Кизеветтеру, она сделана в книге «Освобождение крестьян. Деятели реформы» [Кизеветтер 1911].

> ...Милютин представляется мне совершенно исключительным явлением в истории русской общественности. В чем же состояла эта исключительность? Как ни велики были государственные таланты Милютина, но русская история знает и других государственных деятелей, которые могут быть поставлены в ряду с ним в этом отношении. Вспомним, например, Сперанского. Была, однако, в Милютине одна черта, делающая его, на мой взгляд, отдаленным предтечей такого типа государственных деятелей, который был совершенно неизвестен нашему политическому прошлому и нарождения которого мы еще не дождались в настоящем. Эта черта заключается в том, что Милютин совмещал в своей личности и своей деятельности представителя правящей бюрократии и представителя передовой интеллигенции, притом совмещал эти два положения не механически, а органически.
>
> Исторические условия русской жизни вырыли целую пропасть между этими двумя элементами нашего общественного строя, превратили их в два взаимно враждебные стана. Мы привыкли к той, вполне подтверждающейся жизнен-

ными фактами мысли, что представитель правящей бюрократии неизбежно является отщепенцем от передовой интеллигенции, и, наоборот, всякий представитель передовой интеллигенции есть прежде всего мятежный отрицатель всего того, что несет с собою для страны правящая бюрократия. Нам в высшей степени трудно вообразить себе общественного борца в мундире чиновника. Между тем конкретным воплощением столь необычного у нас сочетания как раз и являлся Милютин. В этом его характернейшая отличительная особенность, в этом специфический интерес изучения его деятельности. Личные свойства Милютина, благородство его души, очевидная для всех чистота его намерений неизменно снискивали к нему глубокое уважение со стороны независимых друзей общественного прогресса. И тем сильнее было недоумение, возникавшее у многих, перед своеобразием занятой Милютиным политической позиции. Это недоумение с обычной яркостью своего пера выразил Герцен, писавший, между прочим, в период работы редакционных комиссий: «Братья Милютины — эти Аркадий и Гонорий Русской империи — становятся какими-то сфинксами... Бюрократы и либералы, организаторы и децентрализаторы, вчера западники, сегодня славянофилы, завтра... кто их знает что?» <...>
В самом деле, несмотря на свою бюрократическую карьеру, Милютин всегда был связан теснейшими идейными и личными узами с передовыми элементами русской интеллигенции. В 40-х годах молодым чиновником Министерства внутренних дел Милютин считался главой петербургской интеллигентной молодежи, тяготевшей к «западникам». <...> Грановский, приехав в 1848 году в Петербург, познакомился с Милютиным и писал жене про него: «Это — умный и благородный человек, с которым приятно встретиться». <...> Напротив того, правящая бюрократия всячески старалась оттолкнуть от себя Милютина, как некое чужеродное тело, и принимала его в свои ряды с крайней неохотой, повинуясь печальной для себя необходимости. <...> Бюрократические тузы и руководители придворной камарильи чувствовали в Милютине чужого для себя человека, не выносили его прямоты, нелицеприятия, его открытого возмущения всякого рода административными злоупотреблениями и ставили ему на счет предосудительные с их точки зрения связи

> с либералами. <...> Милютину приходилось в течение всей своей служебной деятельности испытывать какую-то затаенную подозрительность к себе со стороны высших сфер. В критические моменты пользовались его талантами, выказывали ему даже внешние знаки благоволения, но за всем этим неизменно чувствовалась внутренняя отчужденность от его личности, отсутствие той живой и непроизвольной симпатии, которую обнаруживают к своему человеку [Кизеветтер 1911: 244–246].

Вторая оценка была дана Б. Н. Чичериным в его мемуарах. Эта оценка особо ценна тем, что Борис Николаевич был очень высокого мнения о себе и зачастую незаслуженно низко оценивал достоинства своих современников.

> Николай Алексеевич был в то время, как я с ним познакомился, директором Хозяйственного департамента Министерства внутренних дел. Это был человек, совершенно из ряду вон выходящий. У него был практический взгляд на вещи, способность быстро схватывать всякое дело, даже мало ему знакомое, и с тем вместе знание людей, уменье с ними обходиться, ладить с высшими, а низших поставить каждого на надлежащем месте. В дружеском кругу пылкая его натура изливалась непринужденно в живом и блестящем разговоре, приправленном юмором, а иногда и едким сарказмом. Но в обществе он никогда не проронял лишнего слова. При тогдашних условиях это было тем необходимее, что он был чрезвычайно общительного характера. Многим его блестящая личность колола глаза; его обзывали либералом, демократом и чиновником; но, несмотря на свою видимую пылкость, он не давал против себя оружия и умел завоевать себе положение, тонко понимая людей, соединяя откровенность с осторожностью и зная, что кому следует сказать, чтобы направить его к желанной цели. И это он делал, никогда не кривя душой. Характер у него был прямой, возвышенный и благородный. Страстно отдаваясь всякому полезному делу, он презирал все мелочное. Поэтому, несмотря на то, что вся его жизнь протекала в петербургской чиновничьей среде, несмотря на то, что его бранили бюрократом, он никогда не мог сделаться таковым. Широкая его

> душа не терпела ни рутины, ни формализма. Когда я впервые с ним сошелся, он вращался преимущественно в избранном литературном кругу, а когда пришла пора действовать, он прежде всего почувствовал необходимость не ограничиваться чиновничьими сферами, а призвать к делу свежие общественные силы. Ни в чем, может быть, возвышенность и благородство его природы не выражалось так сильно, как в том горячем сочувствии, с которым он встречал всякое проявление таланта и способностей, какого бы то ни было направления. Он постоянно старался отыскивать и привязать к себе все лучшее, что он встречал в обществе, никогда не опасаясь соперничества, а стремясь привлечь всякую крупную силу к совместной работе. Он не довольствовался орудиями, а хотел сотрудников. Таких он нашел в Самарине и Черкасском, которых он призвал к общественному делу и которые стали ближайшими его друзьями, несмотря на то, что теоретически во многом с ним расходились. Но он был выше обоих, хотя и уступал им по образованию. У него не было умственной односторонности Самарина, а было то, чего не доставало последнему: практический смысл и знание людей. У него не было и одностороннего увлечения практическим делом, как у Черкасского. Со своим ясным, твердым и трезвым умом он охватывал всякий вопрос со всех сторон; неуклонно стремясь к предположенной цели, он никогда ею не увлекался, а знал ее границы и ее слабые стороны. Одним словом, это был государственный человек в истинном смысле слова, такой, какой был нужен России на том новом пути, который ей предстояло совершить [Чичерин 2010: 233–234].

Работа по переводу книги и ее подготовке к печати была сделана довольно быстро — буквально в течение нескольких месяцев. Здесь хотелось бы поблагодарить всех участников этого процесса. Директор-координатор научно-исследовательских программ «Леонтьевского центра» *Леонид Лимонов* первым прочитал французский текст и взял на себя смелость рекомендовать его к переводу. Переводчик *Михаил Щербина* прекрасно справился с несколько тяжеловесным текстом Анатоля Леруа-Больё, сохранив, однако, в русском переводе стилистику французских академических работ XIX века. Большую помощь в поиске оригиналов и копий переписки Н. А. Милютина оказали сотрудники Российского государственного исторического архива: директор *Светлана Викторовна Штукова*, заместитель директора *Наталья Витальевна Колосенкова*, начальник отдела *Мария Леонидовна Салуквадзе*, а также сотрудники Библиотеки редких книг и рукописей Йельского университета *Анна Арайс* и *Ребекка Магуайр*. *Владислав Афанасенков* из МВШСЭН принял активное участие в расшифровке архивных копий писем Николая Милютина. Большую помощь в редактировании окончательного текста оказали моя помощница *Ирина Тимашова* и сотрудница Леонтьевского центра *Елена Костыгина*.

Научный руководитель МЦСЭИ «Леонтьевский центр»,
д. э. н., профессор
Сергей Васильев

Предисловие переводчика

Работа над данной книгой ее автора, известного французского историка и публициста Анатоля Леруа-Больё (1842–1912), совпадает по времени с написанием его основного многотомного труда по русской истории *L'Empire des Tsars et les Russes*[1], публиковавшегося с 1881 по 1889 год. Монография о Н. А. Милютине, как дополнение к нему, была впервые издана в Париже в 1884 году. В авторском варианте название книги было расширено добавлением *Etude sur la Russie et la Pologne pendant le règne d'Alexandre II*[2]. Книга ориентирована на французского читателя и содержит типичные для французской литературы маркеры узнаваемости России.

В частности, практически на каждой странице текста мы находим написанные латиницей и выделенные курсивом русские слова. В добавление к общеизвестным *moujik*, *izba*, *troïka*, *tsar* и т. д., встречаются термины, характеризующие общественно-политическую ситуацию описываемого исторического периода и тот социальный слой, в котором действует основной персонаж и его окружение: *pomêchtchik*, *glavnyi komitet*, *zemstvo*, *tchinovnik*... Иногда, используя в качестве основы термин, взятый из русского языка, автор строит родственное слово по узнаваемой словообразовательной модели, более характерной, однако, для французского языка. Показательным примером служит образованное им слово *tchinovnisme* (ср. близкородственное рус. *чиновничество*).

Особенностью книги является также использование большого массива писем Николая Алексеевича Милютина и его ближай-

---

1 Царская империя и русские.

2 Очерк о России и Польше в период царствования Александра II.

шего окружения, доступ к которым имел автор. Большинство писем использовано фрагментарно. Однако в целом письма представляют собой значительную часть текста книги, где все они приводятся в переводе на французский язык. Неизвестно, владел ли сам автор русским языком и в какой степени или пользовался исключительно услугами переводчика, но переводы писем отличаются высоким качеством, хорошим литературным стилем, свойственным соответствующей эпохе, и, в сравнении с найденными их оригинальными текстами, даже выигрывают в логике изложения.

При этом переводы писем на французский язык, естественно, не могут передать спонтанности восприятия и ощущения соприкосновения с живой, не подвергшейся редакции речью персонажей произведения. Заглядывая, как показала история, в очень отдаленное будущее, связанное с переводом книги на русский язык, как бы в помощь переводчику, автор вкрапливает в переведенные тексты писем отдельные вписанные латиницей русские термины и словосочетания, взятые из оригиналов. Примерами могут служить *vyprovodili, miagko i ouklontchivo, oustavniia grammoty* (в латинской транскрипции последнего словосочетания не без труда узнается дореформенная русская орфография: *уставныя грамоты*).

Все это касается, в частности, тех самых спонтанно использованных корреспондентами неожиданных слов и оборотов, которые, конечно же, служат, по замыслу автора, лишь затейливой иллюстрацией того фантастического аспекта, который французская литература традиционно придавала России, ее населению, культуре, обычаям и общественному строю.

Михаил Щербина

Предисловие

В октябре 1880 года я получил по почте из Англии анонимную рукопись на очень хорошем французском языке, которую меня просили передать в «Ревю де Де Монд». Рукопись была озаглавлена: «Судьба русских государственных деятелей». В ней мне попалось несколько фрагментов писем, пробудивших мое любопытство. Несмотря на это, с первых же страниц я понял, что речь не может идти о статье для французского журнала, чего я не стал скрывать от неизвестного мне отправителя, добавив, однако, что документы, переданные в мое распоряжение, могли, возможно, послужить основой серьезного исследования.

Моя идея была горячо воспринята. Немного времени спустя я получил в качестве образца несколько писем Николая Милютина, в подлинности которых меня заверили друзья покойного министра. Эта переписка, вскоре пополненная многочисленными письмами великой княгини Елены Павловны, князя Черкасского, Ю. Самарина и других видных деятелей современной России, касалась преимущественно двух самых значительных событий царствования Александра II, не считая войны в Болгарии, а именно освобождения крепостных крестьян и событий в Польше после восстания 1863 года.

Помимо того неожиданного света, который она проливала на эти два вопроса, еще остававшиеся в тени, и на аграрные законы России и Польши, переписка Милютина с друзьями обладала для меня еще и тем преимуществом, что внезапно показала наиболее неприглядные стороны императорской администрации и, если можно так сказать, самую сущность самодержавного управления.

Эти письма, все политического содержания, но носившие частный и зачастую доверительный характер, послужили мне надежным подтверждением результатов моего терпеливого изучения управления России и русского общества. По правде говоря, не думаю, что в этом государстве, где публичность занимает еще так мало места, со времени откровений герценовского «Колокола» было написано что-то равнозначное, пробуждающее такой живой исторический и политический интерес[1].

В данной работе я добавил к различным письмам и документам, уже переданным в «Ревю де Де Монд» в 1880 и 1881 годах, новые сведения и материалы. Кроме того, смерть императора Александра II, князя Горчакова и большинства высших сановников, о которых в ней говорится, побудили меня раскрыть многие личности, которые в «Ревю» я опустил или указал инициалами. Эта предосторожность ничего не скрыла от пытливого взгляда тех, кто был в курсе политики империи, но имела тот недостаток, что могла ввести в заблуждение других, чего я предпочел сейчас избежать.

Должен сказать, что не держал в руках оригиналы на русском или французском языке всех писем, которые использовал в этом томе. Иногда мне приходилось довольствоваться их копиями, происхождение которых, впрочем, гарантировало их точность, исключая, возможно, лишь некоторые ошибки переписчика. К сожалению, приходится опасаться того, что часть оригиналов уже утрачена. В 1878 году в Петербурге они были помещены в шкатулку у одного из родственников Н. Милютина, и с тех пор шкатулка не найдена.

Я рад констатировать, что эта публикация, возможно, еще не имеющая прецедентов в России, не вызвала никаких протестов, что является одновременно доказательством правдивости документов и умеренности, с которой я их использовал. Надо сказать к тому же, что только на этом условии они были мне доверены. Если бы императорские чиновники сочли необходимым запретить распространение «Русского государственного деятеля», это было бы легко сделать в эпоху, когда мои самые доброжелательные высказывания в книге «Царская империя» были безжалостно замазаны *икрой* или искромсаны ножницами цензуры.

---

[1] См., в частности, [Leroy-Beaulieu 1881–1889, I. 2-ème éd., liv. II, ch. V].

В России и за ее пределами я встречал многих, чьи имена и письма указаны в этом томе, но, к несчастью, никогда не встречал того, кто стал его центральным персонажем, то есть Николая Милютина. Он умер в Москве в январе 1872 года, за несколько недель до моей первой поездки в Россию. Однако я видел в Москве и в Париже двух его знаменитых друзей, память о которых неотделима от его памяти, — князя Черкасского и Ю. Самарина. Воспоминание об их чертах и беседах с ними остается со мной. Оно оживляет пожелтевшие листки их переписки; страницы этого тома еще несут на себе ее живой отпечаток.

Большая часть книги посвящена польским делам. Поскольку мои неизданные документы (единственные, которые я захотел использовать в ней) имеют русское происхождение, вполне естественно, что в повествовании, как правило, выявляется взгляд на события России. Читателю не следует на это жаловаться, потому что во Франции и на всем Западе русская точка зрения в данном вопросе гораздо менее известна, чем польская. К тому же и русские, и поляки найдут здесь достоверные сведения, изложенные совершенно непредвзято. Мне это было тем более легко сделать, поскольку у меня есть друзья в том и другом народах, которые оба, на мой взгляд, в равной степени заинтересованы в сближении и взаимопонимании. В этом я убежден, и это убеждение крепнет во мне от года к году: читатели порой будут находить подтверждение тому в этой книге, на страницах которой я также смог вволю изложить мои собственные чувства в отношении старого и всегда острого польского вопроса.

Жизнь таит в себе странные неожиданности. Было время, когда я сильно удивился бы, узнав, что в один прекрасный день стану биографом и в некотором роде издателем Милютина и Черкасского. Польское восстание 1863 года было одним из тех событий, которые наиболее взволновали меня в молодости. Игнорируя гневные выпады Пушкина[2], в свои двадцать лет я воспел это восстание в стихотворной форме, потому что тогда писал стихи, и, как пылкий молодой человек и настоящий француз, я воспевал

---

[2] «Клеветникам России»: *О чем шумите вы, народные витии?* и т. д.

борьбу всех угнетенных народов от Севера до Юга и от Запада до Востока, в Польше и Венеции, тогда еще бывшей под австрийским игом, воспевал борьбу венгров и греков. Мои юношеские строфы, дважды посвященные в то время Польше, были отпечатаны в 1865 году небольшим тиражом вместе с другими моими поэтическими фантазиями того же времени. Никоим образом я не заинтересован отвергать их или скрывать, и если их стих порой кажется заурядным, а рифма слаба, то вдохновение, наоборот, было благородным и искренним. В них нет ничего, за что я должен был бы краснеть. Моим друзьям нет нужды напоминать мне об этих творениях, написанных в двадцать лет, как если бы с тех пор в ходе моих последующих поездок по русским землям я их забыл или опроверг. В действительности я никогда не отрекался от них и не противоречил им. Эти стихи доказывают только одно: мой неизменный интерес к Польше. Они показывают, что если я и позволяю себе советовать полякам смирение и покорность, то это не от безразличия к их стране. В 1863 и 1864 годах я писал поэтическим языком чувства; сегодня в этом томе я занимаюсь историей и политикой. В этом все различие, и в то же самое время, когда я оплакивал несчастья Польши, я не питал никаких иллюзий касательно успеха ее политического возрождения.

Если старая польская республика и мертва, то народ Польши далеко не таков. Дело в том, что, когда мы говорим о заурядных предрассудках, в отношении целых народов они действуют иначе, чем в отношении отдельных людей. Жизнь народов может быть необыкновенно трудна; самые слабые, терпящие лишения, смертельно страдают. Польша тому пример. Вскоре пройдет столетие, как она была разрушена. В силу договоров с карты Европы было стерто целое польское государство. Но если уничтожить государство возможно, то никакие завоевания, разделы и международные конгрессы не могут уничтожить народ. Нация переживет государство, как душа переживет тело. Европейские народы, у которых есть история, язык, литература, никогда не смогут погибнуть полностью. Сто последних лет показали на примерах Греции, Ирландии, Румынии или Богемии, какой жизненной силой и устойчивостью обладает нация. XIX век сформулировал это в некотором подобии закона истории, который лишь подтверждается демократическим развитием современных обществ, потому что корни нации погружены вглубь самосознания народа. Когда, при Луи-Филиппе, палаты французского парламента с политически недальновидным упорством повторяли в своих посланиях монарху, что «польская нация не погибнет», они простодушно провозглашали истину, ныне ставшую банальной, своего рода историческое *общее место*, доказанный опытным путем факт, с которым должны считаться нынешние хозяева Польши. Забывая это, Россия проявит неосторожность, тем более что две соседние империи в какой-то момент могут оказаться заинтересованы вновь поставить на обсуждение польский вопрос. Раздел 1815 года не несет в себе ничего более рационального и окончательного, чем разделы Польши, произведенные в XVIII веке. Польша и все русские *марши* на запад, в ходе которых нации почти безнадежно перемешиваются, вопреки долгому вхождению в состав царской империи остаются полем неопределенности, судьба которого не кажется раз и навсегда решенной и где прусский германизм может однажды поспорить с русским панславизмом.

Май 1884 года

Глава I

Цель этого произведения. — Происхождение рода Милютиных. — Образование и первые жизненные опыты Николая Алексеевича. — Чиновная карьера при Николае I. — Реформа Петербургской городской думы. — Антипатия высокопоставленных чиновников к Н. Милютину. — Недоверие к нему Александра II. — Состояние умов в начале правления. — Благотворное влияние великой княгини Елены Павловны. — Милютин в должности заместителя министра внутренних дел

В моих длительных исследованиях, посвященных России, я много раз был вынужден констатировать, насколько затягивания и отсрочки, непоследовательности и противоречия искажали действие самых лучших реформ. Я неоднократно показывал, сколько законодательных лакун и административных злоупотреблений брали свое начало в первичной несогласованности, до какой степени эта несогласованность была причиной разочарования в обществе и руководстве страны, а затем становилась поводом для смуты и тревог последних лет[1]. В условиях самодержавного управления, представлявшего картину максимальной концентрации власти, то, чего более всего недоставало при Александре II до самого конца его царствования, — это единство точек зрения, единство в руководстве и единообразие в исполнении принятых решений.

Признаюсь скромно, что это открытие никогда не переставало меня удивлять, потому что в стране самодержавия ожидаешь

---

1 См. в разных местах кн. [Leroy-Beaulieu 1881–1889].

совсем иного. Отсутствие гармонии и единства, поражавшее повсюду в законах и институциях империи, еще более отчетливо проявляется при ретроспективном исследовании фактов и историческом изучении действий ее правительства. В этом деле ничто не может быть более поучительным, чем детальное повествование, подробно и последовательно показывающее, как разрабатываются законы в режиме абсолютистского государства. Такое повествование предоставляет нам возможность взглянуть, если можно так сказать, изнутри на импозантную витрину, проникнуть вглубь министерских кабинетов и в закулисье политической жизни. Этот метод даст нам возможность увидеть, посреди каких противоречивых влияний и переплетения интриг возникали самые лучшие реформы, которые при своем рождении вызывали справедливое восхищение цивилизованного мира.

Какова для нас будет ценность такой картины, представляющей основных персонажей великого правления Александра II не на театральной сцене истории, а в пропорциях и в свете правды их реальной жизни? Разве не будет это естественным дополнением и лучшим комментарием ко всем моим исследованиям этой огромной и загадочной страны, остающейся еще такой неясной для Европы и для себя самой?

Набросок именно такой картины, вернее лишь часть, далеко не самую любопытную, огромной фрески, я намереваюсь представить в данной работе. Я сделаю это с помощью записей и воспоминаний из надежных источников, подлинных документов и писем, которые в силу обстоятельств, не имеющих значения для читателя, оказались в моих руках. Считаю, что могу ими воспользоваться, не обманув доверия друзей. Такое исследование современной истории, герои которой еще живы или только недавно умерли, естественно, является рискованным предприятием. Постараюсь этого не забыть. Я собираюсь со сдержанностью использовать документы, оказавшиеся в моем распоряжении, бережно прикасаясь к тем из них, опубликование которых может показаться нескромным. Я расскажу занятные подробности, переведу и процитирую некоторые письма, убрав из них то, что может задеть чье-то самолюбие. В этой полностью исторической и объективной работе, чуждой духа кампанейщины и полемики, конкретные личности должны оставаться незатронутыми. Я лишь хочу нарисовать картину страны, ее режима и системы в эпоху Великих реформ.

Я хочу придать этому ретроспективному исследованию недавнего прошлого форму биографии, можно почти сказать автобиографии, благодаря имеющимся у меня письмам и воспоминаниям. Ее герой — одна из самых заметных и характерных фигур современной нам России, деятель предыдущего царствования, влияние которого проникло глубоко в русскую нацию. Это личность, которая еще и сейчас увлекает соотечественников, возбуждая в них восхищение и гнев. Я хочу рассказать о Николае Алексеевиче Милютине, имя которого неразрывно связано с недавними самыми благородными реформами в России и горестными событиями в Польше.

Умерший в Москве в 1872 году, едва перешагнув пятидесятилетний рубеж, но уже парализованный и отошедший от дел, Н. Милютин за пределами России долгое время имел репутацию характерного представителя *чиновничества* и слыл неоспоримым лидером национально-демократической партии[2]. Нет нужды напоминать, сколь двусмысленны в России все наименования и классификации подобного рода. Но очевидно то, что Милютин мог быть выразителем некоторых самых заметных тенденций и наиболее распространенных настроений современного ему русского сознания.

Одно отличало его прежде всего: любовь к народу и ненависть к привилегиям. Он желал работать, управлять и писать законы на благо так долго угнетавшихся народных масс. Однако я неоднократно замечал[3], что, если среди многочисленных реформ эпохи царствования Александра II есть, несмотря на всю их не-

---

[2] См., например, *Aus der Petersburger Gesellschaft von einem Russen*, произведение, переведенное на французский язык под названием: *La Société russe par un Russe* (1878).

[3] См. [Leroy-Beaulieu 1881–1889, I, liv. V, ch. I].

последовательность, объединяющая их общая черта, то это то, что все они, большие и малые, прямо или косвенно были направлены на отмену сословных и имущественных привилегий и преимуществ, получаемых от рождения, на уничтожение любых кастовых и классовых барьеров. Николай Милютин был одним из самых ярких вдохновителей этого духа равенства, стремившихся к отмене социальных различий в стране, изъеденной язвами крепостной зависимости и привилегий, среди народа, в общественном укладе которого, несмотря на древние демократические основы, укоренились различные неравенства и несправедливости. Одного этого хватало, чтобы современники характеризовали Милютина и его соратников как левых, уравнителей и революционеров. Во Франции до 1789 года также немногого оказалось достаточно, чтобы при дворе и в салонах подобную характеристику дали Тюрго и тем, кто, как он, реформами стремился опередить революцию и сделать ее бесполезной.

Фамилия Милютин, ставшая вдвойне знаменитой при Александре II, до этого времени была мало известна. Всю славу ей принесли два брата, Николай и Дмитрий, которые, один на гражданской, другой на военной службе, поднялись до самого высокого уровня. Хотя, как уверяют русские источники, лучшим проводником к удаче при дворе в России по-прежнему служат семейные связи и протекции, личные заслуги также могут иногда поднять человека на самые верхние ступени бюрократической иерархии и сделать это без несправедливой остановки карьерного роста, вызванной препятствием в виде предрассудков, как это было во Франции до Революции. В этих условиях фамилия обоих упомянутых Милютиных оказалась причастна к важным событиям царствования Александра II. Брат Николая Алексеевича, генерал Дмитрий Милютин, в течение двадцати лет занимавший пост военного министра, распространил воинскую обязанность на всех русских вне зависимости от классовой принадлежности или имущественного критерия. Таким образом, введенный им принцип обязательности военной службы произвел в армии реформу, аналогичную тем, которые его брат осуществил в гражданской сфере.

Не входя в круг крупной аристократии и *знати*, Н. Милютин тем не менее по своему рождению принадлежал к социальному классу, обозначаемому в России термином *дворянство*. Его часто представляли как выходца из буржуазной торговой среды. Эту ошибку было бы слишком легко заметить, если бы невысокое социальное происхождение Н. Милютина не считали иногда тайной причиной его неприязни к привилегиям и того, что называли его ненавистью к дворянскому классу. В действительности, как все цивилизованные представители своего поколения и как еще сейчас большинство демократов или «нигилистов», Милютины были выходцами из дворянства, как известно, очень многочисленного и разнородного, и тем самым менее, чем в других странах, подверженного кастовым или сословным предрассудкам. Очевиден факт древнего происхождения рода Милютиных. Как и многие другие знатные семьи в России, он берет свое начало за ее пределами, но не на латинском или германском Западе, а в близкородственных славянских землях. Возможно, это происхождение повлияло на склонности и симпатии Николая Алексеевича. Род Милютиных происходит из Сербии, страны демократических нравов, где, как в испанской Бискайе, все свободные люди считают себя дворянами. В этой стране, откуда берет начало его род, он завоевал наивысшую славу, о какой можно мечтать в патриархальном обществе: как уверяют, этот род дал Сербии святого по имени Стефан Милутинович. В конце XVII века род обосновался в России. Император Петр Великий, охотно посылавший молодых людей получать образование за границей, поручил одному из представителей рода Милютиных поехать в Лион и Италию для изучения мануфактурного производства шелка. По возвращении путешественнику было разрешено открыть соответствующую фабрику, как говорят, первую в России. Несомненно, из этого факта исходит мнение о происхождении Милютиных из среды торговой буржуазии. Указанный современник Петра Великого хорошо наладил дело и оставил после себя солидное состояние. Не считая сельских угодий, его наследники обладали многочисленной недвижимостью в обеих российских столицах. Если не ошибаюсь, еще и сейчас одна из московских улиц носит имя Милютина. Это имя было также дано торговому ряду на Невском проспекте в Санкт-Петербурге: *Милютины лавки*.

В царствование Анны Иоанновны, племянницы Петра Великого, один из Милютиных получил придворную должность, удивительную своим названием, но легко объяснимую климатическими условиями: *истопник*, то есть ответственный за топку печей. Эта должность, исполненная такого же почета, как стольник или придворный гардеробщик, предоставляла его получателю свободный доступ к персоне монарха. Как бы то ни было, Николай Милютин, политику которого современники, везде усматривавшие низменные мотивы, объясняли завистью выскочки, происходил из титулованного дворянства, связанного родственными альянсами с самыми знатными фамилиями империи. По материнской линии Николай и Дмитрий Алексеевичи имели отношение к графскому роду Киселевых и княжескому роду Урусовых. Хотя в России, благодаря придворным нравам, протекции и кумовство обычно обладают большой силой, похоже, что в данном случае близкое родство с Киселевыми не оказало существенного влияния на карьеру обоих братьев.

К тому времени, когда на свет явились дети, которым было суждено прославить древний сербский род, имущество семьи Милютиных, уже давно плохо управляемое, заметно сократилось. Семья еще владела, однако, некоторым количеством земель и крепостных крестьян и, как многие другие влезшие в долги собственники, продолжала вести образ жизни, приличествующий ее положению. Именно в семье в годы отрочества, своими глазами видя ситуацию, Николай Алексеевич впервые задумался над необходимостью освобождения крестьян. Он сам вспоминал об этом за несколько недель до своей смерти, в один из дней тяжелой болезни, когда наступило обманчивое улучшение, часто служащее роковым предвестником близкого конца. В начале 1872 года парализованный Милютин рассказал одному из многочисленных московских посетителей, толпившихся у его кресла, как впервые у него возникла мысль об освобождении крестьян. Разговор состоялся в январе, в тот день стоял сильный мороз. Как часто бывает, заговорили о погоде:

> Этот мороз, — сказал Милютин, — напоминает мне один случай моей ранней молодости, не важный сам по себе, но оставивший в моей памяти неизгладимое впечатление. Мне только что минуло 16 лет; в первый раз мне сшили настоящий фрак и разрешили отправиться на утренний бал в субботу на масленице в Дворянское собрание. На дворе было очень холодно, градусов 25 мороза [по шкале Реомюра]; но я в собственных санях, укутанный в теплую шубу, не думал о морозе и в назначенный час был уже в собрании. Танцевал я от души часов до 6-ти и тут же был приглашен одним знакомым мне семейством (в числе которого был и предмет тогдашней моей юношеской страсти) приехать к ним обедать. Прямо из собрания я проехал на обед; после обеда вздумали снова танцевать в небольшом кругу домашних и знакомых; за тем наступил ужин, и я вернулся домой уже ночью, часов около 3-х или 4-х. На другой день я, разумеется, проснулся очень поздно, и когда я сошел вниз, то застал отца и мать уже давно сидящими за утренним чаем. — При моем появлении они тотчас представили мне в самом ярком виде всю жестокость моего беззаботного вчерашнего поведения относительно нашего бедного кучера, который просидел на морозе в 25° в продолжение почти 15-ти часов, не слезая с козел, без всякого отдыха и пищи. Надобно полагать, что слова моей матери, изображавшей мне всю тяжелую сторону этой крепостной зависимости от воли ветреного 16-летнего мальчика, были чрезвычайно красноречивы и убедительны, потому что это происшествие навеки запечатлелось в моей памяти, и *с этой минуты мечта о возможности освобождения крестьян впервые запала мне в голову и с тех пор уже никогда меня не покидала.* Впрочем моя юношеская опрометчивость не имела, слава Богу, никаких особенно вредных последствий для нашего бедного кучера, и на днях он отыскал меня здесь в Москве, и наше свидание было самое радостное с обеих сторон. Несмотря на то что он гораздо старее меня годами, но (прибавил Николай Алексеевич, с грустною усмешкою

> взглянув на свою правую безжизненную руку), когда мы с ним теперь свиделись, он оказался молодцом передо мною [Тимирязев 1873: 63–64][4].

Мы видим влияние, которое на этапе жизни, ответственном за формирование идей, могли оказать на благородную душу уроки семейного воспитания и внешне незначимые события. Всю свою жизнь Милютин оставался во власти этого первого впечатления. Что отличало его от большинства демократов из принципа или по темпераменту, это то, что, далеко не являясь теоретическим построением или абстрактной доктриной, любовь к своему народу исходила у него столь же от его человеческого сердца, сколь от системного анализа или политических расчетов. В этом вопросе Милютин проявлял такую пылкость при общении и веру в свои убеждения, которые естественным образом подчиняли себе его собеседников. Освобождение народа было для него тайным призванием, которому он оставался искренне верен в течение всей жизни.

Некоторое время спустя после описанного случая будущий государственный деятель, едва достигший семнадцатилетнего возраста, потерял мать, и эта смерть обнажила реальное разорение семьи. Как это часто тогда бывало, до последнего момента семья жила на широкую ногу в Москве и в деревне. Одним из недостатков крепостного права была устойчивая иллюзия обремененных долгами собственников, долгое время не отдававших себе отчета в своем разорении. Милютиным пришлось продать с торгов семейное землевладение в Тульской губернии. Воспитанному в обманчивом достатке и вдруг оказавшемуся без состояния, Николаю Алексеевичу пришлось зарабатывать на жизнь себе и своему отцу. Шли 1840-е годы, середина царствования Николая I. Благодаря помощи графа Киселева, дяди по материнской линии,

---

4 Этот рассказ содержится в брошюре, опубликованной в Москве в 1873 году под названием: *Милютин Н. А., Некрологи*. Его точность была мне подтверждена, однако, возможно, значение этого события переоценили, представив его как единственное (за исключением других фактов того же рода), оказавшее решающее влияние на Милютина.

занимавшего пост министра государственных имуществ, еще не достигнув возраста двадцати лет, Милютин поступил на службу в Министерство внутренних дел, где прошел все этапы карьеры, получая одно звание за другим, согласно иерархии Табели о рангах. Эта карьера *чиновника* вся прошла в канцеляриях и министерских кабинетах, что, на наш взгляд, дало Милютину дополнительное знание. На его примере мы видим, насколько условия политической или, лучше сказать, публичной жизни в России отличаются от наших условий и условий в большинстве стран Запада. Вся молодость Милютина прошла в кабинетной тиши и гнетущей атмосфере мрачных петербургских учреждений, под суровыми взглядами столоначальников, где единственным событием было получение очередного министерского чина. В тягостном чиновном мире, где дух почти военной дисциплины слишком часто убивает всякую личность и где бюрократические традиции и официальный формализм порождают рутинность, способствующую успеху посредственности, Николай Алексеевич, помимо недюжинной работоспособности, отличался двумя более редкими и опасными в России, чем в другой стране, качествами: духом инициативы и силой характера. В этой среде успеха добивались обычно гибкостью манер, эластичностью принципов и неопределенностью взглядов. Первейшим условием карьерного роста в ней были не столько умственные способности и опыт в ведении дел, сколько знание людей и сговор частных интересов. В эту среду с необычной отчетливостью Милютин внес дух решительности, терпеливой энергии, которую ничто не обескураживало, устоявшиеся взгляды и верность своим принципам. Эти качества, необычные для мира, управляемого лавированием и интригами, принесли ему успех, но также и неприятности. Они создали для него трудности, навлекли враждебность и втянули в борьбу, придав драматический и иногда почти трагический характер перипетиям, доселе неведомым в бюрократической карьере, отмеченной лишь бесполезными и монотонными стычками в тени петербургских канцелярий.

Начало карьеры Николая Алексеевича было скорым и счастливым. Едва начав службу в Министерстве внутренних дел, молодой Милютин был отмечен тогдашним министром, графом Александром Строгановым, который двадцать лет спустя с гордостью напоминал ему, что «был первым, кто оценил его качества». Как-то раз внимание Строганова привлекла докладная записка о голоде вследствие неурожая, теме непреходящей актуальности для России. Он захотел познакомиться с ее автором; им оказался Милютин, которому тогда было двадцать два года. Позднее Николай Алексеевич рассказывал, смеясь, что, внезапно вызванный в кабинет министра, он боялся, что допустил ненароком какую-то серьезную оплошность, и готовился к ссылке в Сибирь. Граф Строганов с трудом мог поверить, что молодой человек был автором столь зрелого документа, и, чтобы испытать ранние способности нового чиновника, тут же, не выходя из кабинета, дал ему составить краткий обзор строительства первых железных дорог Российской империи. Можно легко предположить, что молодой Милютин с честью выдержал это испытание.

При графе Льве Перовском, преемнике Строганова, Милютин также смог заслужить доверие своего руководителя. В 1846 году, в возрасте двадцати восьми лет, предваряя свои большие законодательные труды, он участвовал в осуществлении одной из редких реформ эпохи царствования Николая I: (*думской*) реформы городского *самоуправления* в столице. В то время Милютин уже руководил Хозяйственным департаментом, и его усилиями Министерство внутренних дел вскоре стало ужасом всех помещиков, склонных злоупотреблять своей властью над крепостными крестьянами. Злые языки рассказывали, что Перовский, лишенный импровизационного таланта красноречия, прибегал к уловке одного из персонажей романа «Жиль Блас»: он поручал молодому подчиненному писать ему речи, которые затем произносил на заседаниях Императорского совета или в других местах, заслужив себе репутацию умного и смелого на язык оратора.

При этом министре в 1847 году императором был образован первый *Тайный комитет*, ставивший своей задачей улучшение положения крепостных. Несмотря на искреннее желание монарха и его министра, работа комитета окончилась безрезультатно. Негласное сопротивление высших чиновников и испуг от вовремя подоспевших революций 1848 года в Европе свели на нет робкие эмансипационные попытки императора Николая. С этого момента у Милютина сформировалось устойчивое отвращение ко всем тайным комитетам, которые, никак не поддержанные общественным мнением, ничего не осмеливались предпринять против всемогущего влияния двора. И когда, после Крымской войны, пробил наконец час освобождения, он употребил все силы, чтобы придать своим подготовительным работам сколь возможно бóльшую гласность. Милютин чувствовал, что это было лучшим средством обязать правительство и, в случае колебания последнего, отрезать ему пути к отступлению. Поэтому в царствование Александра II он не щадил сил, чтобы публично ангажировать власть, даже путем ее компрометации, чтобы не дать ей отступить от принятого решения[5].

Будучи в менее доброжелательных отношениях с г-ном Бибиковым, преемником Перовского, Николай Алексеевич вскоре тесно сблизился и разделил взгляды г-на Ланского, призванного в министерство в 1855 году с началом царствования императора Александра II. В молодости Ланской посещал собрания *декабристов*, которые в декабре 1825 года, после смерти Александра I, попытались помешать приходу к власти Николая I, требуя установления в России конституционного режима управления. Из своих отношений с конспираторами Ланской вынес либеральные убеждения и склонность к реформам, которые еще сохранились в нем тридцать лет спустя. К несчастью, когда встал вопрос освобождения крестьян, ему было уже около семидесяти лет. По возрастной слабости, усталости или природной беспечности он не раз был готов уступить угрозам противников реформы,

---

[5] Уверяют, что по большей части ему обязаны публикацией знаменитого *рескрипта* Назимову, который внезапно заложил официальные основы освобождения крестьян во всей империи, вместо того чтобы ограничиться лишь ее западными областями, как того желали некоторые. По совету Милютина, Ланской, бывший тогда министром внутренних дел, в течение одной ночи напечатал императорский рескрипт и разослал его во все губернии, объявляя, таким образом, свободу всем крепостным всех областей без какого-либо различия.

если бы не постоянная поддержка непреклонного Милютина, который стал его основным советником, а вскоре помощником и официальным заместителем, получив титул *товарища министра*. Так, во всех многочисленных и ожесточенных схватках этих первых лет правления Александра II обвинения и гнев противников министра обычно миновали Ланского и обрушивались на голову Милютина.

Как известно, период с 1856 по 1861 год был одним из самых бурных и любопытных в истории России. Подобного ему не доводилось увидеть никакому иному народу. Помимо уличных волнений и экономической неразберихи, это была поистине революционная эпоха со всеми присущими ей иллюзиями и противоречиями в умах. В провинции и Петербурге возрастала общая реакция на тридцатилетнюю деспотию, приведшую к поражению в Крымской войне, с бесполезностью ее солдатского героизма в условиях паралича, вызванного бюрократической коррупцией. Эта коррупция, по словам Милютина, была порождением самой системы военного администрирования, напоминавшей в середине XIX века Тридцатилетнюю войну[6]. После долгого периода апатии общества и всей страны начался период лихорадочной, плохо регулируемой активности без ясного направления и путей достижения цели. Россия производила впечатление внезапно очнувшейся от летаргического сна. Все, что до того безмолвствовало и было недвижно, вдруг ожило, заговорило и пришло в действие. Сухие новости о заграничных войнах сменились в прессе, салонах и при дворе полемическими отчетами о не менее ожесточенных внутренних баталиях. Повсюду провозглашали необходимость реформ. Но кому предстояло их разрабатывать? Кому исполнять? Среди окружения трона, выросшего и состарившегося при дворе Николая I, одни инстинктивно или принципиально не желали никаких изменений, другие, по при-

---

[6] «Сердце кровоточит, читая ваши депеши, — писал Милютин 17 марта 1856 года генерал-губернатору Новороссии графу Строганову, — могу сказать, что таково общее впечатление, и то, что мы могли бы сделать здесь (в Петербурге), немногим поможет стране, пока она бесконтрольно отдана на откуп армии, управляемой на манер Валленштейна».

чине слабости или невежества, пугались трудностей или не чувствовали в себе сил, чтобы их преодолеть. Если, как говорят, на смертном одре император Николай завещал сыну задачу освобождения крепостных, он не мог похвастаться тем, что оставил ему для этого советников, способных в этом помочь. В идеях недостатка не было — как всегда в такие периоды, их было хоть отбавляй. Самый воздух был ими наполнен и, можно сказать, загрязнен. Смутные и путаные идеи витали и порхали над головами, пересекаясь во всех направлениях и шумно изъявляя тотальную толерантность, свойственную еще не оформившейся власти. Не хватало не идей, а глаз, чтобы их различать, и рук, чтобы сортировать и координировать. Нужны были люди, чтобы улавливать ожидания общества и соотносить их со слабыми возможностями законов и живых институтов власти.

Отсутствие нужных людей, особенно досадное в начале царствования, когда столько всего надо было обновить, чувствовалось на всех этажах и ступенях империи. Оно заметно в письмах Милютина, который до конца своих дней не переставал жаловаться на такую нехватку[7]. Недостаток образованных кадровых работников и честных служащих был и остается одной из непреходящих проблем России. В действительности, однако, и тогда и сейчас эта нехватка людей больше ощущается на нижних и средних ступенях бюрократической иерархии, нежели на ее вершине. Она также сильнее заметна при дворе, чем в обществе. Вскоре события должны были показать, что обширная империя все же обладала необходимым персоналом высшего администра-

---

[7] 23 мая 1856 года Н. Милютин писал графу Строганову: «Если я задержал на некоторое время ответ на вопрос, который имел честь получить от Вас относительно отбора служащих для канцелярии Вашего Превосходительства, то это потому, что хотел собрать все доступные мне сведения. К несчастью, в этом отношении в Петербурге мы не намного богаче, чем вы в провинции. Возможно, никогда еще не было такой диспропорции между потребностями и средствами. Первые увеличились в несколько насильственном общении с европейской цивилизацией; вторые не следовали, надо это признать, тому же пути развития. И вот мы оказались в странном положении: с одной стороны, страна требует немедленных реформ, с другой, — она не может дать достаточно людей, способных их осуществить».

тивного звена. Но несчастье было в том, что среди творцов великих реформ многие, и далеко не последние по своему таланту и качествам, были, как сам Милютин, вынуждены уйти, не окончив дела, или, опять же, как Милютин, преждевременно выработали свой ресурс, подорвав здоровье в неблагодарных трудах.

Причина не в постоянной нехватке людей в России, а в том, что система, используемая для найма чиновников высшего звена, мало учитывает фактор личной заслуги. Я не намекаю здесь лишь на Табель о рангах и на требования, предъявляемые к определенному *чину*, которые, классифицируя по военному образцу всех гражданских чиновников в соответствии с их званием и служебным положением, похоже, ставят целью создать своего рода чиновное сообщество, заинтересованное только в сохранении своих рутинных правил. В действующей системе продвижение по службе по усмотрению руководства не всегда более объективно, чем продвижение в зависимости от стажа. Ум и образование, природное или приобретенное превосходство чиновника способны лишь обеспокоить его иерархического начальника и послужить скорее поводом для недоверия и подозрений, чем рекомендательным документом. Один не лишенный юмора русский, хорошо знакомый с пружинами бюрократического механизма, как-то сказал, что в один прекрасный день управление Россией с фатальной неизбежностью перейдет из рук бездарей в руки идиотов. И вот как он обосновывал свою реплику. В Санкт-Петербурге у каждого министра есть помощник или заместитель (*товарищ*), который чаще всего со временем сам становится министром. Но обычно действующие министры ищут себе заместителей, чьи таланты не могут внушать им зависть. Став министрами, эти последние, в свою очередь, поступают точно так же. В конечном итоге уровень высших чиновников, в особенности министерского персонала, похоже, обречен на последовательное снижение с каждым новым назначением, опускаясь мало-помалу от посредственности к полной неспособности. И если на деле так бывает не всегда, то это оттого, что, к счастью для империи, эгоистические расчеты чиновников часто бывают нарушены интригами их конкурентов или высшим вмешательством, когда самодержец, рискуя нарушить сложившуюся структуру, иногда обязывает своих министров принять на службу сотрудников, которых те сами не взяли бы.

Сергей Степанович Ланской, бывший министром внутренних дел в тот период, когда его министерство готовило освобождение крестьян, в этих обстоятельствах проявил себя образом, делающим честь его стойкому характеру и патриотизму. Человек от природы прямой, скромный и искренне преданный делу общественного блага, он был в ужасе от непомерного груза задачи, решение которой было официально на него возложено. Для предварительного изучения возможности реформы он хотел заручиться поддержкой умного и энергичного человека. Не боясь личных качеств и заслуг такого человека, которые могли затмить его собственные, он обратился к Милютину и предложил ему пост товарища министра, тем самым передав Николаю Алексеевичу руководящие функции в разработке проекта освобождения крепостных.

Этот выбор, с бюрократической точки зрения обоснованный двадцатью годами службы кандидата, был утвержден не без труда. К тому времени у Милютина уже имелись влиятельные недруги. Он успел приобрести репутацию независимого либерала, и для многих высокопоставленных лиц одно лишь упоминание его имени внушало страх. В то самое время, когда министр собирался официально приобщить его к работе над реформой, Милютин, став жертвой очередных яростных нападок, собирался навсегда расстаться с государственной службой.

Именно тогда случился малоизвестный эпизод, проливающий необычный свет на политические нравы и карьеру Милютина. Я уже говорил о том, что в период предыдущего царствования он был основным разработчиком новой *думской реформы* Санкт-Петербурга. Эта первая реформа, в которой уже заметна его новаторская склонность к принципу равенства, естественным образом стоила молодому руководителю министерства недовольства его врагов. До 1846 года, если не учитывать незначительные формы *самоуправления*, заимствованные извне при Екатерине II, муниципальные дела находились полностью в ведении местных губернаторов и их чиновников. Города были отданы на откуп бюрократии, которая никому не давала отчета о взимаемых суммах. Даже в Петербурге размах злоупотреблений был таков, что, несмотря на свою нелюбовь к инновациям, Николай I счел необходимым положить им конец. Милютин, на которого была возложена основная работа, искал возможность предоставить столице серьезную административную автономию. Тем самым этот профессионал бюрократии сразу опроверг упреки тех, кто так часто представлял его ярым защитником бюрократической деспотии. Согласно разработанному им уставу, городские дела должны были обсуждаться представителями населения, выбранными как из среды цензовой торговой буржуазии, так и из дворянства, владевшего собственностью в городе. Новая организация сталкивалась с бесхозяйственностью торговцев и их невежественным небрежением к собственным интересам, с предрассудками и ленью дворянства, со злобной обидчивостью и неисправимым произволом чиновничества. Представители дворянства, которое считали по преимуществу сельским классом и на этом основании не принимавшим участия в работе муниципалитета, в большинстве своем не были расположены вместе и на равных с торговцами или ремесленниками обсуждать вопросы в *городском собрании*[8]. Многие из них, пренебрегая личным присутствием, посылали в собрание своих управляющих. Губернаторы и администрация болезненно воспринимали невозможность далее распоряжаться по своему усмотрению столичными финансами и свободно черпать средства из городской казны. Одним словом, эта столь необходимая реформа, послужившая затем отправной точкой для нового городского устава, удивительным образом создала Милютину репутацию революционера.

К началу царствования императора Александра II, в то самое время, когда казалось, что вся Россия жила накануне большого обновления, этот статут 1846 года, действовавший уже двенадцать лет, фактически не был принят всеми высшими чиновниками.

---

[8] *Общее собрание думы.*

В частности, генерал Игнатьев[9], бывший в то время губернатором Санкт-Петербурга, не скрывал своей неприязни к *думе*. В 1858 году крошечный инцидент, более достойный занять воображение жителей Лиллипутии, чем величайшей империи в мире, к тому же, как это почти всегда бывает в России, осложненный личными отношениями, вылился в своего рода конфликт между генерал-губернатором и городским управлением. Его брызги естественным образом достигли Милютина, признанного автора и защитника подрывной институции. Речь идет о публикации одной газетой протокола заседания *думы* в ответ на дерзкое письмо Михаила Безобразова, представителя знати, близкого двору. Все возмущались поступком городских властей, без разрешения присвоивших себе право публикации, запрещенной на всей территории империи.

Это глупое, до смешного ничтожное дело было, однако, передано на рассмотрение Комитета министров: в России официально и не без причин советы называют *комитетами*. На чрезвычайное слушание под председательством императора был специально вызван столичный генерал-губернатор. Большинство министров, в особенности знаменитый генерал Муравьев, министр государственных имуществ, разделяли гнев губернатора Санкт-Петербурга. *Дума* была обвинена в мятеже, а ответственность за ее создание естественным образом возложена на Милютина. Ланского, сильно смущенного необходимостью защищать своего подчиненного, с иронией спрашивали, как он мог терпеть рядом с собой такого человека. Как рассказывают, единственным, кто выступил в защиту *думы* и Милютина, был князь Горчаков. Александр II, молчавший в течение всего слушания, нетерпеливо прервал его словами: «Милютин уже давно имеет репутацию “красного” и вредного человека, за ним нужно понаблюдать».

В стране самодержавия без труда можно понять значение таких слов. Кто бы ни внушил императору это предубеждение против Николая Алексеевича, двор или Третье отделение Собственной

---

[9] Речь идет о Павле Николаевиче Игнатьеве, председателе Комитета министров с 1872 по 1879 год, а не о бывшем русском посланнике в Константинополе.

Его Императорского Величества канцелярии, груз его Милютину предстояло нести до конца своих дней. Что же касается *думского* дела, Комитет министров сделал строгое предупреждение муниципалитету, одновременно поручив комиссии под председательством генерал-губернатора Санкт-Петербурга и противника *думы* пересмотреть городской устав.

Такое решение затрагивало одновременно лично Милютина и его детище. Удар по муниципальной реформе, которая была делом чести его молодости, задевал его глубже, чем личная опала. Не без оснований полагая, что противники *думы* желали падения в той же мере его самого, как и его творения, он надеялся умерить их гнев, пожертвовав собственной карьерой. «Поскольку в глазах императора я являюсь опасным человеком, — говорил он Ланскому, который рассказывал ему подробности заседания комитета, — считаю мое дальнейшее присутствие в министерстве неуместным». И немедленно представил свою отставку. Тремя месяцами ранее, в августе 1858 года, Ланской сам едва не подал в отставку после недоброжелательной оценки императором его докладной записки против учреждения новых генерал-губернаторств. Записка была составлена по совету и под редакцией Милютина[10]. Я уже говорил, что Николай Алексеевич не обладал никаким личным состоянием. Его единственным средством существования были 5 000 рублей годового дохода в министерстве. Уйдя со службы, он намеревался посвятить себя работе в прессе, которая к этому времени приобрела невиданное ранее влияние. Лучше, чем кто бы то ни было, Милютин понимал высокую

---

[10] В связи с опасениями (реальными или мнимыми) беспорядков накануне реформы, речь шла о создании по всей территории империи генерал-губернаторств, наделенных чрезвычайными полномочиями, на манер тех, которые были учреждены двадцатью годами позже вслед за нападениями нигилистов. Милютин резко высказывался против создания таких институтов «пашей и сатрапов» в ожидании воображаемой опасности. Народное терпение в течение трех следующих лет ожидания и спокойствие, с которым он провел реформу, доказали его правоту. Император, сначала очень недовольный противодействием Министерства внутренних дел этому проекту, вышедшему из недр окружения монарха, в конце концов от него отказался.

миссию периодической печати в стране, где отсутствовали политические права. Он считал работу в ней средством служить своей стране с не меньшей пользой для публики и с большей независимостью для себя самого. Поступив на работу в министерство совсем молодым, он тем не менее не был абсолютным новичком в открывавшейся перед ним карьере. В первые годы, когда бюрократический труд еще не занимал всего его времени целиком, для увеличения своего дохода и содержания отца ему доводилось писать журнальные статьи. Эта работа всегда его очень привлекала, и иногда он мечтал сам основать и издавать новый журнал. В ожидании этой возможности он решил снова взяться за перо. Но его решению не суждено было осуществиться: в тот самый момент, когда он собирался уехать в деревню к родителям жены, встреча министра с императором нарушила все его планы.

В России все министры по очереди работают с императором, представляя ему состояние дел в своих ведомствах. Через несколько дней после бурного слушания в Комитете министров Ланской представил монарху свой *доклад*, не утаив от его величества новость об отставке Милютина. Александр II потребовал разъяснить ее причины, на что министр донес до его сведения слова самого Николая Алексеевича. Вполне добросердечно, но еще испытывая предубеждение, император повторил, что имеет свои причины опасаться Милютина. «Похоже, этот человек опасен, — сказал он, — во всяком случае, о нем слишком много говорят». Министр объяснил ему, как мог, почему Милютин нажил себе врагов, заметив, что это не было результатом сговора заурядных личностей против таланта. На что император в заключение спросил: «Сергей Степанович, ты можешь ручаться за него?» «Как за самого себя, ваше величество», — с чувством ответил тот. Похоже, засомневавшись, император завершил разговор, сказав, что в таком случае он не видит необходимости принять отставку Милютина.

Ланской, испытывавший искренние дружеские чувства к своему заместителю, в какой-то момент опасался, что в лице Милютина потеряет свою правую руку. Теперь он вышел от императора радостный и успокоенный. Как мог, он постарался разделить свои чувства с Николаем Алексеевичем, но нетрудно понять, что эта задача была не из легких. Рана Милютина была слишком глубока, чтобы так быстро затянуться. Слова императора, переданные ему Ланским, были способны, скорее, еще больше растревожить ее. Однако после уговоров министра он все же согласился остаться на посту, мучительно осознавая, что к нему не только был враждебно настроен двор, но с недоверием относился и Ланской, которого Милютин так любил и уважал. Он знал о недоверии к себе министра и, несмотря на все услуги, оказанные тому, принужден был еще долго оставаться под подозрением и страдать от этого почти до конца жизни. Только лишь значимость дел, которые он вел, и благородное стремление способствовать величайшей реформе века заставляли его не обращать внимания на справедливые соображения личного характера.

Помимо этого, благотворное влияние одной высокопоставленной особы, женщины из ближнего круга императора, в степени не меньшей, чем неотступные просьбы Ланского, способствовало удержанию Милютина в министерстве. Я имею в виду великую княгиню Елену Павловну, вдову великого князя Михаила Павловича и тетку Александра II. В свое время благодаря браку она сменила скромный и нескучный маленький двор своих родителей в Штутгарте на величественный и холодный императорский двор Санкт-Петербурга. После смерти своего супруга в 1849 году и в особенности после смерти императора Николая I, ее деверя, Елена Павловна играла совершенно особую, новую для России роль. Образованная и серьезная, любознательная до всего, что развивало ее ум, с удовольствием использовавшая свое честолюбие для познания и понимания всего, что ее окружало, не имея возможности оказывать прямое политическое влияние, она с тем большей энергией поддерживала искусства и научные идеи. Утомленная роскошной пустотой придворной жизни, возможно, более торжественной и исполненной тщеты в Петербурге, чем где-либо еще, она превратила свой дом, прекрасный Михайловский дворец, в место встреч художников, писателей, высших чиновников и заслуженных людей всякого рода. Дворец стал тем, что в XVIII веке называли салоном. Среди непрерывного кипения идей первых лет царствования Александра II этот великокняжеский дворец естественным образом привлекал к себе всех, кто увлекался модным тогда либерализмом.

Великая княгиня давно знала Милютина. Еще в 1846 году, когда обсуждался городской устав Петербурга, министр Перовский рассказал ей о молодом чиновнике, и Елена Павловна попросила дядю Милютина — графа Киселева, бывшего тогда министром государственных имуществ, представить ей племянника. Невестка императора Николая I хорошо разбиралась в мужчинах. Она быстро распознала ум и талант Николая Алексеевича и до самой его смерти, на протяжении более чем двадцати лет, неизменно проявляла к нему расположение, которому никогда не изменяла. Покровительство хозяйки Михайловского дворца, которым пользовался Милютин, не могло не привлечь завистливого внимания. «Малый двор», как его называл петербургский бомонд, постоянно вызывал насмешки и злословие большого двора. Клеветнические сплетни затрагивали и персону самой великой княгини: недоброжелатели распространяли оскорбительные инсинуации об отношениях Николая Алексеевича и его высокой покровительницы. Эти смехотворные слухи рождались завистью и разносились низкими и недалекими людьми, склонными повсюду видеть любовную интригу и неспособными представить себе серьезную дружбу между особами разного пола. К счастью, слухи быстро опровергались самим характером великой княгини, женщины, обращенной к духовной сфере и сознанию, обладавшей живым воображением, но скорее холодным темпераментом, и в любом случае стоявшей выше любых вульгарных подозрений.

Разговоры великой княгини и Николая Алексеевича обычно затрагивали главные темы светской жизни. Однако, вменив себе в обязанность интересоваться всем, что касалось ее второй родины, Елена Павловна не отступала и от разговоров на традиционно скучные для женщин темы. Администрация, законодательство, политэкономия, финансы были областями знания, куда она бесстрашно погружалась и с которыми охотно знакомилась под руководством проводников, своей компетентностью или положением внушавших ей доверие. Например, в своем письме от 1859 года Милютин рекомендует ей изучить одну докладную записку о проекте создания Банка России по образцу Банка Франции. Получая такие записки, великая княгиня, по своему обыкновению, организовывала их чтение или отдавала проанализировать одной своей придворной даме, специализировавшейся на таких заданиях. Однако основной темой разговоров Елены Павловны с Милютиным, можно сказать, главным связующим сюжетом, был, естественно, вопрос дня, то есть освобождение крестьян. С того момента, как эта тема была торжественно озвучена в Москве, она всецело занимала воображение великой княгини. Она считала, что работа Милютина в министерстве была необходима для успеха реформы. В целом согласный с ней, Милютин давно обдумывал необходимые условия для такого успеха. Чтобы удержать его на министерском посту накануне решающего сражения, в беседах с Милютиным Елена Павловна характеризовала его попытку отставки как акт дезертирства.

К своей поддержке Николая Алексеевича великая княгиня не забывала добавлять некоторые советы и упреки. Вооруженная безупречным женским тактом и долгим опытом придворной жизни, она объясняла Милютину, что в предубеждениях общества, с которыми он сталкивался, частично виноват он сам. Она давно упрекала его в чрезмерном поглощении служебными делами, самоизоляции и сильном отдалении от общества, света и двора, недопустимых в стране всесилия личных связей, какой была Россия. Она считала, что лучший способ борьбы с клеветниками — это открытость и публичность, когда все убедятся, что «не так страшен черт, как его малюют». Несмотря на нелюбовь Милютина к светской жизни, легкомыслие которой было для него неприемлемо, обстоятельства мало-помалу заставили его следовать советам великой княгини. При этом он приобрел нескольких новых друзей, но также увеличил число своих завистников и противников.

Через три или четыре дня после упомянутого заседания Комитета министров великая княгиня устроила в своих апартаментах небольшую вечеринку для двадцати пяти или тридцати избранных посетителей. Верная установленному ею сценарию, она представила на ней Милютина императрице и князю Горчакову, которого Николай Алексеевич смог лично поблагодарить за его поведение на заседании комитета. Императрица Мария Александровна, скромная женщина, менее блистающая в роли первой леди, чем великая княгиня в роли второй, всю жизнь старалась держаться в стороне от придворных интриг и группировок. С сердечной добротой, изысканно тактично и доброжелательно она поговорила с Милютиным и графом Бобринским об освобождении крепостных, выразив сожаление по поводу желания некоторых высших чиновников скорее поколебать императора, чем укрепить его в благородном решении. «Из всех этих господ, — сказала она, — только граф Киселев (дядя Милютина) изучил этот вопрос и желает его осуществления»[11]. Когда граф Бобринский заговорил об одном крупном помещике, назвав его «ярым консерватором», императрица улыбнулась и с совершенно женской деликатностью, как если бы она желала перевязать рану, неумышленно причиненную ее венценосным супругом, сказала, повернувшись к Милютину: «Мне всегда казалось, что эти звучные слова *консерваторы, красные, революционеры* не имеют смысла в нашей стране, где, по сути, нет партий». Замечание было столь же справедливо, сколь уместно. Оно отчасти правдиво еще и сегодня.

Результатом всей этой бури в стакане воды по вопросу *думы* стало разве что несколько изъятий, следы которых быстро стерлись, из городского устава. При этом авторитет самого Милютина возрос, и он обрел внезапную популярность среди самых нетерпеливых сторонников реформы.

---

[11] Эти слова цитируются в любопытных «Записках сенатора Я. А. Соловьева о крестьянском деле» — мемуарах, опубликованных фрагментами в журнале «Русская старина». Соловьев добавляет, что в ходе одной немного более поздней аудиенции императрица снова жаловалась Милютину на то, что в то время, как император произносил речи перед дворянами и призывал их готовить освобождение крестьян, «в провинции было одно официальное лицо, которое замышляло махинации *(sic)* против реформы» [Соловьев 1882: 140].

Через несколько дней после вечеринки в Михайловском дворце Милютин был вызван на аудиенцию к императору. До этого, в июле предыдущего года, за свои различные работы в министерстве он получил ленту ордена Св. Анны и, по совету Ланского, записался на прием, чтобы лично выразить благодарность монарху. Впервые Милютину предстояла личная встреча с самодержцем, и, то ли по невезенью, то ли в результате происков его врагов при дворе, аудиенция, запрошенная им летом предыдущего года, должна была состояться через восемь дней после заседания Совета министров, когда император назвал его революционером. Из опасения стать перед свидетелями объектом несправедливых упреков, на которые он не сможет ответить, на какой-то момент Николай Алексеевич вернулся к мысли о своей отставке. Однако встреча прошла лучше, чем ожидал Милютин. «Император хотел быть суров, — сказал он, вернувшись из Зимнего дворца, — но добрая его натура взяла верх над гневом». Действительно, услышав произнесенную фамилию Милютин, Александр II резко сменил тон и сухо обратился к Николаю Алексеевичу: «Очень рад вас видеть. Вы, кажется, пользуетесь особенным доверием вашего министра. Надеюсь, что вы оправдаете это доверие». Произнеся быстро эти слова, император развернулся и, приветствуя собравшихся, готов был выйти, но, дойдя до двери своего кабинета, вдруг позвал Николая Алексеевича. Не возвращаясь к делам, он спросил о Дмитрии Милютине, который тогда служил на Кавказе при князе Барятинском, как если бы, проявив такой интерес, монарх захотел стереть впечатление от своих первых слов.

Менее чем через три месяца после этого холодного приема Милютин был наконец назначен товарищем министра. В этом качестве если не юридически, то по крайней мере фактически он становился реальным главой внутренней администрации. Кроме того, он стал также тайным двигателем больших законодательных инициатив, которые, после освобождения двадцати миллионов крепостных крестьян, были призваны обновить всю сельскую организацию империи. Это назначение произошло не без затруднений.

Когда, всего шесть недель спустя после *думских* дел, Ланской осмелился в первый раз о нем заговорить, он натолкнулся на категорический отказ. Александр II возразил ему, противопоставив репутацию Милютина и преследовавшую его враждебность. Отказав министру утвердить кандидатуру его протеже, император сам предложил на этот пост князя Дмитрия Оболенского, в то время служившего в должности директора департамента в Морском министерстве[12]. Однако последний, хотя человек умный и образованный, не чувствовал себя готовым занять новый пост в такой момент. Он тоже был завсегдатаем вечеринок у великой княгини. В ходе встреч в Михайловском дворце он оказался связан с Николаем Алексеевичем искренней и взаимной дружбой. Как настоящий аристократ, с редкой в любой стране незаинтересованностью и деликатностью, он отказался от предложенного ему поста, заметив Ланскому, что место товарища министра по праву принадлежит Милютину. Обнадеженный отказом князя Оболенского, министр вновь предложил кандидатуру Николая Алексеевича. «Поднимутся крики, — ответил император, — надо подождать и поискать другого». Они подождали, но, похоже, так никого и не нашли, потому что через две или три недели, после ужина в царском дворце, Ланской был приглашен императором в рабочий кабинет, где Александр II объявил ему о своем согласии с назначением Милютина, но только *временно*.

Обрадованный Ланской, для которого согласие императора означало его победу, тут же поделился новостью с Милютиным, для которого, наоборот, его назначение было почти в такой же мере унижением, как и успехом. Он с горечью чувствовал всю оскорбительность для себя комбинации, при которой мог занять пресловутое место товарища министра только в ожидании нахождения лояльного кандидата. Карьерное продвижение к почестям странным образом превращалось для него в крестный путь: возвышение достигалось лишь ценой сомнительных успехов и унижений. Тем не менее, вопреки всему сказанному, несмотря

---

12 Правдивость этих и некоторых других изложенных далее фактов была мне подтверждена лично князем Д. Оболенским, умершим в 1881 году.

на поднявшуюся волну ненависти и антипатию монарха, это назначение невольно являлось признанием заслуг Милютина. Однако несчастьем не только для самолюбия Николая Алексеевича, но и для успешного ведения министерских дел было и оставалось то, что он оказывался в двусмысленной ситуации: ему было поручено реальное управление серьезными делами, но подчеркнуто отказано в праве принимать ответственные решения. Это временное назначение было из разряда компромиссов, которые никого не удовлетворяют. Официально подчеркивая недоверие самодержца, оно оставляло возможность для интриг, вместо того чтобы их прекратить. Милютин был принужден пребывать в двусмысленном положении два долгих и памятных года разработки нового статуса крестьян. Недруги, не сумевшие отстранить его от дел, оставались в это время достаточно влиятельными, чтобы нанести ему оскорбление, о котором постоянно напоминали светские насмешки. О нем говорили как о *временно-постоянном* заместителе, и фактически Милютин оставил министерство вместе с самим Ланским, когда, после окончания подготовки к проведению реформы, ее творцами пожертвовали в угоду завистливой злобе противников. В начале масленичной недели 1859 года Милютин предстал перед императором в своем новом качестве. Александр II принял его более доброжелательно, не упустив, однако, возможности напомнить, что общественное мнение (в устах императора означавшее двор) было враждебно настроено к Милютину, которого считали революционером. Император добавил, что, назначая его по настоятельной просьбе Ланского на высокую должность, ему давали возможность *реабилитироваться*. Из этого факта видно, какие болезненные препятствия встречали Николая Алексеевича на каждом шагу того, что принято называть путем к успеху. Если в наших демократиях публичная личность становится мишенью для оскорблений, нападок и неблагодарности невежественной и враждебно настроенной толпы, то в странах абсолютной монархии для блага государства такой личности приходится принимать не менее мучительные страдания и молчаливо нести груз незаслуженных унижений и несправедливых наставлений.

Милютин скромно ответил императору, что сам рассматривал свое недавнее назначение как испытание, и просил его величество судить о нем не по сторонним слухам, а по его действиям, которые всегда предпринимались им для блага и достоинства государства. Император отметил, что согласен с теми, кто считает Милютина знающим человеком, способным оказать услуги в *конкретных вопросах* реформы. Окончив это затруднительное для обоих вступление, монарх немедленно заговорил с Милютиным о собственно реформе, которую торопился наконец провести после трех лет ожидания.

В составе комиссий Николаю Алексеевичу было суждено принять в этом деле намного более деятельное участие, чем это предусматривал самодержец. Благодаря своему влиянию на министра и авторитету среди будущих сотрудников, в действительности он стал, без шума и суеты, основным организатором великой реформы. Фигура Ланского в министерстве была исторически сопоставима с Людовиком XIII, а Милютина — с Ришелье, но только Ришелье скромным и незаметным[13]. Во всех действиях по проведению реформы Николай Алексеевич был несравнимо выше своих сотрудников. В то время как они приступали к решению этого сложнейшего вопроса без какой-либо подготовки и плана, Милютин изучал его годами, особенно два последних года. Он привносил в решение зрелые идеи и продуманную систему.

---

[13] В первом фрагменте мемуаров сенатора Я. А. Соловьева, напечатанном в «Русской старине» в феврале 1880 года по случаю 25-летия воцарения на троне Александра II, основная роль в проведении реформы, сообразно общему мнению, отводится Ланскому. Правда заключается в том, что Н. Милютин систематически отходил на второй план, скрываясь за фигурой своего иерархического начальника. И когда Соловьев пишет «Министерство внутренних дел», обычно следует понимать, что речь идет о Милютине.

Глава II

Первоначальные взгляды Милютина на освобождение крестьян. — Переписка с великой княгиней Еленой Павловной. — Создание редакционных комиссий. — Участие в них Милютина. — Введение в их состав Самарина и Черкасского. — Отношения Милютина с ними. — Их общая борьба в комиссии под председательством Ростовцева и Панина. — Нерешительность власти. — Сопротивление двора и помещиков. — Принятие закона о реформе

В 1856 году при короновании в Москве в присутствии дворянства император Александр впервые выразил свое намерение освободить крепостных. Волнение, поднятое этим заявлением, скоро улеглось. Исполнение сказанного не последовало тотчас за обещанием. Нельзя забывать, что этот вопрос был самым серьезным, который могло рассматривать правительство. Он был опасен осложнениями аграрного характера, которые затрагивали самые основы собственности. Не стоило поэтому удивляться тому, что, поколебленное воплями земельных собственников, правительство с ужасом остановилось на полпути к революционным изменениям, глубину которых взгляд не мог охватить без головокружения.

В первом ряду тех нетерпеливых, кто желал быстрейшего проведения реформы, была великая княгиня Елена Павловна. Обладая живым воображением, она немедленно превратилась в пылкую сторонницу решения крестьянского вопроса. В своей благородной страсти к защите интересов крестьянства, возможно, из честолюбивых помыслов открытия нового пути, она решила опередить инициативу правительства и немедленно освободила от крепостной зависимости крестьян своего большого поместья в Карловке, в Полтавской губернии. В сентябре 1856 года она поделилась своими взглядами с Милютиным и попросила его составить для нее записку с рекомендациями на эту тему. Этим решением она тут же завоевала искреннюю симпатию Николая Алексеевича. Однако, как настоящий публичный деятель, озабоченный государственными интересами, он опасался, что поспешность великой княгини могла отрицательно повлиять на общий успех дела. По его мнению, родственница императора не могла довольствоваться тем, что давала пример личного великодушия, росчерком пера освобождая своих крестьян. Если таким образом она претендовала на лидерство в решении вопроса, в документе освобождения крепостных Карловки необходимо было заложить основы нового законодательства, применимого во всей России. Милютин хотел, чтобы проект освобождения, составленный для одного частного владения, не превратился в изолированный акт личной благотворительности, но мог послужить моделью для основного документа большой реформы.

Эта озабоченность будущим сквозит в каждой строке следующего письма, где за два года до созыва Редакционной комиссии уже видно, как обретают форму первые идеи Милютина. Письмо дает почувствовать, сколько препятствий он предвидел со всех сторон, как старался не выйти за рамки поручения, данного императором, как, советуя обращаться к инициативе земельных собственников, отказывался, однако, оставить решение вопроса одним только дворянским комитетам, которых опасался. Наконец, как, чувствуя необходимость поддержки со стороны непосредственного окружения монарха, Милютин подумывал даже обратиться лично к великому князю Константину Николаевичу. По многим причинам это частное письмо можно рассматривать как опережающую программу всего того, что через два или три года должно было осуществиться в масштабе страны.

Уважаемая госпожа[1],

Я буду счастлив оправдать высокое доверие, которым соблаговолило почтить меня Ваше Императорское Высочество. Но, чем больше я погружаюсь в серьезность моих

[1] Письмо великой княгине Елене Павловне от 19 октября 1856 года.

обязанностей, тем сильнее чувствую недостаточность средств для их исполнения. Чтобы не потеряться в оценках и суждениях, которые все выносят о текущих событиях, надо иметь надежные данные, которых мне решительно не хватает. В моем одиноком положении я едва могу оценить ту почву, на которой нам предстоит действовать. Поэтому, чтобы выразить мнение по такому серьезному и деликатному вопросу, я должен проникнуться воспоминаниями о том доброжелательстве, которое мне всегда выказывало Ваше Высочество.

Согласно мысли, выраженной в записке, которую я имею честь представить здесь, речь идет (в случае получения разрешения) о начале предварительных переговоров с несколькими земельными собственниками Полтавской губернии, прежде всего, чтобы договориться об организации Губернского комитета. Только после получения на то разрешения можно будет приступить к его окончательному созданию. Эта инициатива, вполне законная и обоснованная рядом причин, должна быть подтверждена императором. В данный момент речь может, следовательно, идти только об установлении официальных отношений с наиболее либерально настроенными и влиятельными собственниками, такими, например, как князь Кочубей и Г-н Тарновский, испрошении их мнения о ведении работ будущего комитета и о выборе его состава. Их ответы могли бы облегчить составление записки, которая затем была бы представлена на оценку Его Величества. Если эти господа выразят в то же время свои идеи по сути вопроса, думаю, что будет осмотрительнее не обсуждать их точки зрения, чтобы сохранить за собой всю свободу действий в будущем[2].

В интересах дела эти предварительные действия потребуют, возможно, серьезной моральной поддержки, чтобы с самого начала определить еще столь колеблющиеся идеи и убеждения. Простое частное лицо, как я, которое Ваше Высочество соблаговолили выбрать, не будет обладать ни достаточным авторитетом, ни независимостью для выполнения такого задания. Это лицо лишь скомпрометирует свое бу-

---

2 По мнению Милютина, губернские дворянские комитеты должны были стать чисто совещательными органами, каковыми они и оказались в действительности.

дущее и не достигнет цели. Могу ли я назвать Вам то единственное лицо, которое обладает всеми необходимыми титулами, чтобы служить хранителем мыслей Вашего Высочества?.. Не будучи знаком со взглядами Его Высочества Великого князя (Константина), не смею более настаивать, и заранее прошу Его Высочество извинить меня, если я, возможно, высказал мысль, находящуюся за пределами моей компетенции. Однако, не зная заранее, будет ли дано Высочайшее разрешение, очень трудно судить о шансах и условиях, на которых будет обсуждаться вопрос. Позвольте мне, любезная Госпожа, вернуться к нему, собрав более полную информацию. Буду рад иметь возможность участвовать в качестве простого и безвестного труженика в деле, которое Ваше Высочество без колебаний предприняло.

Два года спустя, в декабре 1858 года, Милютин направил великой княгине новую записку. По предложению его высокопоставленной единомышленницы этот новый документ, дополненный и детально прописанный, должен был попасть на глаза императору. Неуверенно чувствовавший себя при дворе Николай Алексеевич скрыл свое авторство документа[3]. Скромный предварительный проект, составленный Милютиным для одного имения, в своих основных чертах был затем распространен на всю империю. Но на тот момент его творение в глазах окружающих официально должно было оставаться анонимным.

Через несколько недель после завершения проекта по Карловке, в начале масленичной недели 1859 года, Николай Алексеевич, назначенный наконец товарищем министра, получил частную аудиенцию у императора и поговорил с ним наедине о предварительных условиях освобождения. Александр II только что передал

---

[3] Из письма Милютина великой княгине Елене Павловне (24 декабря 1858 года): «Уважаемая госпожа, я поторопился дополнить проект по Карловке, добавив в него некоторые замечания о финансовом положении этого имущества. Завтра или, самое позднее, послезавтра я буду иметь честь представить его Вашему Высочеству. Если Его Величество будет рассматривать проект в качестве предварительного документа, я думаю, что нет необходимости его подписывать, как и его официальное сопроводительное письмо. Примите, Ваше Высочество, и т. д., и т. п.».

управление делами предстоящей реформы в руки генерала Ростовцева, пользовавшегося его доверием. В любой другой стране такой выбор для подобного дела несказанно удивил бы. Однако в России, где не обращают внимания на профессиональные требования и специализацию, никого не удивляет даже самая неожиданная кандидатура. Милютин не был лично знаком с Ростовцевым. Но даже то, что всем было о нем известно, в частности, доверие к нему императора Николая I после доноса генерала, которому стало известно о заговоре *декабристов*, было достаточным, чтобы держаться от него в стороне. Милютину казалось, что немногие были столь же неспособны стать основным орудием реформы, как этот генерал. Но в практической политике Николай Алексеевич умел воспринимать события и людей такими, какими их ему преподносили обстоятельства. Он довольствовался тем, что высказал самодержцу одну свою идею, которой уже успел поделиться с Ланским. Он скромно заметил, что, «дабы облегчить задачу генерала Ростовцева и представить ему практические данные», было бы, возможно, полезно вызвать на консультацию с представителями разных министерств также крупных землевладельцев из провинции. Похоже, что это предложение понравилось императору, и несколько дней спустя Ростовцев, назначенный председателем Редакционной комиссии, получил официальный приказ к его исполнению. Еще через день генерал пригласил Милютина зайти к нему.

Радость Николая Алексеевича не была безоблачной. Помимо своего прежнего нежелания вступать в какие-либо отношения с Ростовцевым, он сомневался в возможности доведения до успешного конца такого обширного предприятия под руководством столь некомпетентного, судя по его прошлой деятельности, человека. К своему удивлению, Милютин встретил лучшее расположение к себе генерала, чем мог ожидать. И хотя тот по-прежнему не проявлял серьезных знаний в вопросе, Милютин убедил себя в том, что председатель комиссии проникся благородными намерениями монарха и искренне желал осуществить реформу. Николаю Алексеевичу показалось также, что Ростовцев полностью осознавал величие своей задачи, не без опасений приступал к ее решению и по этой причине с благодарностью принимал любую дополнительную информацию, приходившую к нему извне. Расположение генерала, которым Милютин смог умело воспользоваться, значительно облегчило ему начало работы. Однако позже оно стало источником затруднений, потому что, под влиянием своей неуверенности и тревог, Ростовцев по очереди подпадал под противоположные влияния. Не обладая ни достаточными знаниями, ни решительностью, чтобы навязать свое мнение суетившимся вокруг него группировкам, бедный генерал пал первой жертвой их междоусобиц, скончавшись за год до завершения подготовительных работ реформы.

Вследствие некомпетентности и нерешительности генерала на Милютина легла основная часть работы по отбору сотрудников в Редакционную комиссию, которой, несмотря на ее скромное название, было поручено гигантское дело[4]. Комиссии предстояло не только разорвать вековые путы крепостничества, но и дать ответ на самые острые вопросы касательно собственности. В то же время она должна была разработать для империи, которая еще почти полностью оставалась сельской, новую систему администрации, полиции, правосудия. Никогда еще ни перед одной законодательной палатой Европы не стояла такая трудная задача. Заседания комиссии, разделенной по обыкновению на подкомиссии, вскоре стали проходить без всякого церемониала. Форменная одежда и этикет были преданы забвению для большей непринужденности бесед в сопровождении чая и сигары или папиросы в зубах.

Состав комиссии, как и подобает для серьезной работы, был немногочисленный: всего двадцать или двадцать пять человек. По замыслу самого Милютина, комиссия состояла из представителей двух различных классов: *чиновников* и сельских землевладельцев. Первые были высшими должностными лицами различных министерств, такими как сам Милютин, который, естественно, считался одним из представителей Министерства

---

4 Фактически были созданы две редакционные комиссии; я говорю здесь только о главной.

внутренних дел[5]. Земельные собственники, или *эксперты,* выбирались среди либерального меньшинства провинциальных дворянских комитетов, а не избирались всеми членами комитетов, которые, несмотря на гневные требования некоторых лиц, получили лишь право посылать делегатов для представления разъяснений центральной комиссии. Большинство собственников, призванных заседать в комиссии, все эти Черкасские, Самарины, Галаганы, Тарновские, Голицыны, Татариновы, были рекомендованы Ростовцеву Милютиным. Они образовали ядро группы, которая во всем поддерживала Министерство внутренних дел в его борьбе с зачастую враждебным большинством, иногда опиравшимся на симпатии самого председателя комитета. Следует отметить, что действительно в этом собрании, где численностью членов и влиянием всех превосходил бюрократический элемент, Милютин, которого часто представляли как воплощение уравнительных инстинктов *чиновничества*, неизменно находил твердую поддержку именно в группе земельных собственников.

Почти все его помощники, приехавшие из разных концов империи, отобранные по характеристикам, данным им губернскими комитетами, и представленные Ростовцеву, не были лично знакомы Милютину. Единственный, с кем он ранее поддерживал отношения, был Юрий Федорович Самарин, литератор-славянофил, несомненно, один из самых блестящих публицистов современной ему Европы. Их знакомство, со временем ставшее близким, длилось многие годы, но первые узы дружбы связали их благодаря общей преданности крестьянскому делу. Как-то раз, в 1857 году, Самарин, уже известный в то время своими работами по вопросу крепостного права, без приглашения нанес визит Милютину, пребывавшему в отпуске в поместье семьи своей супруги в глуши Московской губернии. Разговор писателя с чиновником коснулся освобождения крестьян, которое тогда было

---

5 Говоря по правде, большинство чиновников, призванных в Редакционную комиссию, были одновременно земельными собственниками, и именно в их лице интересы помещичьего класса нашли своих самых пылких защитников.

еще лишь смутным проектом. Имение, ставшее местом встречи этих двух разнохарактерных и получивших разное образование людей, называлось Райки. Название ему когда-то дал Александр I во время своего путешествия из Москвы во Владимир. Место это расположено на реке Клязьме, ранее называвшейся Великокняжеской и уже давно потерявшей всякое хозяйственное значение из-за соседства с рекой Москвой. С высокого лесистого берега здесь взгляду открываются идущие до линии горизонта бесконечные луга, поля и леса, какие можно увидеть только в России. Волею удивительного случая на противоположном берегу виднелся единственный господский дом в Варино — владении Ланского, министра и друга Милютина. В этом радующем взор большом имении, одном из многих в России, проданном с тех пор новому владельцу, который разделил его на несколько мелких и вырубил весь лес, Милютин и Самарин завязали прочную дружбу. Меряя шагами большой салон господской усадьбы, ныне запущенной и разрушающейся, долгими часами, пока осенние дожди хлестали в окна, эти два человека, еще не имевшие никаких полномочий, но объединенные любовью к народу, за четыре года до императорского манифеста составили в общих чертах проект реформы освобождения.

Когда наконец пришел час исполнения задуманного, Николай Алексеевич не забыл своего друга Юрия Федоровича. Не менее одаренный в качестве оратора, чем как писатель, Самарин выделялся красноречием среди всех представителей элиты, составлявших комиссию.

Вот с какими словами Милютин воззвал к преданности Самарина делу общественного блага:

> Санкт-Петербург, 9 марта 1859 года.
>
> Почтеннейший Юрий Федорович! В дополнение к официальному приглашению, уже отправленному на ваше имя, мне поручено обратить к вам дружеское воззвание и от себя. С радостью исполняю это поручение, в надежде, что вы не отклоните от себя тяжелой, но приятной обязанности довершить великое дело, которому мы издавна преданы всей душой. Комиссия, в которую вы приглашаетесь членом,

открылась на сих днях[6]; <...> ...вы видите, что избираются люди, искренно преданные делу. Эксперты и министерские члены имеют совершенно равные права и обязанности. Депутаты же, призываемые из губернских комитетов, вероятно, будут иметь голос лишь совещательный. Могу вас вполне удостоверить, что основания для работ широки и разумны. Их может по совести принять всякий, ищущий правдивого и мирного разрешения крепостного узла. Отбросьте все сомнения и смело приезжайте сюда. Мы будем, конечно, не на розах: ненависть, клевета, интриги всякого рода, вероятно, будут нас преследовать. Но именно поэтому нельзя нам отступить перед боем, не изменив всей прежней нашей жизни. Идя в Комиссию, я более всего рассчитывал на ваше сотрудничество, на вашу опытность, на ваше знание дела. При всей твердости моих убеждений, я встречаю тысячу сомнений, для разрешения которых нужны советы и указания практиков. Здесь вы нужнее, чем где-либо...[7]

Конец этого письма показывает, насколько Милютин не заслуживает упреков в пренебрежении к практическому опыту и доверии исключительно к кабинетной работе. С ранней молодости находясь в заточении в министерских канцеляриях, он чувствовал лучше других, чего ему не хватало в плане практических знаний. Этот бюрократ был одним из первых, кто запросил советов от крупных земельных собственников, которые знали деловые обыкновения и потребности народа. Именно среди *помещиков*, врагом которых он слыл, он нашел двух самых близких и верных друзей, имена которых навсегда неотделимы от его имени.

Еще до Самарина, первым из всех провинциальных *экспертов*, в Петербург прибыл человек столь же решительный и с тех пор столь же известный. Ему, князю Владимиру Александровичу Черкасскому, также было суждено до конца жизни оказаться

---

6 Далее следует перечисление лиц, входивших в первоначальный состав Комиссии.

7 Русский текст этого письма был опубликован в журнале «Русская старина» (февраль 1880 года), по случаю 25-й годовщины восшествия на престол императора Александра II [Милютин Н. 1880: 388].

связанным с Милютиным дружбой, основанной на общности принципов и чуждой всякой заурядной зависти. В тульском Губернском комитете своим усердием в работах на благо крестьян он поднял настоящую бурю ненависти. Блестящий оратор, обладатель воинственного нрава, созданный для борьбы, в первых же словесных стычках он неизменно был на линии огня. Ему доставались все лавры за ораторский успех, когда в полемику вступали неуступчивые депутаты от губернских комитетов.

Милютин не ошибся, предложив Самарину как приманку перспективу борьбы, клеветы врагов и всевозможных трудностей. Комиссия работала около двух лет, и в течение всего этого времени в ней шла бесконечная внутренняя война, осложненная непрерывными стычками с внешними противниками. Не говоря уже о поочередно тайном и явном сопротивлении двора и провинциального дворянства, сами редакционные комиссии далеко не были едиными и однородными. Их состав хорошо отражал всю неуверенность и беспокойство верховной власти. Представители аристократических интересов и авторитарных традиций соседствовали в них с людьми, подозреваемыми, как Милютин, в радикализме. А в довершение всего, во главе расколотых на фракции комиссий был поставлен нерешительный и колеблющийся председатель, неумеренно сговорчивый, поочередно склоняющийся к противоположным мнениям и, мучимый собственными сомнениями, неспособный твердой рукой направлять работу.

В то время, когда заседало это своего рода сельское учредительное собрание, Н. Г. Чернышевский, человек озлобленного и саркастического ума, один из доктринеров радикализма, оказавший пагубное влияние на русскую молодежь, в 1863 году сосланный в сибирскую глушь, в «Письмах без адреса» по-своему описывал приемы и методы редакционных комиссий[8]. С наивным простодушием сектанта или мнительным невежеством кабинетного реформатора этот апостол «нигилизма» представлял их подчиняющимися, на военный манер, приказам председателя.

---

[8] См. [Leroy-Beaulieu 1881–1889, I, liv. VII, ch. II et III].

В связи с этим Чернышевский с удовольствием описывает то, что он с иронией называет *бюрократическим порядком*. Ничто, в сущности, не могло быть дальше от истины. Даже если этот бюрократический порядок, состоявший в замене убеждений приказом, действительно слишком часто царил в России, в редакционных комиссиях он отсутствовал. Следует сказать, к чести русских в обеих фракциях комиссий, защитников и противников крестьян, — и те и другие отстаивали свои убеждения с энергией и свободой, свойственными скорее какому-нибудь западному парламенту. При этом правительство, по причине собственных колебаний, никому не затыкало рот.

Выступающие против реформы, в комиссии или вне ее, не были все сплошь слепыми консерваторами и систематическими противниками любого освобождения крестьян. Напротив, многие из них слыли либералами западного образца, который единственно казался им правильным. Они отвергали не собственно идею освобождения крепостных, а автономию, по меньшей мере преждевременную, невежественных сельских общин и в особенности наделение крестьян землей за счет частичной экспроприации землевладельцев. Многие осуждали проект аграрного закона не потому, что он затрагивал их собственные интересы, а потому, что, в их понимании, всякое посягательство на право собственности было опасным прецедентом, особенно в среде народа, привыкшего к определенному режиму управления сельских общин. Можно понять, как, оказавшись среди всех этих противников аграрных законов и защитников прав крестьян, будет жестоко озадачен суверенный землевладелец, не желающий жертвовать ни своими интересами, ни законными правами. Зачастую он будет колебаться в своем выборе и, совершенно добросовестно, терзаться сомнениями. Исходные данные для решения вопроса были таковы, что ни один вариант не мог гарантировать сохранность прав и интересов всех сторон. Огромная заслуга Александра II была в том, что под грузом трудностей и разногласий он не отступил перед решением такой сложной задачи, не только нарушавшим его личное спокойствие, но и смущавшим его сознание человека и самодержца.

Среди всех этих конфликтов мнений и при нерешительности правительства, победа в собрании, оставленном без руководства, должна была достаться самым решительным и убежденным. Это объясняет действия Милютина в редакционных комиссиях. Как представитель Министерства внутренних дел, председатель отделения по составлению местных законодательных актов и, кроме того, активный член отделений по финансовым и административным вопросам, на ход всех дел, в которых он участвовал, Милютин оказывал гораздо большее влияние, чем это соответствовало его официальному положению и формальной роли. Это происходило потому, что он в высокой степени обладал редкими качествами, формирующими авторитет государственного человека в заседаниях правительства. Рядом с ним блистали такие люди, как Черкасский и Самарин, которые силой своего слова могли завоевать более шумный публичный успех на многолюдных собраниях. Однако Милютин обладал по отношению к самым способным своим друзьям и противникам тем преимуществом, которое дают ясность взглядов, решительность характера и политическая тактичность. К этому следует добавить его естественный личный, можно сказать врожденный, авторитет, который легче почувствовать, чем объяснить. Возможно, иногда резкий и властный, но умело внушавший окружению свою веру и решимость, он всецело осознавал свое превосходство, но при этом вел себя с природным великодушием, будучи неспособным на зависть и любое мелочное чувство. Николай Алексеевич испытывал отвращение к недостойным средствам и мелким интригам. Он умел не только объединить вокруг себя преданные сердца́, но и создать соответствующий идейный дух. Бескорыстный по отношению к себе и близким, он обладал порядочностью, часто доходившей до забвения своих законных интересов. Враги называли его амбициозным, но, как все великие натуры, он был более увлечен действием и реальной властью, чем ее сопутствующими факторами и материальными преимуществами. Милютин повсюду разыскивал выдающиеся умы. Он любил подчеркнуть достоинства своих сотрудников, вместо того чтобы, как это делали другие, приписывать их себе. Словом, он был наделен всеми качествами лидера, к которым добавил свойства характера, за которые его любили сторонники и уважали противники. Это объясняет, как Николай Алексеевич связал себя столькими благородными и продолжительными узами дружбы, как в благоприятные, так и в неблагоприятные периоды своей карьеры, находя вокруг себя столько преданных людей, готовых посвятить жизнь политике. Не стоит удивляться, что такой человек сосредоточил в своих руках реальное управление редакционными комиссиями, номинальное председательство в которых принадлежало другим. Именно его мнение, несмотря на мелкие изменения, было принято за основу при решении таких важных вопросов, как сохранение сельских общин, их автономия, раздел и выкуп земель. От собрания, в котором у простого *мужика* не было законных представителей, Милютин и его соратники добились для крестьянина не только личной или голой, если можно так сказать, свободы, но также экономической и административной эмансипации. Первая была достигнута приобретением земельных наделов, а вторая — независимостью сельских общин от опеки прежних землевладельцев. По этим двум самым оспариваемым вопросам реформы они имели свое мнение, благодаря которому смогли преодолеть все сопротивления и ответить на все замечания.

В начале 1860 года, когда после яростной борьбы работа редакционных комиссий, казалось, была близка к завершению, непредвиденное событие внезапно поставило под угрозу все достигнутые результаты и возродило надежду противников Милютина и крестьян. Председатель комиссии генерал Ростовцев, измученный непрерывными нападками обеих сторон, неожиданно стал жертвой быстро прогрессировавшей болезни. Он умер в феврале 1860 года от гнойного воспаления в затылочной части шеи, в котором его друзья усматривали фатальное влияние усталости и прочих разнообразных проблем последнего периода жизни. Неожиданная смерть генерала, о возможности которой никто серьезно не думал, расстроила планы Ланского, Милютина и всех тех, кого можно было называть левым флангом комиссий. В Министерстве внутренних дел и в Михайловском дворце о Ростовцеве вспоминали с сожалением, которое годом раньше сочли бы неискренним. Ланской немедленно вызвал к себе Милютина, как если бы им грозила неминуемая опасность[9]. Опасались, что порой неуверенного и колеблющегося председателя, который под конец жизни полностью посвятил себя великому делу, сменит другой, откровенно или тайно враждебный. Эти опасения имели под собой основание. Граф Панин, министр юстиции, вскоре назначенный преемником Ростовцева, уже давно примкнул к противникам реформы в ее понимании сотрудниками Министерства внутренних дел. Насмешки и нападки герценовского «Колокола» сделали Панина одним из наименее популярных деятелей империи[10]. Его назначение было победой для консервативной и аристократической партии, призванной на многие месяцы задержать работы подготовительного комитета. Однако, как Ланской немедленно сообщил Милютину, новый председатель ничего не должен был менять в том направлении, которому до того следовали события[11]. Похоже, что в тот момент, когда в принципе должны были удовлетворить требования защитников крестьян, возникла идея составом участников пойти на уступку партии крупных землевладельцев. По расчету или из-за нерешительности, этот метод сдержек и противовесов уже тогда почти становился системой. Следуя указанной логике, Милютина и его друзей вскоре должны были отстранить, чтобы лишить дворянство основного повода для недовольства. Едва назначенный граф Панин, хотя он и слыл противником основ реформы, заложенных Комиссией, потребовал встречи с Милютиным.

---

[9] «Ростовцев умер сегодня в семь часов утра; приезжайте ко мне так быстро, как только сможете; нам надо обсудить, что предстоит сделать» (записка Ланского Милютину от 4 февраля 1860 года).

[10] По поводу герценовского «Колокола» следует заметить, что, дабы предоставить Редакционной комиссии все возможные сведения, императорская канцелярия посылала ей этот журнал, в то время как печатный орган знаменитого эмигранта был повсюду под строгим запретом [Соловьев 1882].

[11] «Панин заменит Ростовцева на посту председателя Комиссии при условии, что ничего не будет менять ни в ходе дел, ни в составе участников» (записка Ланского Милютину от 11 февраля 1860 года).

Ланской проинформировал об этом своего заместителя в выражениях, не скрывавших живого беспокойства.

> 13 февраля 1860 года.
>
> Граф Панин желает вас видеть, чтобы получить точные сведения о состоянии и движении работ двух комиссий: Редакционной и Комиссии по организации полиции. Когда я ему сказал, что вы нездоровы [у Милютина был грипп], он предложил навестить вас на следующей неделе. Как только вы сможете его принять, он назначит день. Он говорит, что желает узнать от вас о руководстве работами. Можно подумать, что он этого не знает! Запаситесь терпением и, сколь возможно, внесите спокойствие в мысли.

Для Николая Алексеевича и для статуса реформы в целом ситуация была критической. Таковой ее равно расценивали в провинции и в Санкт-Петербурге[12].

Опасались внезапной смены высочайшего волеизъявления. К счастью, эти опасения оказались необоснованными. Когда великая княгиня Елена Павловна выразила монарху свое удивление назначением Панина и опасения того, что позиция нового председателя не будет благоприятствовать реформе, Александр II ответил ей: «По́лноте! Вы не знаете Панина, у него не может быть иной позиции, кроме как исполнять мои приказы». Однако здесь не учитывалось упрямство преемника Ростовцева. Граф действительно подчинился приказам императора, но только ценой создания многочисленных препон в работе Милютина и введения в крестьянский статут нескольких статей, не соответствовавших принципам реформы[13].

---

[12] Доказательством тому служит следующая записка от 20 февраля 1860 года, полученная Милютиным от г-на Дмитриева, московского профессора: «Я часто слышу о вас; ваше имя у всех на устах, сопровождаемое тысячами поношений и выражений ненависти со стороны *коренных* русских собственников. Некоторое время назад по резкости этих поношений я догадался, что дела в Петербурге шли хорошо, и премного тому был рад. Но похоже, что снова собираются мрачные тучи, если правда, что Панин назначен на место Ростовцева...»

[13] Сопротивление графа Панина духу новизны должно было, впрочем, скоро привести к его отставке из Министерства юстиции в ходе судебной реформы. Ю. Самарин писал по этому поводу супруге Н. Милютина (октябрь 1862 го-

Положение Милютина, уже в течение нескольких месяцев избранного мишенью для обстрела многочисленными и мощными противниками, могло показаться окончательно поколебленным. Но если его враги льстили себя надеждой вынудить его к отступлению, они вскоре должны были оставить эту иллюзию. Удовлетворив консерваторов назначением одного из них главой Редакционной комиссии, император, прежде всего заинтересованный в успешном завершении реформы, был полон решимости не дать отстранить от комитета человека, который более других способствовал продвижению его работ. В один из вечеров у великой княгини Елены Павловны монарх счел необходимым объясниться с Милютиным и предложить ему остаться на своем посту. Я нашел следы этой интересной беседы в письме Николая Алексеевича, адресованном Ланскому[14]:

> 23 февраля 1860 года.
>
> Этим вечером император оказал мне честь несколькими благожелательными словами в мой адрес. Сначала он справился о здоровье Вашего Превосходительства и с интересом выслушал то, что я узнал от вас. <...> В том, что касается освобождения крестьян, Его Величество в лестных для меня выражениях соблаговолил выразить пожелание, чтобы я продолжал оказывать помощь новому председателю. Я сказал ему, что мы все движимы желанием как можно

да): «Что вы скажете о падении Панина? После этого, что еще остается прочного и устойчивого? Знайте, что в последнее время он внушил к себе чувство уважения. Из всего Государственного Совета он один остался верен себе и не склонил седую голову перед идолом прогресса!» Из-за одного из таких противоречий, которые не встречаются нигде, кроме как в России, единственный сын графа Панина был скомпрометирован в первых волнениях нигилистов. Арестованный в 1861 году в ходе университетских волнений и помилованный благодаря своему отцу, этот молодой человек умер в возрасте двадцати шести лет. Его вдова, после его смерти всецело отдавшаяся делу благотворительности и народного образования, в 1880 году была выслана для проживания в свое имение и помещена под надзор полиции как участница революционной пропаганды.

14 Это письмо, как и большинство других писем Милютина Ланскому и Ланского Милютину, было написано по-французски.

> скорее завершить начатое дело, что в данный момент мы составляем подробный доклад о том, что остается сделать, что только депутаты[15] могут стать причиной опоздания, но что тем не менее мы надеемся закончить все работы к июлю, если только нам не помешает какое-нибудь непредвиденное обстоятельство. Император закончил разговор, обозначив месяц октябрь как крайний срок окончательного решения. Спешу дать отчет Вашему Превосходительству об этой беседе, которая не могла придать мне ничего иного, кроме еще большего усердия к работе[16].

Без препон и бесполезных задержек, созданных новым председателем, основной документ реформы был бы готов к сроку, объявленному Милютиным. Из-за происков противников проекта труды комиссии, почти систематически затягиваясь, продолжались еще почти целый год. Власть желала ускорить ход дел, в то же время доверяя их руководство людям, более расположенным чинить препятствия, чем поспешать в работе. Проходили месяцы, а основной документ реформы все не был завершен. Все усилия Министерства внутренних дел и самодержца казались бесполезными.

«Его Величество этим утром вызвал Панина, чтобы требовать от него большей активности. Император жалуется на затягивание работы, — писал Ланской Милютину 17 сентября. — Панин обещал закончить свою работу в комитете к 10 октября». Пришел октябрь, и результат работы комиссии, наконец оконченной, был передан в другую инстанцию под названием Главный комитет. Это было собрание, почти полностью состоявшее из враждебно настроенных высших чиновников, где проведение реформы могли бы бесконечно откладывать, если бы во главе этого своего рода апелляционного суда император не поставил своего младшего брата, великого князя Константина Николаевича, благосклонно относившегося

---

15 Речь идет о делегатах, избранных провинциальными комитетами дворянства.

16 На следующий день Ланской ответил: «Ваше вчерашнее письмо доставило мне большое удовольствие. Последняя встреча прошла удовлетворительнее первой. Похоже, что теперь лед тронулся». Ланской, несомненно, имеет в виду первое слушание Милютина.

к работе Милютина и его друзей. Вот как в нескольких словах великая княгиня Елена Павловна передала эту новость Милютину через одну из своих придворных дам, Эдит фон Раден[17]:

> Мне поручено сообщить вам хорошую новость, пока остающуюся тайной: великий князь Константин назначен председателем Главного Комитета, в котором, по возвращении, будет председательствовать сам Император. Была ли я права сегодня утром, когда поверила в особое провидение для России и для вас всех? — С дружеским приветом[18].

Вскоре великая княгиня сама писала об этом Николаю Алексеевичу, в тот момент занемогшему от избытка работы[19]:

> 14 октября 1860 года.
>
> Я сказала великому князю Константину, что только ваша скромность не дает вам прийти к нему, чтобы лично поблагодарить за сочувствие, которое он выказал во время вашей болезни. «Я его приглашу, — сказал он с большой приветливостью, — я должен и хочу его видеть; и если я этого еще не сделал, то это оттого, что хотел прочесть *положения* (статуты), чтобы иметь возможность их обсудить. Теперь я их прочел; это памятник, который всегда будет делать честь комиссии, каких бы взглядов мы ни придерживались». Великий князь возмущен поведением Панина по отношению к вам. Сегодня утром я его (Панина) видела и высказала ему свое мнение. Он ответил, приведя негодные доводы.

Еще через пятнадцать дней уже сам император торжественно поблагодарил Редакционную комиссию «за огромную работу, выполненную его членами», не скрыв, однако, что, «поскольку

---

[17] Баронесса Раден, фрейлина и наперсница великой княгини Елены Павловны, активная деятельница эпохи Великих реформ, была близко знакома со всеми реформаторами. Ее переписка с Юрием Самариным недавно вышла новым изданием. — *Прим. науч. ред.*

[18] Письмо от 8 октября 1860 года, написанное по-французски и подписанное *R*.

[19] Письмо, написанное по-французски, как и почти все другие письма великой княгини Елены Павловны.

все творения человеческие несовершенны, и в это (творение) следовало, возможно, внести некоторые изменения»[20]. Их действительно внесли затем более чем достаточно. Партии землевладельцев удалось заставить принять некоторые поправки, которые, не будучи все удачными, привели, однако, к новым задержкам. В последние дни января 1861 года приступили наконец к составлению императорского манифеста, и великий князь Константин просил Милютина написать его проект[21]. С этого и до последнего момента сторонники реформы испытывали беспокойство относительно принятия нового документа. Менее чем за неделю до того дня, который навсегда вошел в историю как начало эры освобождения крестьян, 13 февраля 1861 года, Милютин получил от великой княгини Елены Павловны следующее необычное предупреждение:

> Считаю, что должна вас предупредить о том, что люди, работающие в моем доме, повторяют, что если 19-го ничего не будет, чернь придет к дворцу требовать решения. Думаю, следует отнестись со всем вниманием к этой болтовне: выступление такого рода было бы губительно.

К счастью для сторонников освобождения крестьян, за мрачными слухами, о которых писала великая княгиня, не последовали никакие действия. 19 февраля, день восшествия на престол императора, был отмечен подписанием им манифеста об освобождении крестьян. В действительности в самом конце приготовлений делали все возможное, чтобы успеть к намеченной дате.

После долгих проволо́чек в последние недели приходилось работать почти в спешке. В Государственный совет, служащий

---

[20] Неопубликованная речь, произнесенная 1 ноября 1860 года.

[21] «Великий князь просит вас прислать ему проект манифеста в воскресенье к половине третьего» (Записка от 30 января 1861 года, написанная А. Головниным для Милютина по приказу великого князя Константина). Этот проект манифеста, доверенный перу Самарина и составленный им с согласия Милютина, был отправлен по приказу Александра II знаменитому Филарету, митрополиту московскому, который придал ему религиозную окраску, соответствующую вкусам и обычаям русского народа.

законодательным органом, статут освобождения был представлен только формально, так как император определенно запретил вносить в него любые существенные изменения. В день шестой годовщины своего восшествия на престол Александр II выполнил обещание, данное им в Москве в день своей коронации. Несколькими днями позже крестьянам зачитали в церквах манифест, объявлявший великое событие. После долгой борьбы и тревог благородная цель была достигнута. Несмотря на мелкие уступки, Милютин, Самарин, Черкасский и их команда одержали победу, но триумф их идей стоил им дорого.

Завершение реформы, остающейся важнейшим славным достижением последнего царствования, для ее основных творцов стало сигналом к опале. Едва лишь через несколько недель после обнародования законов, стоивших им стольких тревог и неприятностей, Ланской и Милютин были освобождены от своих должностей, как если бы, принимая их детище, с них снимали за него ответственность и отказывались признавать авторство тех людей, кто проявлял в его создании наибольшую инициативу.

Глава III

На следующий день после освобождения. — Вознаграждение членов редакционных комиссий. — Друзья Милютина, награжденные против их воли. — Проекты реформы Министерства внутренних дел. — Усилия великого князя Константина, чтобы оставить Николая Алексеевича в деле. — Освобождение Ланского и Милютина от должностей в апреле 1861 года. — Причины и следствие такого поворота в политике императорской власти. — Восприятие такой «реакции» Милютиным и его друзьями. — Черкасский и Самарин в качестве «мировых посредников». — Начало исполнения указа об освобождении по их письмам Милютину

Официальная дата подписания акта об отмене крепостного права — 19 февраля 1861 года. Его оглашение состоялось лишь в марте, а еще через несколько дней, в середине апреля, министр внутренних дел Ланской и его заместитель Н. Милютин оставили свои посты в министерстве. Работа по практическому применению положения, с такими трудностями разработанного Николаем Алексеевичем и его друзьями, была отдана в другие руки.

Едва только положение об освобождении было зарегистрировано, собрание, которое его готовило, — Редакционная комиссия — было распущено без какой-либо возможности участвовать в проведении в жизнь своего создания. Из двух категорий участников, составлявших Редакционную комиссию, одни, чиновники, возвращались к своим обычным занятиям в соответствующих министерствах, другие, *эксперты* из числа землевладельцев, такие как князь Черкасский и Ю. Самарин, возвращались в свои губернии, чтобы там участвовать в применении регламентов, обсуждавшихся в Санкт-Петербурге.

Отправляя в отставку этих «волонтеров» освобождения, имена которых навсегда вписаны в анналы русской истории, правительство, лишая себя их услуг, сочло, однако, необходимым представить их к официальным наградам. Речь, естественно, могла идти об одном из многочисленных наградных крестов, которыми Россия настолько богата, что, похоже, поставила цель разработать их полную иерархию, охватывающую все типы заслуг. Это решение привело к занятному инциденту, который в свое время наделал много шума. Инцидент был занятен своей новизной, ибо показал, какая духовная революция происходила в стране, где обычно все так падки на подобные знаки отличия. Ю. Самарин, князь Черкасский и их друзья воспротивились всякой награде. Им вторили великая княгиня Елена Павловна и министр Ланской, прилагавшие усилия, чтобы избавить награждаемых от того, что они считали постыдным унижением. 16 февраля 1861 года, то есть за три дня до подписания императорского манифеста, великая княгиня писала Н. Милютину:

> Я только что узнала, что граф Панин настаивает на награждении членов Комиссии и, среди прочих, предназначает Черкасскому малый крест ордена Св. Станислава. Информируйте об этом Ланского, чтобы он принял меры. Надо, чтобы вовремя предупредили великого князя Константина...

Николай Милютин разделял чувства своих друзей и великой княгини. В записке, составленной им для министра Ланского и официально адресованной графу Панину, он излагает мотивы неприятия своими сотрудниками любых знаков отличия такого рода[1]. В их глазах «участие в великом деле уже, само по себе, было честью, оказанной на всю жизнь»[2]. Ни крест, ни лента ничего не могли прибавить к их славе. Все, что они были готовы

---

[1] Речь идет о черновике письма Ланского графу Панину, написанного в конце марта 1861 года.

[2] Письмо Милютина великой княгине Елене Павловне от 16 февраля 1861 года.

принять в качестве вознаграждения, — это простую памятную медаль[3]. Такая высокая гордость, возможно, была не единственным мотивом неприязни благородных умов. Землевладельцев, также заседавших в Редакционной комиссии, многие провинциальные дворяне считали предателями и отступниками, ограбившими свой класс. Вполне естественным образом их обвиняли в том, что они продались врагам. Чтобы не дать никакого повода для нелепых клеветнических измышлений, князь Черкасский, Ю. Самарин и другие объявили о своем отказе от всякого вознаграждения или официального знака отличия в любой форме[4].

Усилия великой княгини и министра внутренних дел не смогли, однако, сделать так, чтобы «сия бюрократическая чаша их миновала». Чем энергичнее они протестовали против оказания им такой чести, тем сильнее было производимое на них давление. Наконец, по выражению Милютина[5], «мстительные намерения графа Панина, их бывшего председателя, реализовались в действие». Их наградили насильно. Князь Черкасский дал волю чувствам в своей переписке[6]. Самарин, ненавидевший официоз, отослал графу Панину крест, которым его наградили от имени императора, что было актом беспрецедентной для России дерзости.

Этот небольшой инцидент, незначительный сам по себе, означал поражение Министерства внутренних дел. Он совпал по времени с падением Ланского и Милютина. Двусмысленное положение, в котором Николай Алексеевич пребывал два года, не могло больше продолжаться. После принятия закона об освобождении крестьян Милютин не мог долго оставаться в ранге *временного заме-*

---

3 Об этом говорится в нескольких письмах Великой княгини Елены Павловны, князя Черкасского и Ю. Самарина.

4 Мне кажется, что я нашел следы этой озабоченности в некоторых письмах князя Черкасского и Ю. Самарина, адресованных Н. Милютину.

5 Из упомянутого письма великой княгине Елене Павловне от 16 февраля 1861 года.

6 Князь писал Милютину: «...Касательно креста, вы знаете мое *кредо*, оно не изменилось, а поэтому мне нет нужды его повторять. Усилие, которое мне приходится делать над собой, дорого мне стоит, и, надеюсь, вы верите в мою искренность, когда я вам это пишу. Я представляю себе, какие комментарии это вызовет и т. д.» (письмо от 7 мая 1861 года).

стителя, с которым он мирился до сих пор ради участия в великой реформе. К несчастью, оградительные меры, принятые в 1859 году, чтобы помешать его полноценному назначению, скорее усилились, чем смягчились за два года борьбы Редакционной комиссии. Противники нового положения, по-прежнему влиятельные при дворе, избрали Милютина своим козлом отпущения. Ни великий князь Константин Николаевич, ни великая княгиня Елена Павловна, его самые высокие покровители, не смогли утвердить его даже в этой неосновной должности *товарища министра*.

Сам Милютин, вероятно, тоже не без колебаний согласился бы с таким запоздалым утверждением в должности. Бессонные ночи и волнения, которые в последние два года были ценой за работу по освобождению крестьян, постепенно подорвали его здоровье. Николай Алексеевич чувствовал настоятельную потребность в отдыхе и желал не ограниченного по времени отпуска. Это намерение возмущало тех, кто, вместе с великим князем Константином, считал освобождение лишь началом нового экономического режима и желал без промедления открыть серию необходимых реформ. Поскольку документ от 19 февраля фактически радикально изменил систему управления сельскими районами, представлялось необходимым одновременно и срочно реорганизовать всю местную администрацию. Поэтому 21 февраля 1861 года, на следующий день после объявления императорского манифеста, великий князь Константин Николаевич затребовал отзыв Н. Милютина по нескольким вопросам, касавшимся провинциальной администрации, и обязал его не оставлять свой министерский пост. Великий князь также упрекнул Николая Алексеевича за излишнюю свободу языка, дававшую дополнительные аргументы против него его противникам.

21 февраля 1861 года[7].

Почтеннейший Николай Алексеевич. Я имел длинный разговор с великим князем, и он поручил мне:

1) <...>

2) ***<...>

---

[7] Письмо А. Головнина Н. Милютину.

3) Уведомить Вас, что он много думал о Вашем личном положении и пришел к убеждению, что перемены личностей в Министерстве внутренних дел были бы теперь несвоевременны, что для вашей собственной пользы вам следует оставаться при теперешней должности товарища министра и ограничить поездку за границу тем, что отвезти туда ваше семейство и потом за ними съездить; но никак не уезжать самому на несколько месяцев. Подобной поездке Его Высочество готов содействовать всеми зависящими от него средствами.

и 4) сказать вам весьма откровенно, что личное знакомство Его Высочества с вами произвело на него впечатление, что в отношении к лицам Вы часто действуете под влиянием предубеждений, предполагая в них более худого, чем действительно есть, слишком неблагосклонно отзываетесь (что, разумеется, пересказывается), и возбуждаете сами против себя недоброжелательство, которое вредит вам, и которого в противном случае вовсе бы не было. Для примера привел Панина и Буткова.

К этому мне остается присовокупить, что все это высказано с чувством искреннего к вам расположения и уважения.

Из последних строк видно, в чем противники упрекали Милютина и что он иногда был принужден слышать даже от своих защитников или официальных друзей. На это письмо Милютин ответил на следующий день длинным посланием, своего рода докладной запиской, в которой излагал свои планы на реорганизацию администрации и создание местных органов, называемых *земствами*, которые действительно были учреждены три года спустя, в значительной мере с использованием представления о них и проектов, оставленных Николаем Алексеевичем[8]. Из это-

---

[8] Из письма А. Головнину от 22 февраля 1861 года: «Мы полагаем иметь в виду два учреждения в губерниях: Губернское правление под председательством Губернаторов, для дел полицейских и распорядительных, и Земское присутствие (или Земские палаты) под председательством губернских предводителей дворянства или другого выборного лица, для заведывания земским хозяйством, общественным призрением и проч. Земской палате мы полагаем дать всевозможную самостоятельность, под контролем сословных выборных (и в некоторых случаях под наблюдением Губернатора и Мини-

го письма видно, что в тот момент, когда начиналась масштабная ликвидация крепостной зависимости, Министерство внутренних дел уже подготовило соответствующие административные реформы и что Милютин и Ланской рассчитывали ввести в провинции точно такое же местное *самоуправление*, какое, согласно положению об освобождении, устанавливалось в крестьянских общинах. В их понимании две реформы должны были быть смежными. А фактически разве они не представляли собой две половины одного творения? На упреки, которые от имени великого князя были переданы ему третьими лицами, Николай Алексеевич с гордостью, которую можно понять, не ответил и ничем не намекнул. Возможно, не без тайной иронии, он закончил свое письмо А. Головнину следующими словами (22 февраля 1861 года):

> Оканчивая свой отчет, я спешу перейти к тому, что до меня лично касается. Прежде всего не могу не выразить самой глубокой признательности за милостивое внимание Его Высочества. Переданный мне отзыв останется для меня навсегда одним из лучших воспоминаний, и я употреблю все силы, чтобы никогда не омрачить доброго мнения, которое мне всегда будет дорого и свято. При этом мне крайне тяжело сказать что-либо несогласное с волею великого князя, но по совести я должен сознаться, что в настоящее время я не чувствую себя способным работать так, как бы следовало.
>
> Последние пятнадцать лет я почти безвыездно провел в Петербурге, но два протекшие года особенно утомили меня и физически и нравственно. Напряженная работа, беспрерывные тревоги убили во мне даже всякое честолюбие, и отдых сделался первою необходимостью. Годится ли так работать в такую важную минуту?
>
> При том я убежден, что те причины, которые заставили меня продержать два года в странном положении времен-

---

стерства). План этого преобразования уже оканчивается в особенном Комитете при Министерстве, и я был бы счастлив, если б мне дозволено было представить его частным образом великому князю, прежде чем это дело получит официальный ход».

> ного товарища, остались и теперь в полной силе. Так смотрит на это (если не ошибаюсь) и Сергей Степанович. При таких обстоятельствах, утверждение меня в должности имело бы вид вынужденного снисхождения, которым пользоваться очень тяжело.

Оценка, сделанная Милютиным, выглядит обоснованной. Читая письмо, чувствуешь, что здоровье не было ни основной, ни единственной причиной его желания отставки. Ему было отвратительно слишком затянувшееся двойственное положение, и он знал о тех слишком мощных преградах, которые ставил двор, не оставляя ему свободы действий.

Несмотря на всю их прямоту, эти объяснения оказались недостаточны, чтобы убедить великого князя Константина, который не мог смириться с мыслью оставления Милютиным министерства в такой момент. Великий князь настаивал на подтверждении Николая Алексеевича в должности товарища министра и предоставлении ему лишь небольшого отпуска на несколько недель[9].

Через несколько дней Александр Головнин, который вскоре сам должен был стать министром народного просвещения, информировал Николая Алексеевича о том, что его высочество считало необходимым поручить ему главный пост в Министерстве внутренних дел, работами которого он уже несколько лет руководил как заместитель[10].

Это желание было естественным для великого князя, желавшего придать внутренней политике страны энергичный импульс. Его идеи разделяла великая княгиня Елена Павловна. К несчастью,

---

[9] «Я видел сегодня утром Великого князя (прежде приезда Ланского) и не успел убедить Его Высочество в основательности ваших желаний. Великий князь остался при убеждении, что следует утвердить вас в должности, назначить приличное содержание и пособие на поездку и разрешить несколько весьма кратковременных поездок за границу для отвезения семейства вашего и свидания с ним» (письмо А. Головнина Милютину от 1 марта 1861 года).

[10] «Великий князь долго спорил со мною, доказывая, что Вы более чем когда-либо необходимы для великого дела, и что должны заменить Ланского. Он хочет говорить с вами завтра, начните сами, благодарив его за весьма высокое о вас мнение, и самое доброе расположение» (письмо А. Головнина Н. Милютину от 3 марта 1861 года).

усталость Милютина и его сомнения в возможности занять место своего начальника не были единственными препятствиями в этой комбинации. Император оставался противником кандидатуры Николая Алексеевича. Он соглашался на отпуск Милютина, но был далек от мысли не только о его назначении на пост министра, но даже о подтверждении его в должности заместителя[11].

Это нежелание монарха было, однако, легко объяснимо. Окруженный двором, в основном враждебно настроенным к Милютину, он без конца слышал в этом окружении о неизбежном конце дворянства, если исполнение аграрных законов, принятых статутом освобождения, будет доверено этому человеку. Милютина, более чем когда бы то ни было, представляли как систематически противостоявшего частным собственникам с единственным замыслом их разорения в пользу крестьян. Человек прямой, но щепетильный, преследовавший честолюбивую цель сделать всех счастливыми и в то же время не обременить слишком тяжелыми жертвами верное ему дворянство, Александр II не мог оставаться глух к подобного рода жалобам. Он сопротивлялся, пока верил в незаменимость помощника Ланского в деле завершения реформы. Записка великой княгини Елены Павловны показывает, насколько враждебные Милютину влияния могли ввести монарха в заблуждение.

> 29 апреля 1861 года.
>
> ...Если увидите Государя наедине, и он опять заговорит с вами о дворянстве, следует сказать ему, что вы не против дворянства в целом, но огорчены и стыдитесь того, как ваша каста мало соответствует присущему ей образу.

---

[11] «Почтеннейший Николай Алексеевич. Вчера вечером Сергей Степанович Ланской сказал мне, для передачи великому князю, что вам действительно необходимо ехать за границу; что Государь уже согласился на отпуск предварительно, что завтра Сергей Степанович испросит для вас окончательно 1) отпуск за границу на 4 месяца, считая с 1-го мая с сохранением содержания и 2) возврат не выданного вам за два года содержания товарища министра. К этому он прибавил, что не понимает, почему Государь не хочет вас утвердить в должности, тем более что при отказе в утверждении он конфузится» (письмо А. Головнина Н. Милютину от 4 марта 1861 года).

В тот момент, когда великая княгиня давала ему этот запоздалый совет, противники Николая Алексеевича уже добились его отдаления. Ланской и Милютин покинули министерство, будучи одновременно отправлены в отставку в середине апреля. Дабы положить конец воплям землевладельцев, обезумевших от призрака скорого разорения, Александр II, бесконечно подвергавшийся навязчивым увещеваниям, решился наконец отобрать выполнение своих указов у тех, кто их готовил, чтобы передать в другие руки, которые нельзя было подозревать во враждебном отношении к дворянству.

Немилость, жертвой которой стали основные творцы освобождения крестьян в тот самый момент, когда все готовились к его претворению в жизнь, была одним из тех непонятных противоречий, которые, как мы видели, без труда объясняются самой средой и системой управления, а также задействованными в них интересами и ставками. Я не возьму на себя труд изучить все последствия их отзыва, первым результатом которого была задержка в исполнении большой административной реформы, подготовленной Милютиным. Предпочитаю показать, как эта министерская революция в тот момент была расценена самим Милютиным и его друзьями.

Такая развязка не была неожиданностью для Николая Алексеевича. Этот удар менее задел его в плане карьеры и личных интересов, нежели в самой сути творения, еще совсем нового и оставшегося неисполненным. Полный любви и беспокойства о великой реформе, которая стоила ему борьбы и страданий, он испытывал к ней нечто похожее на чувства матери, от которой отрывали ее новорожденное дитя, чтобы отдать его в другие руки. Несмотря на свои опасения, Милютин не поддавался унынию и вменил себе в обязанность поддерживать боевой дух своего окружения. Друзей, опасавшихся за их общее дело, он старался убедить в том, что оно соответствует интересам и обычаям страны и достаточно прочно, чтобы сопротивляться всем нападкам. Еще находясь под впечатлением недавней опалы, 19 апреля он выразил свое благородное доверие одному писателю, который, как и многие другие патриоты, в этих грустных обстоятельствах заверил Николая Алексеевича в своей восхищенной симпатии.

> 19 апреля 1861 года, Санкт-Петербург[12].
>
> Спешу принести вам от всего сердца благодарность за добрые строки. Мне понятно чувство, которое их внушило, и тем сильнее моя признательность за теплое участие. Одобрение людей, преданных делу освобождения крестьян, будет самым светлым и дорогим для меня воспоминанием. — После трех лет тревожной деятельности, утомленный физически и нравственно, я принужден отъехать за границу, оставить на некоторое время родную среду, к которой принадлежу всеми чувствами и помышлениями; но уношу с собой прежнюю веру в несокрушимость и живучесть великого крестьянского дела. Наперекор той силе инерции, которой, к сожалению, отличается наше общество, новый сельский порядок, как я уверен, водворится при пособии людей честных и правдивых, людей мысли и слова, которые должны всеми силами помогать общественному сознанию и возвышать общественную нравственность.
>
> По моему глубокому убеждению, теперь, более чем когда-либо, литература может этому содействовать. Она одна может рассеивать вековые предрассудки, разъяснять новый закон и постоянно напоминать высокие цели, столь легко забываемые среди мелочей и дрязг вседневной жизни.
>
> Еще раз благодарю вас за доброе слово. Дай Бог вам всего хорошего.

Несколько дней спустя, в письме, переданном через верные руки, он выражался более свободно, общаясь со своим другом и сотрудником князем Черкасским. В нем, сквозь сдержанную горечь, также чувствуется, что, дабы не удручать и не повергать в уныние друзей, Николай Алексеевич скрывает от них свое беспокойство и выказывает уверенность в будущем, сердцем чувствуя, что оно далеко не безоблачно.

---

[12] Письмо Н. Милютина, напечатанное в «Русской старине», февраль 1880 года, с. 389. В журнальном варианте письмо датируется не 19, а 29 апреля 1861 года. — *Прим. перев.*

Санкт-Петербург, 4 / 16 мая 1861 года.

Пользуюсь верной оказией, чтобы поговорить с Вами, любезный князь, без унизительных предосторожностей и лицемерных оговорок[13]. К сожалению, досуга все еще у меня не много. С утра до ночи укладываюсь, разбираю бумаги, делаю визиты, одним словом, готовлюсь к давно желанному отъезду за границу. Меня отпустили на целый год или, лучше сказать, *выпроводили* отсюда со всеми возможными любезностями, т. е. с сенаторским званием и с полным окладом[14]. <...>

Жена моя так хворала последнее время и до того стала слабеть и таять, что на эту поездку, лично для себя, я смотрю как на благословение Неба. Скрепя сердце, я сперва просился только на 4 месяца, чтобы не дать повода обвинять меня в равнодушии к общему делу. Но реакция пришла на помощь моему семейному горю. И Ланского, и меня устранили от министерства, не дождавшись инициативы с нашей стороны. Нам объявили, что это необходимо для примирения с дворянством, и, кажется, серьезно думают, что такая скромная жертва утешит благородное сословие. <...>

Что изо всего этого выйдет, трудно предсказать. Государь искренно желает, как по всему видно, добросовестного введения реформы. Дворня, хотя и привыкла ставить вопрос личного влияния выше всех других, но на этот раз хранит, очевидно, затаенную надежду переделать то, что сделано, на свой лад. <...> Первый выпад был направлен против Министерства народного просвещения. Специальной комиссии поручено пересмотреть и ограничить университетские уставы. <...>

---

[13] Из опасения чрезмерного любопытства почты и «третьего отделения», даже будучи на государственной службе, по возможности Милютин переписывался со своими друзьями, используя частные каналы доставки корреспонденции.

[14] Российский Сенат, реально значимые функции которого все сплошь судебные, часто представлял собой пристанище для резервных или опальных чиновников. Эта фраза хорошо показывает ошибку анонимного автора картин *Aus der Petersburger Gesellschaft* (t. I), представившего отставку Милютина как добровольную. У этого немецкого писателя, подписывающегося псевдонимом *Un Russe (Некий русский)*, можно насчитать достаточно неточностей.

Одним словом, *конопатят* все щели Зимнего дворца, через которые проникал воздух... Все это, по мнению моему, было неизбежно, но едва ли упрочится надолго. Внешние давления слишком настоятельны, чтобы замазки могли выдержать напор свежего воздуха. Притом гуманные наклонности Государя спасут его от близорукой и бессмысленной реакции. <...>
Я в этом твердо уверен: время, размышления, а также сами опыты реакции придут нам на помощь. Настоящая борьба и настоящая работа уже более не здесь (в Санкт-Петербурге), а в провинции, в селах. Всеми силами души я желаю, чтобы либеральная часть дворянства и люди, преданные нашему делу, не отстранялись от него. В этом случае все кляузы, исходящие от двора и из министерских кабинетов, будут бессильны, как было до сих пор бессильно *чиновно-помещичье* сопротивление. <...>
Уезжая отсюда с радостью за себя и своих близких, хотел бы я быть в той же мере рад за нашу общую ситуацию. Невольно ищу поддержку моим надеждам и желаниям, но эту поддержку трудно найти здесь, где сейчас интрига в самом разгаре. <...>
События в Рязани и Пензе во многом помогли реакции[15]. <...> Министерствование свое Валуев начал очень *мягко и уклончиво*. Соловьева он обещал мне поддерживать всеми силами[16], но должно ожидать больших нападков <...> Я отдаю свою квартиру, потому что хочу на целый год изгнать из памяти все воспоминания о Петербурге. Во имя самых бескорыстных интересов и памяти о нашем общем деле заклинаю вас воздержаться самому и удержать наших друзей от любого выступления.

Как мы видим, одной из вещей, которые более всего волновали Милютина и защитников интересов народа, были манифестации и беспорядки, которые, испугав или рассердив самодержца,

---

15 Речь шла о мятежах крестьян, желавших быстрее получить свободу или требовавших бесплатной земли.

16 Соловьев, высокопоставленный чиновник, начальник *Земского отдела*, друг и бывший коллега Милютина по работе в редакционных комиссиях, удержался в Министерстве внутренних дел только до 1863 года. После своей отставки он снова стал одним из основных сотрудников Милютина и Черкасского в Польше.

дали бы их противникам лишний предлог к пересмотру всего, что было сделано. Николай Алексеевич повторил те же советы в другом письме, адресованном почти в то же время еще одному его другу и сотруднику — красноречивому Самарину. Оно отличается от предыдущего более спокойным тоном, то ли по причине успокоения самого Милютина, то ли, скорее, оттого, что, зная о постоянной грусти и пессимизме Самарина, он хотел придать уверенности своему знаменитому другу.

> 7 / 19 мая 1861 года.
>
> Дражайший и почтеннейший Юрий Федорович, несмотря на поздний час, не могу пропустить удобного случая, не написав вам несколько строк[17]. Через неделю отправляюсь за границу на целый год. До вас, вероятно, дошла весть об устранении от Министерства Ланского и меня. Это произошло без особенных событий, которые изобретает ныне досужая молва. Просто-напросто реакция взяла свое. Жертвуя несколькими лицами, думают угодить дворянству и облегчить введение Положения <...> Валуев выражает свою программу так: строгое и буквальное исполнение Положения — но в духе примирения! Не знаю, как он, но Государь искренно этого желает, как по всему видно. Поддаваясь реакции, он надеется ее пересилить <...> Ветер дует теперь не в пользу резких личностей. Напротив, ищут самых бесцветных, вроде московского Корнилова, избранного на место Валуева в Комитет министров. Между тем, реакционерный хвост волнуется и поговаривает о пересмотре Положения, — для чего рекомендуют задерживать *Уставные грамоты* и назначение мировых посредников[18]. Вы видите, что интригам здесь открылось широкое поприще.
>
> Что касается до меня, я этого не боюсь, для крестьянского дела, если масса сознает свои права и интересы, а дворянство поймет, что лучшая для них ограда в будущем — есть

---

[17] Речь по-прежнему идет о возможности доставки письма, не пользуясь услугами почты.

[18] *Уставные грамоты* представляли собой договоры, заключавшиеся между собственниками и их бывшими крепостными, а *мировые посредники* специально назначались для решения спорных вопросов, возникавших при освобождении крестьян.

> все-таки — Положение — а не ряд новых редакционных комиссий. Теперь, истинная сила в местных деятелях, и вся надежда на Бога, который вывел нас в Обетованную землю, и конечно, поможет в ней укрепиться[19]. <...>
> Эта надежда дает мне полное право предаться радости — отдохнуть, освежиться. Остракизм, меня постигший, меня спасает в том, что мне всего дороже[20]. Вы знаете, что сенаторство и заграничная поездка были всегда предметом моих желаний. Тяжело, конечно, оставлять родную среду в такое трудное время; но не зависящие от моей воли события все устроили таким образом. <...>
> Наград по Редакционной комиссии не было никакой возможности устранить, хотя были употреблены все усилия <...> Ради Бога, не доставляйте торжества реакционной партии, которая воспользуется всякой демонстрацией с вашей стороны[21]. Великая княгиня грустит и хворает. Она уезжает за границу не прежде июля. С. С. Ланской едет за границу на шесть месяцев. Крепко жму вам руки. Будьте здоровы и счастливы. Ваш.

В постскриптуме наш принесенный в жертву чиновник с искренней признательностью вспоминает о доброжелательной прощальной беседе, которой император почтил его перед расставанием.

> Государь простился со мною самым ласковым образом. Несколько раз благодарил и целовал. Посылаю первый выпуск нашего сборника[22]. Второй готовится. Издание это обещал мне поддержать Валуев, который со мной в самых дружеских отношениях...

---

[19] Этот последний отрывок был напечатан с некоторыми изменениями в «Русской старине» (февраль 1880 года).

[20] Речь идет о здоровье его супруги.

[21] Похоже, что Н. Милютин имеет здесь в виду награды, о которых говорит выше и в связи с тем, что Самарин, действительно, собирался вернуть свою награду.

[22] Сборник, объединивший работы редакционных комиссий и материалы применения реформы. Вскоре Милютин с сожалением станет свидетелем приостановки его издания.

Двое друзей Милютина, как и он, не были людьми, способными впасть в уныние от такого удара. Как и Николай Алексеевич, хотя и с некоторыми личными нюансами, это были закаленные характеры, убежденные в своей правоте и полные веры в свое дело. Меньше через месяц после падения Милютина и еще не получив прощальное письмо Николая Алексеевича, князь Черкасский так представлял ему свое мнение о смене министра:

> Тула, 7 мая 1861 года.
>
> <...> Я ожидал реакции вообще. Она была неизбежна, и я счастлив уже тем, что она наступила, по крайней мере, после упрочения состава новых *Губернских присутствий*. Этим уже многое выиграно. Не думаю только, чтобы с характером настоящего времени и главнодействующих лиц было бы совместно слишком суровое и продолжительное воздействие; после весенней оттепели мы перейдем не к суровой зиме, а едва ли только к некоторой весьма скучной и грязной *слякоти*. Не желал также никому, кого я люблю, управлять в настоящее время Министерством внутренних дел: хлопот много, ответственность страшная, сломать себе шею легко, а имени себе не сделаешь. Те, кому выпадет на долю принять наследство нового министра, через три или четыре года, будут поставлены гораздо лучше во всех отношениях, и им принадлежит будущность. Вы видите по этим словам, любезнейший Николай Алексеевич, что я разделяю Вашу твердость духа на собственный Ваш счет (что, впрочем, и гораздо легче, чем самому практиковаться в этом, как Вы теперь делаете) и не только не унывал бы за Вас, но, сказать по правде, почти радуюсь для Вас и в Ваших личных интересах, хотя и сожалею и о причинах, и о вероятных и неизбежных последствиях для общего дела. Поезжайте за границу, отдохните, — Вам это необходимо, подышите свежим воздухом, полечите Марью Аггеевну[23] и детей, и когда снова почувствуете себя сильным и здоровым, возвращайтесь к нам для нового и неизбежного периода деятельности.

---

[23] Жена Н. Милютина, урожденная Абаза́, сестра А. А. Абаза́, ставшего впоследствии министром финансов.

Возможно, уверенный и игривый тон князя Черкасского лишь скрывал усилие, которое он делал, чтобы помочь залечить рану, нанесенную его другу, и утешить его в несчастье. Читая письма, чувствуешь, как эти неколебимые души, связанные преданностью делу, взаимно поддерживали и ободряли друг друга и в час отступления, и в час борьбы.

Благодаря двум своим бывшим коллегам Милютин, уволенный из министерства, находясь ли в Санкт-Петербурге или на Западе, мог следить за ходом освобождения крестьян, возможно, с лучшей информированностью, чем если бы продолжал получать губернаторские доклады. Письма Черкасского и Самарина Милютину создают живописную картину освобождения крестьян, написанную в момент действия, без последующих доработок, двумя блестящими умами современной России: картину, написанную не для публики, а для их друга, от которого им не надо было скрывать ни своего удивления, ни сожаления, ни разочарования.

Оставив редакционные комиссии, где они разработали новое законодательство по крестьянскому вопросу, Самарин и Черкасский подали либеральной фракции дворянства пример, которому последовала элита их соотечественников. Оба они, каждый в своей губернии, взяли на себя утомительные и всепоглощающие функции местных *мировых посредников* — специальной юрисдикции, введенной дворянством для мягкой ликвидации крепостничества и вынесения решений по новому законодательству в спорах между бывшими крепостными и бывшими помещиками. Для истории и для самого Милютина никто тогда во всей России не смог бы лучше них описать эту внезапную революцию, происходившую мирным путем на всей территории страны, от одного ее края до другого. Один на берегах Волги, другой у истоков Дона, они непосредственно участвовали в исполнении закона, который до этого сами обсуждали и приняли в Санкт-Петербурге. Все их письма наполнены искренностью, самопожертвованием и прямотой, которые невозможно встретить в такой степени в текстах, адресованных широкой публике. Мне остается только сожалеть, что формат этого исследования дает возможность воспроизвести лишь некоторые фрагменты писем двух друзей[24].

> ...Первое время[25] по обнародовании *манифеста* воцарилось и в обществе, и в литературе, и в администрации несколько идиллическое направление. Не могу выразить Вам, сколько оно, по несоответствию своему с действительностью, было мне тошно, и это именно обстоятельство было главною причиною, почему не хотелось взять перо в руки. Теперь начинается понемногу, и, к сожалению, довольно быстро, направление совершенно противоположное, как будто мы на бедной нашей Руси суждены век метаться из одной крайности в другую, никогда не знакомясь с златою срединою[26]. Теперь, наоборот, общий *mot d'ordre*[27] — страх, уныние, детское преувеличенное опасение; словом, самое мрачное настроение. Это второе направление, сколько я могу судить по личному опыту, не менее ложно и ошибочно первого, и, по крайней мере, настолько же опасно. <...>
> Действительно, в общем, опасности в нынешнем положении крестьянского вопроса решительно нет; есть, и будет много и очень много частных смут и волнений, особенно отказов от работ и поползновений, с другой стороны, крестьян оброчных перейти на барщину, которая теперь, на первых порах, при отсутствии всякого права личной телесной расправы помещика, не только не пугает их, но даже привлекает надеждою (довольно основательною) на безнаказанное тунеядство на барщине. Эта слабая сторона *Положения* в том виде, как оно вышло из *Главного Комитета* и *Государственного Совета*, действительно уже оценена крестьянами, с обыкновенным их практическим чутьем, и сделает крайне тягостным и неприятным положение нашего брата, скромного *мирового посредника*. Признаться

---

[24] Читатель найдет в [Leroy-Beaulieu 1881–1889, I, liv. VII, ch. III, IV] также другие, не менее любопытные фрагменты переписки Черкасского и Самарина по крестьянскому вопросу и освобождению крестьян.

[25] Речь идет о других фрагментах письма Черкасского от 7 мая 1861 года.

[26] Автор комментирует словосочетание *золотая середина* в оригинальном русском тексте письма, проводя параллель с *aurea mediocritas* у Горация.

[27] mot d'ordre (*фр.*) — лозунг, призыв. — *Прим. перев.*

Вам, я не без ужаса думаю о многих предстоящих мне испытаниях и, невзирая на полуопальное Ваше положение, глубоко ему завидую. Так и хотелось бы, чтобы на крестьянина пахнуло бы немного светлым воздухом, свежею жизнью; а тут, среди неприготовленности низших классов и общих пагубных преданий, того и гляди, что не скоро этого добьешься и дождешься. <...>

Во многих случаях, увы, препятствием тому послужит недобросовестность и самих крестьян, взалкавших по материальному улучшению их быта, и, к сожалению, при отсутствии во многих случаях нравственной узды, при значительной степени безграмотности, не всегда умеющих умерить свой порыв к чужому добру. Все это, без сомнения, составляет худшую сторону всякого громадного социального переворота, как бы ни был последний необходим, благодетелен и законен. Все это со временем и постепенно уяснится; но нужно время, большое терпение и политический такт, которого часто у нашей братии не хватает. <...>

Нельзя не признать, что и положение наше, помещиков, на первое время весьма незавидное. У многих крестьян смутно бродит мысль, что они имеют быть освобождены от всякой повинности, так что помещики за наше *положение* частенько хватаются уже как за якорь спасения. <...>

Добровольных соглашений в настоящую минуту нет никакой возможности достигнуть, какие бы ни предлагались пожертвования; так преувеличены надежды крестьян; желал бы я, чтобы пресловутые защитники исключительных добровольных соглашений посмотрели бы поближе на положение дел внутри России, и они имели бы блистательный случай убедиться в тщете своей теории и вполне детском характере их двухлетних мечтаний. <...>

Вот Вам, любезнейший Николай Алексеевич, некоторые общие мои впечатления, но я далеко не досказал Вам всего даже в общих чертах, если бы не прибавил, что все, мною Вам откровенно сказанное, и все, мною виденное, и слышанное, и наблюдаемое, не только не поколебало ни на минуту моего убеждения, что мы, в сущности, шли по верному пути и вели дело правильно, но, напротив, еще более укрепило меня в той мысли, что вне нашей системы не было и нет возможного исхода. В досугах двухмесячного моего уединения я многократно и строго вопрошал и свою

> совесть, и голую действительность, выступившую в деревне без прикрас и обольщений; и из допроса этого я вынес твердое убеждение, что наше дело правое, что наша совесть чиста и что коренных ошибок мы не сделали. <...>
> Если бы мне теперь дали переделать *Положение* и без внимания к чужим требованиям *à tête reposée*[28], я выкинул бы выкуп усадеб (как все мы охотно сделали это и прежде, если бы могли)[29], упростил бы некоторые частные регламентации, завострил бы редакцию многих статей против недобросовестности крестьян, о коей мы слишком много забывали, разгрузил бы Положение на сотню или полторы статей третьестепенных, и затем не изменил бы ничего более существенного. Впрочем я ежедневно убеждаюсь, что в образованных помещиках начинают рассеиваться многие предубеждения против наших работ. Время покажет, насколько тут действует самообольщение...

Впечатления князя Черкасского подтверждаются следующим письмом Ю. Самарина:

> Самара, 19 мая 1861 года[30].
> Любезнейший Николай Алексеевич, позавчера Р[иттер] принес мне ваше письмо, а его брат, отъезжающий сегодня за границу, взялся занести мое письмо на почту в первом же немецком городе[31]. В первый момент, когда я узнал об отставке Сергея Степановича Ланского и вашем назначении сенатором, испытал естественное чувство, которое нет нужды называть. Бесцеремонность такого отношения поразительна. Затем я пришел к убеждению, что это положи-

---

28 à tête reposée (*фр.*) — на свежую голову. — *Прим. перев.*

29 *Усадьба* — это маленький участок земли или сад, прилегающий обычно к *избе мужика* и не являющийся частью общинных земель.

30 Есть все же существенная разница в языке, используемом двумя друзьями. В своей корреспонденции Черкасский представляется как имеющий бóльшее недоверие к крестьянину, чем Самарин (см. также [Leroy-Beaulieu 1881–1889, I, liv. VII, ch. IV]). Милютин, разделявший скорее точку зрения последнего, говорил иногда, получая их письма, что Черкасский больше *помещик*, чем Самарин.

31 Обычная предосторожность по отношению к русской почте.

тельно лучшее решение, и в настоящий момент искренне рад за вас. <...>
Я убежден, что временное удаление от службы — прекрасная вещь в интересах самих дел и вашего будущего. Пусть все почувствуют себя в долгу по отношению к вам и признают этот долг. Их реакция естественна. Я вижу в ней не столько знак сомнения в справедливости нашего дела, сколько желание сделать передышку после напряжения духа и воли, непривычных в определенной среде[32]. Мне кажется, что до меня доносятся его слова: «Полноте! Господь с вами! Делайте, что хотите, только оставьте нас в покое. Теперь вы удовлетворены, так потрудитесь не *приставать* все время, и тогда все будет тихо и спокойно!» Но как раз тишины и спокойствия не следует ждать. Трудно наслаждаться *far niente*[33], когда каждый день приходят такие новости, как о волнении в селе Бездна Спасского уезда[34], и, если не ошибаюсь, нечто похожее готовится на горных заводах в Перми. <...>
Уверен, что в течение года мы станем свидетелями не одного, а, может быть, двух или трех изменений. В современных обстоятельствах и в настоящем состоянии умов люди быстро истощат силы, — как изнашиваются бальные перчатки, — и счастлив будет тот, кто в это время останется в стороне! До того как делам будет придано определенное направление и станет возможна стройная и последовательная политика, пройдет достаточно времени, когда мы будем, все же, продвигаться вперед, но зигзагами. Что же касается возможности установления продолжительной реакции, я отказываюсь в это верить, и я ее не боюсь. Чтобы убедить себя в том, что она невозможна, достаточно взглянуть на народ. Без всякого преувеличения он преобразился с головы до пят. Новое *положение* развязало языки, и народ

---

32 Эти строки, похоже, относятся к императору Александру II и помогают понять его поведение.

33 far niente (*ит.*) — безделье. — *Прим. перев.*

34 Намек на крестьянские волнения, когда войскам пришлось прибегнуть к силе и где были многочисленные жертвы. (Вероятно, повторив ошибку переводчика с русского на французский язык, в оригинале автор пишет о бездненских волнениях как о двух событиях, произошедших в двух разных местах: в Бездне и в Спасском. — *Прим. перев.*)

прорвал узкий круг идей, в котором он, как заколдованный, тщетно ходил по кругу, не находя выхода из ситуации. Его язык, манеры, поведение, — все изменилось. Уже сегодня освобожденный вчерашний крепостной оказывается выше казенных государственных крестьян, естественно, не в экономическом отношении, но как гражданин, знающий, что у него есть права, которые он должен и может защищать сам. Он еще не отдает себе отчета, в чем конкретно они состоят, но знает, что они есть и что ему надлежит их хранить. В этом основной вопрос. Если законодательство о государственных крестьянах, разработанное, без возражений, на широких либеральных принципах[35], сделало так мало для возвышения народного духа, то это потому, что собственником этих крестьян была *казна* (представляющая экономический интерес и земельное право, противоположные интересу и праву крестьянина). К тому же казна как собственник отождествлялась с правительством. Куда бы такой казенный крестьянин ни повернулся, перед ним везде возникала власть, которой надлежало подчиняться, и с которой нельзя было судиться и ее оспаривать[36].

Наш бывший крепостной, наоборот, видит перед собой *помещика* (собственника) и про себя говорит: *Это дело знакомое*, еще посмотрим, кто из нас сильнее и на чьей стороне будет правительство. В этой борьбе за право (которая может не выходить за рамки закона и, с Божьей помощью, в них останется), в этом споре крестьянин предстает впервые как юридическое, независимое лицо вне чьей-либо опеки. Этим путем должно осуществляться его формирование как гражданина: оно уже началось и быстро продвигается. <...>

---

[35] Это была разработка графа П. Киселева, дяди Милютина.

[36] В этом любопытном отрывке Самарин, как известно, восхищавшийся сельскими сообществами, не очень благосклонно высказывается о государственной собственности на землю, в то время как, благодаря разделу между крестьянами, государственные земли стали подчиняться способу владения, используемому в русском *мире*. В любом случае здесь Самарин хорошо показывает на примере зависимости крестьян от чиновников один из основных недостатков присвоения земли государством. Дальше мы видим, что если он и сторонник коллективной собственности, то только при условии, что она не разрушает личность, индивидуальность.

> В связи с этим период *временно-обязанных отношений*[37], несмотря на всю их сложность и неопределенность, имеет большое преимущество. Все было бы по-другому, если бы решение было принято сразу, с первой попытки, как если бы росчерком пера крестьян внезапно превратили в должников государства. <...>
> У нас все тихо и спокойно. Полевые работы проводятся лучше, чем в начале весны. Немедленное учреждение общинных и *волостных* администраций оказало огромную услугу. Сейчас я почти уверен, что перед нами открываются два года, в течение которых общее спокойствие в провинции не будет нарушено. Народ согласен на все с мыслью о том, что два года надо потерпеть. Он отсрочил свои надежды, но не утратил веры в возможность их осуществления. <...>
> Вот основной вопрос в настоящий момент: в течение этих двух лет, по мере введения *уставных грамот*[38], достаточно ли улучшится материальное благосостояние крестьян, достаточно ли продвинется переход от *оброка* к выкупу земли, чтобы народ, наученный долгой дорогой опыта, смирился с идеей последовательного и равномерного прогресса в рамках «положения» и отказался от смутной надежды на *эльдорадо*, которое осуществится, уж не знаю каким *государственным переворотом*? *Вот в чем вопрос...*

Пока его друзья в провинциальной тиши и безвестности работали над воплощением в жизнь великой реформы, Милютин уехал за границу, где, в более благоприятных условиях, надеялся поправить свое и жены пошатнувшееся здоровье. Горечь от опалы оказалась для него не лишена выгоды. Несчастье позволило посчитать, сколько у него было настоящих друзей и почитателей. Как я говорил, со всех сторон Николай Алексеевич получал знаки уважения и поддержки. Среди всех этих свидетельств и проявлений симпатий одним из тех, которые тронули его более других, было письмо мудрого Николая Тургенева, который,

---

37 Так назывался переходный период, в течение которого крестьяне оставались подчинены режиму барщины и оброка.

38 *Уставные грамоты* или договоры, которые, на основании положения об освобождении, должны были регулировать взаимоотношения между крестьянами и землевладельцами.

в изгнании и задолго до искупительного царствования Александра II, неустанно выражал желание и составлял проекты освобождения крепостных[39]. Успев поработать чиновником еще при Александре I, теперь он был полон благородной радости, видя, как руками других людей исполняется дело, которое было мечтой всей его жизни, и, как и Милютин, он видел в освобождении крестьян доказательство того, что благодаря реформе стало возможным решение многих вопросов.

> Вер-Буа, возле Буживаля, 8 июня 1861 года.
>
> Милостивый государь, Николай Алексеевич! Я получил, через г-на Грота: «Издание материалов Редакционных Комиссий», которые вам угодно было мне предназначить. Приношу вам за это чувствительную благодарность.
>
> Проникая в подробности, я более и более убеждаюсь в огромности труда и в необычайной заботливости тех, кои совершили великий подвиг. Ручательством тому, что сей труд будет иметь свое действие, свои последствия, одним словом, свой плод, — служит та возвышенная, та светлая идея, которая одушевляла трудившихся. Вся обширная работа редакционных комиссий, как в главных основаниях, так и в малейших подробностях, свидетельствует, что члены сих комиссий были одушевлены и руководимы чистою любовью к правде и к добру, любовью к бедному русскому народу. Как бы ни развилось новое законоположение, но главное решительное сделано: крестьяне «вышли из крепостной зависимости!» Я так сильно, так долго этого желал, что радость моя была неизъяснима <...>.
>
> Сверх огромного труда, свидетельствуемого «Материалами», люди беспристрастные должны также вспомнить и оценить ту нравственную работу, в которой усердные и правдивые деятели находились с различными неприязненными элементами. Тут заслуга их перед Россией и перед человечеством принимает новый, ещё более значительный и блистательный вид.
>
> Независимо от предмета, до коего касается труд Редакционной комиссии, я нашел в нём неоспоримое и утешительное доказательство тому, что в России обработка и начер-

[39] См. [Tourgueneff 1847].

> тание важнейших государственных узаконений возможна. С моей стороны, я никогда в этом не сомневался; не менее того, доказательство так очевидно, что должно убедить всех и каждого. И так все должны теперь знать, что в России возможно составить и издать, например, правильный устав судопроизводства, образовать новые суды — гражданские и уголовные, начертать новые правила для внутреннего управления, усвоив каждой местности известные права и обязанности и проч., и проч. Там, где можно было составить «полные положения» по крестьянскому делу, там, конечно, возможно издать новые уставы по различным отраслям государственного управления и издать в столь же короткое время, то есть в два или три года. Надобно только прибегнуть к таким же средствам и набрать таких же людей, какие занимались делом освобождения[40].

Пожеланию Николая Тургенева не суждено было исполниться. Те, кто принял основное участие в работе над славной реформой Александра II, были отстранены от новых трудов. Для Милютина в его отпуске, больше похожем на ссылку, утешением была надежда, что реформа не остановится с его отходом от дел. И он не обманулся в ней, поверив в искренность намерений императора. Согласившись, из желания умиротворения, на смену действующих лиц, император Александр II не допустил внесения никаких законодательных изменений в положение от 19 февраля. П. А. Валуев, преемник Ланского в Министерстве внутренних дел, сдержал обещание, данное им Милютину. Статут крестьян, ставший основным законом государства, стал применяться. Однако это было применение иным способом, что для Милютина и его друзей всегда оставалось причиной неудовлетворенности, потому что, как известно, способ применения законов имеет не меньшее значение, чем сами законы.

Благодаря кротости народа, вероятно, еще в большей степени, чем предосторожностям власти, благодаря усердию и преданности самой просвещенной части дворянства, которая, по примеру Самарина и Черкасского, с достойным восхищения самопожерт-

---

[40] Опубликовано в журнале «Русская старина» [Милютин Н. 1873].

ванием посвятила себя неблагодарной работе *мировых посредников*, внезапное изменение всех социальных отношений произошло мирно, почти без волнений и пролития крови. Только в некоторых восточных губерниях произошли небольшие возмущения, вызванные неизбежным разочарованием и неизлечимым недоверием крестьян, удивленных необходимостью выкупать землю, принадлежавшую им, как они считали, по праву. Эти беспорядки, которых в своих прогнозах Милютин и его друзья опасались как худшей опасности для дела, были легко умиротворены или подавлены. Освободив двадцать миллионов крепостных, Россия избежала крестьянского восстания. Вопреки мрачным пророчествам и слухам, разносимым двором, пугачевщины так и не дождались. Для большинства патриотов незрелые крестьянские волнения были лишь доказательством того, насколько опасно для общества было пытаться провести освобождение крестьян, не дав им земли, о чем мечтало большинство противников Милютина.

Сознание землевладельцев, равно как и сознание крестьян, в какой-то момент перевозбужденное, вскоре вернулось в состояние спокойствия или, лучше сказать, привычной апатии[41]. По выражению Черкасского, истоки реформы легко было обнаружить как в сознании народа, так и в сознании дворянства. «Начинаешь понимать, — писал князь, — что новый статут, каким бы недостаточным он ни представлялся вначале по сравнению с чрезмерными требованиями обеих сторон, есть и будет единственно возможным»[42]. Провинциальное дворянство, получившее фактический урок, мало-помалу отделывалось от чувства страха и антипатии к зачинщикам реформы. Землевладельцы замечали, видя его практическое применение, что в конечном

---

[41] Если верить Самарину (письмо Н. Милютину от 17 августа 1862 года), значительное число собственников даже не прочитали новое положение, от которого зависело все их будущее и будущее крестьян: «Можно ли в такое поверить? Большинство собственников даже не удосужилось прочитать *положение* и знает его содержание только из рассказов своих управляющих или приказчиков».

[42] Письмо Черкасского Милютину от 23 июля 1861 года.

итоге Положение от 19 февраля, осуществив их частичную экспроприацию, было менее революционным и разорительным для дворянства, чем они думали сначала. «Мне кажется, — писал Милютину князь Черкасский, — что, уже начиная с 7 марта 1861 года, предубеждения против нас начинают отпадать одно за другим, и по крайней мере самые культурные и цивилизованные собственники примыкают к нашему делу и откровенно принимают наш труд». Одно обстоятельство в особенности способствовало охлаждению гнева *помещиков* и смене настроения многих из них, принудив их «зацепиться» за столь ненавистные им положения: это были непомерные запросы бывших крепостных «и абсолютная подозрительность всего православного бородатого населения по отношению к недавним хозяевам»[43]. «Худо-бедно дворянству пришлось распрощаться с иллюзиями привязанности к ним их бывших крепостных». В этом отношении собственники, наиболее уверенные в нежной любви к ним их бывших крестьян, испытали наибольшее разочарование. Даже лучшие из них встречали лишь подозрительность и неблагодарность[44]. Во многих регионах освобожденные крестьяне не дожидались положенных законом сроков и тут же стали рассматривать себя свободными от любых обязательств в отношении бывшего хозяина. Они отказывались работать на него, невзирая на двухлетний переходный срок, мудро положенный законодателем, чтобы облегчить преобразование одного режима в другой[45]. Многие собственники из числа тех, кто упрекал Милютина и Редакционную комиссию в желании все регламентировать законодательно, надеявшиеся без труда договорится со своими прежними крепостными, испытали жестокое разочарование.

---

43 Письмо Черкасского Милютину от 23 июля 1861 года. В своем письме от 25 сентября Самарин также говорит о недоверии крестьян ко всему и ко всем. В этом недоверии, которое заставляло их сомневаться в подлинности императорского манифеста, Самарин видит даже основную причину беспорядков, случившихся в некоторых местах.

44 Из того же письма Черкасского от 23 июля.

45 Письмо Самарина Милютину от 25 сентября 1861 года.

> В настоящий момент, — писал Черкасский Милютину, — все смогли убедиться в несправедливости неистовых гневных речей наших противников за последние два года против нашей *мании все регламентировать*. Сейчас они нам ставят в вину даже детали исполнения. Представьте себе, что сегодня нас спрашивают, почему тот или иной случай не был предусмотрен и его решение не было дано заранее[46].

В своем смятении многие собственники обвиняли в непростительном небрежении тех, чье мелочное внимание к деталям высмеивали еще накануне.

Несмотря на сетования и иллюзии, зачастую одновременно с обеих сторон, эта колоссальная операция, не знавшая себе равных в истории, заканчивалась в спокойствии и порядке, которые сбивали с толку всех пророков несчастья. Франсуа Гизо выразил свое восхищение Милютину, бывшему в Париже проездом. Вместо того чтобы с грохотом рухнуть под грузом закона, подрывавшего его основы, старый режим внезапно растаял, как ледяной дом под весенним солнцем, по образному выражению Самарина, заимствованному им у картин северных оттепелей[47].

Так, несмотря на тяжкий безвестный труд провинциального мирового посредника, на который он сам себя обрек, Ю. Самарин с полным основанием мог исполнить триумфальный гимн на манер благочестивой песни Симеона Богоприимца *(Nunc dimittis).*

---

[46] В своем письме от 23 июля 1861 года князь Черкасский добавляет: «Все согласны в одном, что было бы невозможно ограничиться *уставными грамотами* без административных регламентов». И далее он пишет о тяготах своей миссии мирового судьи: «Где бы мы сейчас были без точных и определенных законов? И как мы были наивны, когда избегали давать слишком широкое применение мировым соглашениям, опасаясь, что тем самым интересы крестьянина не будут достаточно гарантированы, и что его обманут! Практика доказала, скорее, обратное».

[47] «Наконец старый режим растаял, не оставив после себя ни раздражения, ни пагубных следов. Этим мы обязаны своего рода беспечности, природному добродушию, а также лени и отсутствию упорства, которые характеризуют наше общество» (письмо Ю. Самарина Милютину от 9 августа 1862 года).

Самара, 11 ноября 1861 года[48].

<...> Следующие строки я адресую к Николаю Алексеевичу: мы можем перекреститься и сказать, как Симеон Богоприимец: *«ныне отпущаеши раба твоего и т. д.»*. Мы строили не на песке, а докапывались до самого материка. *Положение* сделало свое дело. Народ выпрямился и преобразился. Взгляд, походка, речи — все изменилось[49]. Это *добыто*, этого отнять нельзя, а это главное. Теперь, в борьбе с другим сословием, совершается гражданское воспитание крестьян. <...>

Мы, помещики, своими боками служим оселком, о который шлифуется и полируется народ. Не скрою, что эта обязанность подчас тяжела. Между помещиками и *мировыми посредниками* завязываются совершенно новые, во всей нашей администрации небывалые отношения. Это зерно тоже дало надежный росток. <...>

По случаю отосланного мною Владимирского креста я получил от самого графа Панина собственноручное письмо на четырех листах, которым значительно обогатилось мое собрание редкостей. Жаль, что истинно *панинские размеры* этого письма не позволяют приложить его[50].

Вопреки невежеству, недобросовестности и упорной неблагодарности *мужика*, его великодушные друзья поздравляли друг друга с победой по двум наиболее оспариваемым моментам этой долгой борьбы: в вопросе о свободном управлении крестьянских общин, а также в вопросе об аграрных законах, которые гарантировали бывшим крепостным хлебопашцам собственность на часть возделываемой ими земли. Время, единственное, что про-

---

[48] Письмо адресовано жене Н. Милютина.

[49] Самарин повторяет здесь почти слово в слово то, что он писал Милютину в письме от 19 мая, цитировавшемся выше. Чувствуется, что основной его озабоченностью было поднятие морального духа народа, возвращение ему достоинства и индивидуальности заодно с сознанием своего права, а также некоторые неудобства, вытекавшие из этого для высших классов.

[50] В другом письме Н. Милютину (17 августа 1862 года) Самарин несколько позже повторяет: «Я не оптимист, меня даже часто обвиняют в противоположном; тем не менее могу смело сказать, что наше дело победило и что новое положение вышло победителем из столкновения с реальной жизнью».

веряет ценность институций, покажет, до какой степени история должна разделять законное удовлетворение этих благородных умов. Как говорил император Александр II членам Редакционной комиссии, благодаря их за оконченный колоссальный труд, любое человеческое творение несовершенно[51]. В данном случае было невозможно не допустить ошибок, еще менее возможно было избежать жертв. Даже если освобождение прошло не без ошибок, было бы, однако, несправедливо возлагать всю ответственность за них на людей, которых их противники порой принуждали менять направление начатого дела в сторону, противоположную их взглядам[52]; на людей, которые, тщательно и с трудолюбием написав и кодифицировав сложные законы, вынуждены были передать их применение в другие руки. Почти через двадцать лет после освобождения крепостных К. Д. Кавелин, один из самых выдающихся публицистов империи, которого мы также встречаем в числе корреспондентов Милютина, все еще приписывал этой смене лиц и резкому повороту в 1861 году большую часть разочарований от освобождения. Кавелин писал:

> ...великим несчастием и капитальной государственной ошибкой, — была передача крестьянского дела, вслед за утверждением Положений 19 февраля, в руки непримиримых врагов начал, положенных в их основание. <...> Сломить

---

[51] Имеется в виду речь императора, произнесенная 1 ноября 1860 года.

[52] Хотя император подразумевал под этим второстепенные детали, они тем не менее иногда обретали значение. Я слышал, как князь Черкасский громко жаловался на эти изменения, и в его письмах, равно как и в письмах его друга Самарина, часто встречаются отголоски таких сожалений. Например, Самарин в своем письме Н. Милютину от 25 сентября 1861 года сетует на то, что графу Панину удалось уменьшить средний размер крестьянских наделов с пяти с половиной *десятин* до пяти. По мнению Самарина, это произведет очень плохое впечатление на крестьян, потому что чаще всего будет означать уменьшение средней площади земель, которыми они пользовались до освобождения. — Это нежелательное последствие часто еще более отягощалось на практике поведением некоторых «мировых посредников», которые без зазрения совести жертвовали интересами крестьян и применяли местные регламентирующие положения противоположно намерению законодателя (См. [Leroy-Beaulieu 1881–1889, I (2-e édit.): 432]).

> ее [реформу] совсем, переделать по-своему, им, правда, не удалось; но все возможное было сделано, чтобы ее исказить, парализовать, перетолковать ее дух и смысл... [Кавелин 1883: 42].

Однако не вызывает сомнений и подтверждено фактами то, что в тот момент, когда оно появилось, положение об освобождении, ставшее объектом критики для одних и восхищения для других, прекрасно согласовывалось с нравами и нуждами страны, с ее обычаями и даже, если хотите, с ее предрассудками. И могло ли иначе такое преобразование произойти столь легко, быстро и мирно? Могло ли иначе творение 1861 года продолжать жить и укорениться вопреки опале, которой подверглись те, кто был его создателями?

Беспокойство, которое накануне освобождения грозной тучей затеняло российский горизонт, через несколько месяцев рассеялось, как легкие облака. Более всего создания проблем опасались не со стороны народа, не со стороны невежественной массы освобожденных, но с противоположного полюса общества. Трудности возникли со стороны образованных классов, молодежи, дворянских собраний, и они были частично вызваны сомнениями и непоследовательностью действий власти и промедлениями в проведении самых срочных реформ после ухода Милютина.

Глава IV

Путешествия Николая Милютина за границу в 1861–1862 годы. — Пребывание в Риме и Париже. — Новости из России. — Студенческие бунты и первый «нигилизм». — Оплошности правительства. — Мнение Николая Алексеевича и его русских друзей о русском обществе и ведении дел. — Предложения работы, сделанные Н. Милютину. — Усилия, предпринятые для этого великим князем Константином Николаевичем и великой княгиней Еленой Павловной. — Причины отказа Милютина вновь занять официальный пост

Утомленный телом и душой, в поисках отдыха и спокойствия, Милютин покинул Санкт-Петербург и Россию весной 1861 года. В течение двух лет своего отхода от дел он проехал последовательно Германию, Швейцарию, Италию, Францию (откуда совершил экскурсию в Англию), побывав в самых знаменитых городах и привлекательных местах. Повсюду он проявлял живой интерес к людям и событиям, наносил визиты и задавал вопросы, изучал настоящее, не забывая о прошлом, ибо оно одно дает ему объяснение. Для бюрократа, почти вся жизнь которого протекала до того в петербургских канцеляриях, лишенного разнообразия, которое дают путешествия, это было одновременно передышкой и дополнением к образованию, которое ничто другое не способно заменить[1].

Повинуясь рекомендациям врачей, которые советовали ему провести холодное время года под южным солнцем, Милютин в сопровождении семьи провел часть зимы 1861–1862 года в Ита-

---

[1] Помимо этого к двадцати шести годам Милютин уже успел побывать в Германии, Франции, Испании и Италии.

лии, в основном в Риме. В это время Италия стояла на пороге великой национальной революции, которой было суждено обновить лицо полуострова в тот момент, когда смерть Кавура подвергла первому испытанию едва только наметившееся национальное единство. Высокий духом, Николай Алексеевич не дал вовлечь себя в политику. В противоположность многочисленным заурядным туристам, испытывавшим отвращение к неприглядным внешним проявлениям и величественной нищете современного ему Рима, Милютин проникся очарованием древних развалин, широких пустынных горизонтов и спокойной атмосферы Вечного города, погружающей душу в состояние умиротворения. Его пленил Рим, тогда еще мало оживленный и малопривлекательный для некатолика. Он предпочел его тишину и кажущуюся дремоту шуму, блеску и волнению Парижа, так высоко ценимого его соотечественниками. Он, сплав скифа и славянина, выросший в Москве и проведший остальную часть жизни в туманном Петербурге, этот в своей основе русский и современный ум, внешне во всем позитивный и даже реалистичный, был глубоко впечатлен классической культурой и древностями Рима. Когда сегодня в России и других странах с такой страстью обсуждают классицизм и системы образования, мы находим в письмах этого поистине русского патриота, которого нельзя обвинить в тщеславном идеализме или преклонении перед Западом, следующий интересный отрывок. Я прочитал его с любопытством и, смею сказать, не без восхищения.

> Рим, 18/30 декабря 1861 года[2].
>
> В Риме мы блаженствуем, каждый по-своему. Маша, несмотря на временные болезни, постоянно весела. Она страстно предалась рисованию. Дети, в полном смысле слова, блаженствуют. Сестра — гораздо покойнее, чем в Петербурге, гуляет по целым дням в церквах и музеях, видится с артистами, вечно в толкотне, но давно я не видел ее веселее и ровнее духом. Обо мне говорить нечего. Нигде нельзя так фланировать как в Риме: нежишься, а между тем мысль постоянно работает, внимание всегда возбуждено без утомления,

---

[2] Из письма Д. А. Милютину.

> и нет следа тех неприятных угрызений совести, которые оставляет за собой бесплодное и неразумное бездействие. Я погрузился в классические древности, читаю Тацита и Тита Ливия, и сказать ли? — вполне убедился, что наше русское пренебрежение к классикам есть истинное варварство и великий пробел в нашем развитии. Ты улыбнешься моей наивности, достойной гимназиста, а я убежден, что вы все, отрешенные от обычной возни, испытали бы то же чувство на моем месте. Читаешь — и не веришь прежнему равнодушию к тому, что действительно великолепно. Наука жизни великое дело. Впрочем, прелести древнего мира не исключительно занимают мои досуги. Я не бросил прежнего намерения изготовить здесь материалы для истории эмансипации. К выезду надеюсь кое-что сделать. Может быть, со временем пригодится[3].

Замечание Милютина об изучении классиков — из разряда тех, которые часто делают иностранцы, находясь в России, но удивляет то, как он заметил лакуну, которая обычно ускользает от внимания его соотечественников. К тому же вкус к Античности у него не был эгоистическим и бесполезным проявлением дилетантства. Как истинный человек действия, всегда занятый практическими вопросами, он не пренебрегал никакими средствами, чтобы познакомить свою страну с этой Античностью, которая стала его увлечением. Фортуна ему в этом помогала. Будучи в Риме, он способствовал приобретению части коллекции маркиза Кампаны, благодаря чему, как известно, Россия опередила Францию, завладев самыми ценными и редкими предметами этой коллекции. Милютин проявлял к ней особый интерес, и сегодня она стала украшением Эрмитажа. По возвращении в Петербург одним из первых посещений Николая Алексеевича стал осмотр этого нового отдела музея[4].

---

3 Отвлекаемый частыми переездами и вскоре вызванный в Россию, Милютин не смог осуществить этот проект.

4 «Я ходил смотреть коллекции музея Кампаны, которые включают в себя великолепные и интересные предметы. Это одна из лучших коллекций Европы, но доступ к ней нелегок и необщедоступен» (из письма к супруге от

В январе 1862 года Николай Алексеевич вынужден был уехать из Рима в Париж, озабоченный состоянием здоровья своего дяди, графа Киселева, служившего тогда царским посланником при дворе Наполеона III в Тюильри. Граф Киселев, бывший министром государственных имуществ при императоре Николае I, стал одним из первых высших чиновников, озаботившихся улучшением положения крестьян. В этом отношении дядю можно рассматривать как предтечу племянника. Он одобрял и восхищался положением 1861 года и в Париже часто защищал Милютина и его дело от критиковавших его русских[5].

В начале 1862 года Россия и Франция открыто склонялись к взаимному сближению, которое могло бы привести к политическому союзу двух держав, если бы не фатальное восстание в Польше, случившееся в следующем году. Граф Киселев располагал в то время большим кредитом доверия в Париже и при дворе. При поддержке такого гаранта Николай Алексеевич мог быть уверен в том, что перед ним откроются все двери. По его собственному выражению: «Каждый день у меня были лишь ужины, балы и приемы». Он жаловался своей супруге, которую оставил в Риме, на такую жизнь, проводимую в водовороте светских удовольствий, «оставлявшую лишь ощущение пустоты и недовольства собой»[6]. Повсюду встречаемый с интересом и любопытством, в официальных кругах, равно как и в оппозиционных салонах, в ученых и политических сообществах, он был принят с симпатией, которая мало-помалу сменилась холодностью из-за событий в Польше. Все знали и говорили о роли, которую он сыграл в освобождении крестьян. В связи с этим ему

---

20 мая / 1 июня 1862 года). С обычным для него вниманием к простому народу Милютин приложил усилия для облегчения доступа к коллекции, который до этого был привилегией избранных.

[5] О симпатии графа Киселева к положению от 19 февраля находится свидетельство, в частности, у Заблоцкого-Десятовского в его трехтомнике «*Notes et Souvenirs*» (1881). (Вероятно, речь идет о французском издании, так как русского издания трудов А. П. Заблоцкого-Десятовского под соответствующим названием не существует. — *Прим. перев.*)

[6] Письмо от 30 января 1862 года.

задавали вопросы и поздравляли. «Везде, — писал он, — со свойственной им любезностью французы осыпают меня комплиментами по поводу освобождения крепостных»[7]. «Но нет пророка в своем отечестве», — писал он далее, с меланхолией возвращаясь в мыслях к петербургскому высшему обществу. Несколько позже, во время своего второго пребывания в Париже в 1863 году, присутствуя на ежемесячном ужине в Обществе политической экономии, он описывал французам механизм освобождения[8].

> Зрелище, которое предстанет перед вашим взглядом, — писала Милютину из Петербурга великая княгиня Елена Павловна, — любопытно и создано, чтобы заинтересовать государственного человека, какими бы ни были его убеждения. Надеюсь, что вы его дополните знакомством с самим сфинксом. Совершенно необходимо, чтобы вы его увидели и следующим летом рассказали мне о своем впечатлении[9].

К несчастью, мы не знаем, какое впечатление Николай Алексеевич передал своей высочайшей подруге по переписке, даже если он действительно смог увидеть в Тюильри окруженного слухами «сфинкса», загадок которого с беспокойством все еще ждала Европа[10]. В семейном окружении императора Милютин посещал по преимуществу салон, более литературный, чем политический, принцессы Матильды. До последних дней, уже во время польского восстания 1863 года, когда большинство парижских салонов закрывали свои двери перед русскими посетителя-

---

[7] Письмо супруге от 10 февраля 1862 года.

[8] См. *Journal des Economistes* за июнь 1863 года. 19 февраля / 3 марта того же года в ходе ужина в честь славной годовщины Иван Тургенев, который, рисовавший нравы крепостного права и более чем кто-либо подготовивший его отмену, прочитал написанный им длинный тост в честь своего дальнего родственника Николая Тургенева, а также своего друга и современника Николая Милютина, приветствуя в лице первого из них инициатора, а в лице второго — основного творца великой реформы.

[9] Письмо великой княгини Елены Павловны, 14/26 января 1862 года.

[10] Речь идет о французском императоре Наполеоне III. — *Прим. перев.*

ми, кузина императора Наполеона III с неизменной благосклонностью продолжала принимать этого соотечественника своего супруга[11]. В ответ Милютин представлял в России частные интересы французской принцессы, «которая, — говорил он, — похоже, больше заинтересована в своей доле в уральских горных разработках (в качестве супруги А. П. Демидова), чем в полагавшемся ей имущественном обеспечении члена французской императорской фамилии, находя для себя в первой гораздо больше материальной безопасности»[12].

Вторая французская империя была в зените своей славы. Создается, однако, впечатление, что Милютин не был ослеплен ни политическим блеском, ни роскошью императорского двора. «Наполеоновское общество, — замечал он в одном частном письме (6 января 1862 года), — кажется мне лишенным истинной элегантности и хорошего тона». То, что он отмечал и чем восхищался у нас во Франции, были не всеми расхваливаемые искусные маневры правительства и не таланты представителей власти, а, скорее, общий подъем социальной среды. Он, часто озабоченный нехваткой деловых людей и умных механизмов власти в России, всегда поражался превосходством в этой сфере старых держав Запада.

> Париж, 10 февраля 1862 года.
>
> Мои впечатления еще слишком спутаны и неотчетливы, чтобы вывести из них какие-либо общие заключения о людях и вещах этой страны. Единственное наблюдение, которое я уже смог сделать, это то, что вызывающие такое восхищение у нас мастерские действия французского правительства, как мне кажется, менее объясняются превосходством конкретных личностей, чем общим высоким интеллектуальным уровнем политики. Это среда, в которой идеи возникают и развиваются сами по себе, где, единожды перейдя в область

---

[11] Матильда Буонапарте, двоюродная сестра императора Наполеона III, некоторое время была замужем за уральским заводчиком Анатолием Павловичем Демидовым («князь Анатолий»). К моменту описываемых событий брак уже был расторгнут. — *Прим. перев.*

[12] Письмо от 23 апреля 1863 года.

> фактов, на всех уровнях своего осуществления они находят умных исполнителей. В этих условиях задача правительства становится гораздо проще и достойна зависти...[13]

Париж и Рим со всеми своими развлечениями и соблазнами никогда не поглощали внимание Милютина полностью. Его взгляд из-за границы неустанно обращался к родине, где смутные и тревожные события в силу самой своей неопределенности требовали его внимания. В 1862 году, находясь в Париже, он «с живой скорбью»[14] узнал о смерти своего друга и бывшего министра графа Ланского, опала которого, как говорили, ускорила его конец. Эта потеря истинного патриота была не единственным печалившим Милютина предметом. Ухудшаясь каждый день, ситуация в России и Польше выглядела все мрачнее, а будущее было отягощено неопределенностью. Превратившись в праздного наблюдателя или докучливого критика событий, в которых он мог бы принять живое участие и которые мог бы направлять, Милютин чувствовал себя в необычно сложном положении. Многие его друзья хотели бы видеть его в России, играющим активную роль в политических событиях. Но сам Николай Алексеевич решительно отвергал любые пожелания такого рода. Недостаточно восстановившееся здоровье и в еще большей мере новости, получаемые им из России, склоняли его к продлению пребывания за границей.

Как мы отмечали, Россия жила в то время в состоянии лихорадочного возбуждения, аналогичном более недавнему кризису, последовавшему за войной в Болгарии и стоившему жизни освободителю от крепостничества. Какими бы значительными ни представлялись его результаты, освобождение крестьян, похоже, было лишь прелюдией к многочисленным и глубоким изменениям в администрации, судебной системе, армии, образовании — короче, во всех областях государственной жизни. Осуществление самой сложной и насущной из всех реформ тут же породило желание провести и другие. Задержки в принятии ре-

---

[13] Письмо от 10 февраля 1862 года.

[14] Письмо от 7 февраля 1862 года.

шений и колебания правительства вызывали нетерпение в возбужденных и беспокойных умах, давно подготовленных к большим изменениям самим величием мирной революции, разворачивавшейся перед глазами. Волнения отмечались повсюду: в среде дворянства, желавшего получить политические права и материальное возмещение отмены крепостного права, в школах и университетах среди молодежи, питавшей пылкие надежды, готовой мечтать обо всем и все считать легкодостижимым. Волнения происходили и в польских областях, где надеялись на начало эры свободы и искупления. Там многие авантюрные умы, лелеявшие патриотические иллюзии и оторванные от реальности, должны были вскоре жестоко поплатиться за легкомыслие.

Не было заговоров и тем более политических убийств, но брожение в умах уже часто обретало внешние проявления. В противоположность тому, что стало заметно позже, в тот момент либеральные настроения открыто проявлялись в органах управления и судах, а также в дворянских собраниях. Петербургские студенты, подражая своим собратьям из Латинского квартала, устраивали частые и беспокойные демонстрации. Правительство не оставалось без ответа. Этот тревожный период оказался законодательно самым плодотворным. Однако проектам законов, подготовленным и составленным различными комиссиями, движимыми зачастую разнонаправленными тенденциями, не хватало единства и гармонии[15]. Во всех звеньях администрации

---

[15] Так, две самые значительные реформы царствования Александра II, крестьянская и судебная, несут на себе отпечаток таких разных идейных начал, что трудно поверить в их относительную синхронность. Поэтому не стоит удивляться, если Милютин и особенно его друзья («славянофил» Самарин и «государственник» Черкасский) сурово критиковали реформы, проведенные после 1861 года. «Скажите вашему супругу, — писал Самарин жене Милютина в октябре 1862 года, — что крестьянский статут ни в чем не проиграет в сравнении с проектом губернских учреждений и статутом судебной реформы. По поводу этих двух последних творений между мной и Черкасским был обмен корреспонденцией, состоявший из одних восклицательных и вопросительных знаков. Что самое странное, это серьезный вид, с которым все эти вещи кое-как делаются. И они действительно воображают, что это и есть краеугольный камень органического законодательства!»

и в политическом механизме чувствовались управленческий дефект и отсутствие воли, способной всем руководить и все координировать. Вопреки лучшим намерениям, эта своего рода правительственная нестыковка, слишком явная, чтобы ее не заметить, пугала нерешительных и воодушевляла дерзких и бестолковых. В этой стране, более чем любая другая привыкшей чувствовать хозяйскую руку, она разрушала доверие, которое едва только создала недавно проведенная великая реформа.

Письма от своих друзей, которые Милютин получал в Риме и Париже, служили ему утешением в грустном осознании того, что ему более не было места в правительстве. Было, однако, одно обстоятельство, делавшее для него еще более мучительной информацию от корреспондентов о бездарном ведении дел в России. В тот момент, когда, несмотря на отдельные небольшие местные возмущения, освобождение крестьян проходило с легкостью, на которую едва ли можно было заранее рассчитывать, противники Милютина и его друзей обвинили их в порождении революционных настроений и духа неподчинения, в принесении дворянства в жертву своим демократическим устремлениям. Факты, однако, с очевидностью опровергали эти обвинения. Но тогда, как и сегодня, народные массы в деревнях и городах проявляли абсолютную преданность царю-освободителю. Их усердие, более эмоциональное, чем просвещенное, было готово, при необходимости, быть направлено против нарушителей порядка.

> В Москве, — писали Милютину 2 октября 1861 года, — уличные скопления студентов были рассеяны народом, в котором, как уверяют, говорили, что эти шалопаи дворянские сынки бунтуют против правительства. Одного студента толпа избила так сильно, что он умер. Не могу гарантировать подлинность, но, если это правда, то факт сей значимый и о многом заставляет задуматься[16].

---

[16] Еще один друг Милютина, профессор Кавелин, бывший проездом в Карлсруэ, несколько месяцев спустя передал ему аналогичные сведения из Санкт-Петербурга: «Ненависть простого народа к студентам возрастает каждый день, — писал он, — общество помощи литераторам было вынуждено зака-

Писавший Милютину это письмо не ошибался. Факт был характерный, и что не менее важно — это то, что подобный эпизод повторился в Москве при таких же обстоятельствах через восемнадцать лет, в 1878 или 1879 году. Тогда московские студенты попытались организовать манифестацию в поддержку своих киевских собратьев, депортированных полицией.

В этой ситуации бесплодного брожения в умах и невыполнимых требований образованных классов общества, с одной стороны, и невежественной грубости народа, с другой, пессимизм одинокого мыслителя мог разыграться не на шутку. Поэтому мы без удивления наблюдаем, как один из величайших умов современной России, красноречивый Самарин, признавая в своих письмах, что не склонен к оптимизму, дает волю черной меланхолии и исключительно мрачными красками рисует своему другу Милютину картину родины, и поныне не лишенную актуальности.

> 17 августа 1862 года[17].
>
> Решившись не возвращаться в Петербург и остаться еще год за границею, вы поступили премудро. <...>
>
> Поверьте мне: Николаю Алексеевичу решительно нечего делать в Петербурге. <...> При современных обстоятельствах и при нынешней обстановке он слишком крупен и не вмещается ни в какие рамки. Это не комплимент, а грустная и полная правда, всеми смутно сознаваемая. <...>
>
> Прежняя самоуверенность, при всей ее тупости до некоторой степени заменившая энергию — исчезла безвозвратно. Старые приемы правительства отброшены, но жизнь не выработала на смену старому. Наверху законодательная чесотка при небывалой беспримерной бездарности. Со стороны общества, хроническая вялость, лень, отсутствие всякой инициативы, при усиливающемся с каждым днем позыве к безнаказанному поддразниванию власти. В настоя-

---

зать двести гражданских фраков для бедных студентов, чтобы их не узнали по форменной одежде и не избили на улице» (письмо от 13 / 25 июля 1862 года).

[17] Письмо Ю. Самарина, адресованное супруге Николая Милютина.

> щую минуту, как двести лет тому назад, по всему Русскому материку только две живые силы: *личная власть* на самом верху и сельская община на противоположном конце. Но эти две силы не только не связываются, а напротив, разобщаются всеми посредствующими звеньями. <...>
> Эта глупая *среда*, лишенная всяких корней в народе и в продолжение веков цеплявшаяся за верхушку, теперь добровольно подкапывается под собственную единственную опору и начинает хорохориться (дворянские собрания, журналистика, университет и т. д.). Ее пискливый крик пугает власть не на шутку и раздражает массы. Власть пятится назад, делает уступку за уступкой, которыми, разумеется, общество не пользуется, потому что оно дразнит, дразнения ради. <...>
> Но это долго продолжаться не может. Впереди неминуемое сближение двух крайностей, власти с черным народом, сближение, в котором все промежуточное будет приплюснуто и раздавлено, а это *промежуточное* заключает в себе всю громадную Русь, все наше просвещение. Хороша будущность! Прибавьте ко всему этому общий застой, буквальное вымирание всего нашего Юга, который от недостатка путей сообщения, капитала и предприимчивости, особенно от непосильного соперничества Венгрии и придунайских княжеств, беднеет и дичает с каждым днем. Прибавьте польскую пропаганду, которая просочилась всюду и сделала в последние пять лет громадные успехи, особенно в Подольской губернии, наконец, организованную пропаганду безверия, беспримерного и грубейшего материализма, которая охватила все без исключения учебные заведения, и мужские, и женские, высшие, средние, низшие до приходского училища — картина будет полная...

Как видим, картина действительно неутешительная. И что самое грустное, это то, что суровая и мрачная, иногда аффективная, манера описания, свойственная Самарину, на этот раз полностью соответствовала действительности. Происходившие события и смятение в умах давали повод для самых бедственных пророчеств. В Санкт-Петербурге одно за другим следовали шумные выступления студентов, пугавшие власть, которая преследовала их как бунтарские проявления. В Вильне и Варшаве уже слышались первые раскаты грома рокового восстания, которое разразилось в 1863 году. Неуверенное и колеблющееся в польских делах, равно как и в русских, действующее прерывистым образом, царское правительство в Санкт-Петербурге то склонялось к уступкам, то к суровой строгости, но без последовательной политики не могло извлечь пользу ни из одной из двух систем.

Именно от университетов и молодежи исходили первые неприятности для правительства. В школах и гимназиях, которые в царствование Николая I держали на своего рода диете или в режиме интеллектуального воздержания, уже цвел пышным цветом теоретический нигилизм, воплощенный И. С. Тургеневым в персонаже Базарова в одном из тех произведений, которые на века хранят жизненную правоту для целых поколений[18]. Милютин считал необходимым осуществить улучшения во всей системе образования, отказавшись от узких и мелочных оценок, введенных императором Николаем I, относившимся с подозрением к наукам и литературе в целом. Действовавшая университетская система бесполезно травмировала молодые умы студентов, а заодно и преподавателей. Всевозможные ограничения и мелкие притеснения, вводимые под предлогом дисциплинирования студентов, провоцировали их на необдуманные выступления. В Москве и особенно в Петербурге они устраивали шумные демонстрации, скорее смехотворные, чем опасные. По материалам корреспонденции, адресованной Милютину, одна такая «кучка невооруженных сорванцов» целую неделю держала столицу в смятении. В отсутствие императора, отдыхавшего в Ливадии, министры, напуганные возложенной на них ответственностью, прибегли к репрессиям, абсолютно непропорциональным нарушению. Демонстрации молодых людей, протестовавших против ограничений, навязанных университетскими правилами, были подавлены почти так же жестоко, как политический заговор. В 1862 году, как и пятнадцатью годами позже, излишняя суровость власти вместо умиротворения привела лишь к общему

---

[18] И. С. Тургенев, «Отцы и дети».

озлоблению. В больших городах разбрасывали революционные прокламации. Вскоре мрачная череда губительных пожаров, приписываемых поджогам революционерами или поляками, повергла в ужас всю империю.

> Мне трудно себе представить, какой будет наша зима, — писала Милютину великая княгиня Елена Павловна, покидая Баден-Баден, чтобы вернуться в Россию через Штутгарт (письмо от 14 / 26 октября 1862 года). — Варшавские события подорвали здоровье Ламберта[19] и свели в могилу Герштенцвейга, который застрелился двумя выстрелами из пистолета[20]. В Петербурге говорят о состоявшейся отставке Путятина[21] и неминуемом отстранении Игнатьева[22]. По доходящим до меня сведениям, император весьма недоволен действиями властей в университетском деле и выказанной ими неумелостью.

Недовольство монарха было небезосновательно. Наказание, которому подверглись студенты, негативно сказалось на учебном процессе и на университете в целом. Вот с какой горечью описывал Милютину последние события К. Д. Кавелин, виднейший публицист и один из наиболее заслуженных профессоров петербургского университета:

> Санкт-Петербург, 27 октября 1861 года.
>
> Нужна очень дюжая вера, чтобы не потерять всякую надежду, глядя на то, что делается вокруг. Самое яркое из того, что близко меня касается, это убийство университета.

---

[19] Граф Карл Карлович Ламберт, наместник Царства Польского (генерал-губернатор Польши).

[20] Генерал Александр Данилович Герштенцвейг, военный губернатор, застрелился после бурного объяснения с графом Ламбертом по поводу вооруженного захвата собора и заключения под стражу большого числа поляков, силой уведенных из церквей.

[21] Адмирал Путятин, морской офицер, ставший министром народного просвещения.

[22] Генерал Игнатьев, в то время бывший генерал-губернатором Санкт-Петербурга.

> Длинно и гадко рассказывать вам то, как два негодяя Путятин и Филипсон в несколько месяцев погубили университет, который поднялся и стал выпускать очень порядочных молодых людей. Теперешний университет не существует более: триста пятьдесят человек сидит в крепостях Петербургской и Кронштадтской, сто человек высланы с жандармами, остальные бежали из Петербурга или считаются студентами, не ходя в университет. Аудитория, где было столько жизни, где было радостно читать лекции, пуста. И за что все это? Страшно подумать, как у этих дураков не дрогнула рука зарезать целое поколение. Мне все это стало так тошно и возмутительно, что я не вынес и бросил службу. Теперь судят студентов за какие-то никому не ведомые преступления, когда надо бы судить министерство, попечителя Паткуля, Шувалова, Игнатьева, да в придачу Верховный совет, управлявший Царством в отсутствие Государя. Я надеялся, что его приезд сколько-нибудь изменит бессмысленный ход этого дела, но ошибся и в этой надежде. Подробности университетской истории, если они вас интересуют, вы прочтете в английских газетах, где они переданы довольно верно. Но не они, мне кажется, стоят на первом плане. Много значительнее выказывается в полном блеске по этому поводу страшное и безвыходное наше положение. Такого непонимания дела, такой трусости, такого отсутствия других мотивов и понятий, кроме наружно-полицейских, Правительство никогда еще не выказывало.

Такое сильнейшее отчаяние, которое, по прошествии времени, кажется преувеличенным, объяснялось фактами и самим состоянием умов в момент возбуждения, когда самые лучшие университетские профессора подавали в отставку. Знакомясь с новостями, доходившими до него из России, и видя смятение лиц, облеченных властью, Николай Алексеевич сохранял хладнокровие. Он не давал себя взбудоражить ни попытками реакции тех, кто опасался революции, ни нетерпением тех, кто, под предлогом реформы, желал перевернуть устои общества. Из Рима, где он посвящал себя познанию Античности, в конце 1861 года он воспроизводил своими записями живую и увлекательную картину внутреннего положения своей страны, описывал соперничавшие между собой партии и тенденции. Более двадцати лет спустя эта картина все еще остается замечательной по своему смыслу, правдивости и силе предвидения. В ней он отмечал как настоятельную необходимость то, чего не хватало такому материально сильному правительству: духовной силы.

> Рим, 18 / 30 декабря 1861 года[23].
>
> <...> Последние новости из России, — особенно при их отрывочности, неясности и неточности, — не могли не растревожить тот душевный мир, которым без того я наслаждался бы здесь в такой полноте и невозмутимости. Брожение у вас сильное, — сильнее, чем следовало ожидать. Но признаюсь, опасности я еще не вижу нигде, разве что в одном только неразумии будущих правительственных действий. Революционные замашки были бы просто смешны, если б не обнаруживали в обществе глубокого пренебрежения к моральной силе правительства. Две характеристические черты обрисовывают, как мне кажется, нашу русскую оппозицию, охватившую, по-видимому, все общество: во 1-х, наружу выходят только крайние мнения (по аналогии, можно, пожалуй, употребить выражение: *extrême droite* и *extrême gauche*[24]; во 2-х, либеральные стремления не получили еще определенных образов, все это еще слишком общо, смутно, шатко и исполнено противоречий. Такая оппозиция бессильна в смысле положительном, но она бесспорно может сделаться сильною отрицательно. Чтобы отвратить это, необходимо создать мнение, или, пожалуй, партию, серединную, говоря парламентским языком: *le centre*, которой у нас нет, но для которой элементы очевидно найдутся. Одно правительство может это сделать, и для него самого это будет лучшим средством упрочения. Пример Польши, кажется, слишком ясно показал, каково положение правительства, даже располагающего всею материальною силою, когда в стране истребились все следы правительственной партии, некогда существовавшей и, следовательно, возможной: «при Екатерине и даже при Александре была же в Польше русская партия». <...>

---

[23] Письмо Н. Милютина брату, генералу Дмитрию Милютину.

[24] extrême droite и extrême gauche (*фр.*) — крайние правые и крайне левые. — *Прим. перев.*

В России, конечно, в сто раз легче склонить на свою сторону серьезную часть образованного общества, сделав своевременные уступки, *но сделав их ясно, с достоинством, без оскорбительных оговорок и без канцелярских уловок.* В чем должны заключаться эти уступки? вот главный вопрос. По-моему, это — широкое развитие выборного начала в местной администрации (кроме исполнительной полиции) и удвоение бюджета народного просвещения. Невероятно, чтобы такие реформы не сгруппировали около правительства лучших людей, которые подняли бы моральную силу его, обессилили бы крайние мнения и дали бы истинное, пошленькое значение нынешней оппозиции. <...>
Одна и та же мысль точит мозг, данных нет, и поневоле впадаешь в общие рассуждения. Знаю, как эти рассуждения должны казаться бесполезными и пустыми среди ежедневной, будничной практической жизни; знаю, что нынешний состав нашего правительства не в силах возвыситься до общей, разумной программы, хотя бы она была написана семью древними мудрецами и вся заключалась бы в рамках крошечной четвертушки. Но, после двухмесячного размышления о предмете, для всех нас близком, нельзя было не высказать хоть частицу этих бесплодных размышлений. <...>
Я только что дорвался до той скромной, спокойной жизни, о которой давно мечтал, и скажу откровенно, что 8-месячное испытание не только не разрушило прелести этого давнишнего идеала, но еще более развило отвращение к *нашей, так называемой, политической деятельности.* К тому же нынешняя зима показала, что и для жены и для меня последнее лечение нельзя никак считать окончательным. <...>
Тяжело устраниться от своей доли труда в такое время, когда другие изнемогают под бременем. Но нет ли оправданий для моей совести? Можно ли считать чрезмерным и двухлетний отдых после 25 лет каторжной работы? Можно ли видеть пользу от той доли труда, которая мне теперь доступна? Скажу без обиняков: если б дело шло о том, чтобы принять участие в реформах, о которых я всегда мечтал (и которых частию коснулся в этом письме), то я готов был бы пожертвовать своими наклонностями и грешными попечениями о своей особе <...> Но я убежден, что это неисполнимо при нынешней обстановке; идти же на новую борьбу, *на прежнюю борьбу*, не в открытом поле,

> а в качестве пластуна, я, право, уже не в силах. По этой собственно причине (а отнюдь не из чиновничьих расчетов), я считаю решительно невозможным и для дела бесполезным — принять какую-либо второстепенную роль (*товарища* и т. под.). Самое звание министра, по-моему, возможно только при полном доверии Государя. Поэтому эту должность можно только принять, но никак не домогаться. Вот моя полная и нелицемерная исповедь.

Из этого письма мы видим, каковы были взгляды Милютина на положение в его стране и на свою собственную ситуацию. Читая эти строки, трудно с ним не согласиться.

Он, бывший заместителем министра Ланского, не хотел, хотя в конце концов и был к тому принужден, тщетно расходовать силы в бесполезной борьбе. Милютин чувствовал, что ему ничего не удастся сделать в тот момент, когда, по живописному и образному выражению его друга Ю. Самарина, общество и правительство блуждали в своего рода «идейном тумане»[25].

Милютин не испытывал недостатка в официальных предложениях. В то смутное время, когда все стороны жаловались на нехватку людей, бывшего товарища министра внутренних дел не могли надолго оставить предаваться отдыху. В Петербурге, преодолевая старые предубеждения партии дворянства и враждебность двора, высокопоставленные друзья Николая Алексеевича стремились расчистить ему дорогу к властной должности. Неуверенность правительства и напряженная борьба влияний в Зимнем дворце выразились в многочисленных предложениях работы, сделанных Милютину. В январе 1862 года великий князь Константин Николаевич, просвещенный и либеральный ум, высоко ценивший деловые качества Николая Алексеевича, через А. В. Головнина предложил ему войти в состав недавно учрежденного Комитета по делам государственных крестьян[26]. Никакое

---

[25] Из письма Ю. Самарина, август 1862 года.

[26] Известно, что крестьяне подразделялись на два основных класса, почти равных по численности: бывших крепостных или собственных и государственных крестьян.

другое дело не могло бы лучше соответствовать таланту и склонности Милютина, страстно озабоченного интересами *мужика* и всего простого народа. Эта работа была бы аналогична той, которую он выполнял с такой энергией в редакционных комиссиях, разрабатывавших положение об освобождении крестьян. Однако Николай Алексеевич опасался столкнуться с препятствиями, переживаниями и унижениями того же рода, что и раньше, не будучи, как и в прошлом, вознагражден в соответствии со всей значимостью дела. Поэтому он отклонил предложение великого князя, выдвинув, по обыкновению, предлогом свою умственную и телесную усталость, хотя фактически здоровье, которое он не щадил и расточал, работая в Министерстве внутренних дел, несмотря на всю реальную потребность в отдыхе, было для него лишь предлогом и возможностью для вежливого отказа. Настоящей причиной отказа всегда было понимание им враждебности к его персоне при дворе. Милютин прекрасно осознавал, что не имел первейшего условия успеха для работы в правительстве при режиме абсолютной власти: полного доверия хозяина. Не без горькой грусти он изложил это сомнение в письме А. В. Головнину, который в это время занимал пост министра народного просвещения и послужил посредником между великим князем и Милютиным.

> Париж, 7 / 19 февраля 1862 года.
> <...> Впрочем, если действительно мое присутствие будущей зимой может быть необходимо для дела, я не употреблю во зло бессрочного отпуска, лишь бы была возможность воротиться. Ехать же тотчас в Россию, как Вы писали в последнем письме, мне не позволяет ни мое здоровье, ни мои семейные дела. <...>
> Да и что ожидает меня теперь в Петербурге. Давно ли мое участие в делах признавалось лишним, даже вредным? По моему глубокому убеждению, оно будет, во всяком случае, бесполезно, если ко мне нет доверия, и если это доверие придется вырывать молитвами вместо того, чтобы получить его спонтанно, *motu proprio*[27].

[27] motu proprio (*лат.*) — по собственному побуждению. — *Прим. перев.*

Это приводит меня на предположение о назначении членом Главного Комитета[28]. Ходатайство о том великого князя меня глубоко тронуло. Благодарность моя не есть только официальная. Не откажите передать это с тою искренностью, с какою я вам пишу. Но не могу не напомнить при этом то, что говорил Вам лично: участие в комитете, без участия в общем собрании Государственного Совета, поставит меня в исключительное положение между членами, что не только неприятно для самолюбия, но едва ли полезно для дела. Какое влияние может иметь чин в таком двусмысленном положении? А оно уже надоело мне в моем товарищеском новициате. Эта странная часть не могла не оставить некоторой горечи![29]

Впрочем пишу это для Вашего сведения. Для меня, конечно, было бы важно оказаться подотчетным одному только великому князю и освободиться от сенаторского рабства, перейдя в категорию «временно обязанных» сенаторов[30]. В официальном письме я напрашиваюсь на поручения. Мне слишком тяжело получать даром казенное содержание, и я желал бы чем-нибудь его заслужить. Я был бы вполне счастлив, если бы меня употребили преимущественно по вопросам об *административном устройстве местных учреждений*. Эта часть мне хорошо известна и работа, надеюсь, была бы полезна.

Не выказав особой поспешности к возвращению на службу, Милютин лишь подтвердил мнение своих самых просвещенных друзей, таких, например, как великодушный Самарин. Великая

---

[28] Речь идет о Главном комитете по делам государственных крестьян.

[29] В черновике этого письма Милютин выражается еще более откровенно. В продолжение приведенного текста мы находим там следующий фрагмент: «Неужели мне предстоят впереди такие же унижения? Я на них готов, если польза дела этого требует. Но *напрашиваться* не могу. Не могу идти на канцелярскую должность, которая так мне опротивела, что самый труд в этой сфере сделался мне невозможен. Под канцелярской деятельностью я разумею всякое *секретарство*, в какой форме бы оно ни явилось».

[30] Намек на положение *временно обязанных крестьян*, которые оставались таковыми до начала выкупной операции. — *Прим. науч. ред.*

княгиня Елена Павловна, в своем желании видеть Милютина вернувшимся к делам, похоже, поначалу придерживалась иного мнения, но быстро примкнула к общей позиции, как это видно из трех следующих ее записок.

> Санкт-Петербург, 26 января / 7 февраля 1862 года[31].
> <...> В тот момент, когда вам вручат это письмо, вы, должно быть, уже получили предложение великого князя Константина Николаевича, сделанное с согласия императора. Мы все думаем, что не следует продлевать ваше отсутствие по окончании лета. Получив приглашение от самого императора, было бы невежливо провести еще одну зиму, не возвращаясь на службу. В сентябре будут рассматриваться такие важные вопросы, как, например, разрабатываемый сейчас проект губернской организации. Кроме того, к этому времени должен быть рассмотрен и решен вопрос координации государственных крестьян с *положением* (статутом освобождения). Это важный вопрос, касающийся выкупа земли, по которому имеется расхождение между мнениями великого князя Константина Николаевича, Валуева (министра внутренних дел) и Зелено́го (министра государственных имуществ). Все это серьезно и затрагивает самый чувствительный, на данный момент, аспект. В дополнение к нему, организация губернских комитетов с представительством в них землевладельцев (то есть дворянства, крестьян, городов и т. д.) заботит всех в целом. Из-за незнания предмета все это происходит безобразно, вредит делу и дискредитирует его в высших сферах, где само слово *земство* пугает[32]. Остается только желать, чтобы Валуев, которому предназначено много говорить и мало делать, смог подготовить почву и заставить принять эту идею, до того как истощит свои силы. Ее выполнением когда-нибудь займутся более умелые. Таков был бы единственный способ сформировать классы, понимающие свой интерес и дела страны.

---

[31] Письма великой княгини Елены Павловны обычно писались на нашем языке, то есть по-французски.

[32] Этот термин, окончательно принятый, напоминает о *земских соборах*, эквиваленте Генеральных штатов, в древней Московии. См. [Leroy-Beaulieu 1881–1889, II, liv. III, ch. I].

Санкт-Петербург, 2 / 14 марта 1862 года[33].

<...> Я бы очень хотела, чтобы Милютин посвятил свое время изучению вопроса выкупа земли, который согласован в принципе[34]. Сейчас ищут денежные средства для его практического решения. Их следует найти и сделать хотя бы что-то. Пусть он вернется весной в Париж, свяжется с финансовыми кругами и возвратится в Россию, с головы до ног вооруженный доскональным знанием этого вопроса. Это то решение, которого в целом желают во всей империи и которое ранее встречало такое ожесточенное сопротивление. Ободрите Милютина для этой работы. Если он станет министром, с нее ему придется начать. Перед такой мерой, хорошо подготовленной и умело проводимой, угаснет ненависть. Добавьте к этому губернские собрания, и, с Божьей помощью, нам удастся выйти победителями из хаоса, в котором мы находимся сейчас. Нужно сделать что-то *позитивное* посреди этого общего смешения идей, и это *позитивное*, исходя от правительства, станет спасительным якорем, вокруг которого соберутся здравомыслящие люди и люди, которым не хватает силы воли.

18 / 30 марта 1862 года[35].

Бессрочный отпуск, запрошенный Милютиным, был им получен. Можно лишь признать его правоту, учитывая те обстоятельства, которые диктуют его поведение, но для пользы дела его отсутствие, которое продлится до конца следующего лета, весьма прискорбно.

Обязательный выкуп, затребованный Валуевым, не имел успеха в Финансовом комитете. Разрабатывается положение о губернских собраниях. В том и другом вопросах Милютин был бы очень полезен, но, повторяю, он правильно делает, что отдаляется от поля боя, где были истощены его силы и извращены его намерения. Только в позиции, когда он может быть судим самим монархом, у него будут шансы на успех и настоящую полезность...

---

33 Письмо великой княгини графу П. Киселеву.

34 Как мне кажется, речь здесь может идти о выкупе государственных земель, уступленных государственным крестьянам по примеру того, что было сделано для бывших крепостных.

35 Другое письмо великой княгини графу Киселеву.

Как мы узнаем из письма великой княгини, Милютин получил бессрочный отпуск. Вернувшись в Италию, где он на время оставил семью, Николай Алексеевич задался целью весной снова поехать в Париж, чтобы продолжить прерванное изучение французского общества. Тем временем на берегах Тибра он от души наслаждался спокойной римской жизнью и занимался кое-какими подготовительными работами для своей родины. Внезапно в апреле 1862 года императорский приказ вырвал его из состояния блаженства, предписывая срочно вернуться в Петербург. Речь уже не шла о государственных крестьянах, губернских собраниях или внутренней администрации. Речь даже не шла о самой России, для которой в последние годы Милютин составил столько планов реформ. Причиной его отзыва была абсолютно неизвестная ему страна — несчастная Польша, где назревало политически недальновидное восстание 1863 года.

Одним умозрительным решением, которого ничто не предвещало и каковое могло быть принято только в странах с абсолютистским режимом, Милютин, подозрительный петербургский чиновник, предполагаемый враг дворянства, демократ, обвинявшийся в радикализме и революционных взглядах, был призван, чтобы подавить надвигающуюся революцию в Варшаве и уничтожить в зародыше польский мятеж. Бывшему *временному заместителю* министра внутренних дел, отправленному в отставку в апреле 1861 года, этот неожиданный приказ сулил через двенадцать месяцев возглавить польское правительство. Мы увидим, как Милютин воспринял это необычное предложение и каким новым внезапным поворотом имперской политики он был избавлен затем от решения этой невеселой проблемы, но только чтобы в следующем году быть окончательно призванным к ней и заниматься ею до конца жизни.

Глава V

Николая Милютина внезапно призывают в Петербург в 1862 году. — Проект возглавить польское правительство. — Отвращение, которое он испытывал к этому поручению. — Как он избежал его. — Вместо Милютина в Варшаву призван маркиз Велёпольский. — Возвращение Николая Алексеевича на Запад. — Устойчивое недоверие к нему императора. — Что ему предложили вместо польского правительства. — Его взгляд из Парижа на польские дела

Неуверенное и колеблющееся в польских делах так же, как и в русских, правительство в Петербурге, как я сказал, поочередно склонялось к уступкам и сопротивлению, принимая самые разные импульсивные решения и следуя разным советам, но не умея твердо следовать прямому пути. За долгим отсутствием решений вдруг следовали внезапные резолюции, которых ничто не предвещало накануне и которые объяснялись лишь неуверенностью власти, помноженной на властные требования выходящих из-под контроля событий. Ожидалось, что в Петербурге Милютину отведут место во главе одного из министерств, которому была поручена подготовка внутренних реформ. Внезапно он узнает о планах своего отправления в Варшаву, чтобы возглавить там администрацию Царства Польского. Письмо А. В. Головнина, министра народного просвещения, информировавшего Милютина об этом решении, к которому тот не был подготовлен, сопровождалось приказом о немедленном возвращении в Петербург. Самый тон министерского письма, каким бы хвалебным и ободряющим он ни был, похоже, выдавал неловкость друга, взявшегося объяснить Николаю Алексеевичу причину внезапного отзыва.

> Санкт-Петербург, 20 апреля 1862 года.
>
> Почтеннейший Николай Алексеевич,
>
> Вы получите одновременно с этим письмом сообщение от Дмитрия Алексеевича [генерала Милютина] о приказе Его Величества, предписывающем вам немедленно возвратиться в Петербург, чтобы лично ответствовать Государю, высказавшему идею назначить вас главой гражданской администрации Польши [то есть председателем Административного совета Царства Польского]. Я долго беседовал об этом с Дмитрием Алексеевичем и обещал искренне высказать вам мои соображения по этой столь важной для России, Польши, императора и вас самих теме. Я убежден в том, что идея этого назначения исходит от самого монарха, потому он так настойчиво к ней возвращается через короткие промежутки времени, несмотря на сопротивление Дмитрия Алексеевича. Еще только лишь Валуев мог подсказать ему ее, но император опасается его мнения, в особенности в польских делах, вследствие, как кажется, слишком явной благосклонности последнего к Велёпольскому. К тому же эта идея свидетельствует о большом доверии к вам императора, то есть о его доверии к вашему уму, вашим талантам и вашей преданности. <...>
>
> Работа на посту, который вам предлагается, несравненно более трудна, чем вся наша деятельность, но у меня такое высокое мнение о талантах, которыми вас наградила природа, что я совершенно убежден, что вы сможете лучше кого бы то ни было справиться с этой задачей, почти невыполнимой для любого другого. Вы станете хозяином положения и не дадите ему вас сломить. В Петербурге вы представите ситуацию в ее истинном свете и укажете необходимую линию поведения для Варшавы. Не знаю, однако, примете ли вы или отклоните предложение Государя, но, в любом случае, оно является таким знаком доверия, что вам следует немедленно вернуться сюда. К тому же вы получите соответствующий официальный приказ. У великого князя Константина Николаевича была другая идея. В качестве председателя Государственного Совета он хотел просить вашего назначения в совет с 30 августа, после оконча-

> ния летнего лечения. Великий князь хотел видеть вас министром внутренних дел, а Валуева послать в Варшаву, который там уже бывал и разговаривает по-польски. Но вполне очевидно, что Государь не может доверить Валуеву польские дела. В любом случае, будьте уверены, что великий князь всячески поддержит вас на том пути, который вы изберете. Думаю, нет нужды говорить, что и с моей стороны вы можете рассчитывать на такую же поддержку.

Никакое другое предложение не могло более неприятно удивить Николая Алексеевича. Ничто в его образовании и в его деятельности не подготовило его к такой задаче. Поистине необычна судьба чиновника в стране с самодержавным управлением! Невзирая на его склонности, знания и качества, он в одночасье может быть переведен с одной должности на другую или вынужден начать совсем иную карьеру. В зависимости от обстоятельств он должен показать себя либералом или революционером, произвести репрессии или революцию, и все это по приказу и из повиновения, никогда не имея права на собственные чувства. В некоторой степени чиновник принужден к этому верноподданнической обязанностью, где ценой является его репутация или, в случае отказа, обвинение в безразличии или мятеже.

Милютин всеми силами сопротивлялся назначению в страну, которая, по его собственному выражению, «едва ли была частью его страны»[1], где ситуация, казалось, требовала строгих мер, совершенно неприемлемых для мирных работ и законодательных реформ, которым он посвятил свою жизнь. Похоже, что в этом обращении к его энергии и его знаниям он небезосновательно распознал не столько знак доверия императора, сколько ловушку, расставленную его ложными друзьями или соперниками, желавшими убрать его с их пути. После того как к нему долго и упорно относились как к революционеру, его противники в столице и при дворе должны были быть счастливы, видя его посланным подавлять революцию, и были готовы с любопытством наблюдать за ним в новой роли. Поэтому понятно неприятие Милютиным поручения, к которому

---

[1] Из письма Милютина супруге.

ничто в прошлом его не подготовило и успех выполнения которого, при всех его талантах и усердии, казался невозможным.

Милютин был полон решимости отвести от своих губ сию чашу, которую ему все же суждено было однажды испить до дна, что стало причиной его преждевременной смерти. Однако приказ был категорическим. Николаю Алексеевичу пришлось собраться в путь, не имея даже времени согласовать отъезд со своими близкими. Он уехал, подавленный поразившим его ударом, который, к счастью, его высокопоставленные друзья смогли затем отвести от него. Из Берлина, где он отдыхал несколько дней, питая смутные надежды на то, что время быстро изменит ход событий и интриг в Петербурге, он писал 8 / 20 мая 1862 года[2]:

> Не могу скрыть, что переезд наш сюда хотя и совершился благополучно, удобно и без малейших приключений, но чувствую себя сильно утомленным. Чем дальше от тебя и чем ближе к Петербургу, тем мрачнее и печальнее представляется мое вынужденное путешествие. Вид Берлина навел на меня немалое уныние. Какая разница с прошлогодним приездом нашим сюда! Сердце страшно щемит, но Бог даст, все устроится.

Едва приехав в Петербург, Милютин получил следующую записку от великой княгини Елены Павловны, по-прежнему внимательной ко всему, что его касалось.

> Санкт-Петербург, 11 мая 1862 года.
>
> Я узнала, что вы прибыли. Позвольте мне сказать, что я всеми силами души желаю вам избежать губительного назначения в Варшаву. Оно станет потерей для России без серьезных надежд на вашу удачу во враждебной стране, язык, законы и обычаи которой еще предстоит изучить, и которая еще долго будет служить жертвенным алтарем отправленных туда русских. Прощайте, и да хранит вас Господь! Для меня не составит затруднения принять вас, поскольку ничего мне не было сказано на ваш счет.

---

[2] Цитата из другого письма Милютина супруге.

Великий князь Константин Николаевич действовал в том же направлении, но движимый другими побудительными причинами. Имея широкие либеральные взгляды на политику, он не хотел закрывать дверь примирению России с Польшей. Великий князь продолжал настаивать на том, что во главе администрации в Варшаве должен стоять не русский, а поляк. Именно это, выйдя из поезда, Милютин узнал из врученной ему записки А. Головнина, который несколькими днями ранее уговаривал его согласиться на руководство польскими делами.

> Санкт-Петербург, 11 мая 1862 года.
>
> Я только что узнал о вашем прибытии, почтеннейший Николай Алексеевич, и немедленно заехал бы к вам, но, к несчастью, занят все утро. Постараюсь встретиться с вами около пяти часов у Дмитрия Алексеевича. Мне надо передать вам следующее сообщение: великий князь Константин Николаевич настоятельно советует вам категорически отказаться от поста в Польше потому, в особенности, что, по его глубокому убеждению, на это место должен быть назначен поляк, а не русский. В том, что касается меня, я не знаю Польши и не участвую здесь в обсуждении польских дел, вследствие чего не могу ни разделить, ни отвергнуть это мнение. Кроме того, я такого высокого мнения о талантах, которыми вас наградила природа, что не могу вам советовать отказаться от должности только потому, что она обещает быть многотрудной. Великий князь предлагает немедленно ввести вас в состав Государственного Совета с возможностью ухода в отпуск весной.

По приезде в Петербург Милютин действительно нашел высшие сферы в состоянии сомнения, каковым, несмотря на некоторые советы, он смог воспользоваться, чтобы отказаться от неблагодарной миссии, которой так опасался. Перемена, случившаяся в настроениях власти, была такова, что, когда Николай Алексеевич получил аудиенцию у императора, ему не составило труда отказаться от злополучного поста, который к тому времени уже прочили другому кандидату.

Пока длилось бесполезное путешествие Милютина длиной шестьсот лье, взгляды великого князя Константина Николаевича распространились в высших сферах. Отказ Николая Алексеевича способствовал их окончательной победе. Вместо русского чиновника с заданием русифицировать берега Вислы было решено отправить в Варшаву польского дворянина для последней попытки решить вопрос национальной автономии. Именно он получал от императора полномочия к управлению Царством Польским. Великий князь Константин Николаевич был возведен в ранг *наместника*, а во главе администрации, исключительно польской по составу, был поставлен маркиз Велёпольский, один из редких поляков, имевших ясное представление о нуждах их несчастной родины, оказавшейся в сложнейшей ситуации. В лице великого князя и Велёпольского Польша получала шанс на последовательное национальное развитие. К несчастью для нее и для России, в скором времени действия экстремистских партий и необдуманные подстрекательства из-за границы надолго похоронили все эти надежды.

Письмо, в котором Милютин, едва переведя дух после поездки, сообщает семье о внезапном повороте событий, имеет значение полноценного исторического документа.

> Санкт-Петербург, 16 / 28 мая 1862 года[3].
>
> Милый и добрый друг мой Маша, наконец судьба моя решена: я возвращаюсь к тебе, и эта мысль совершенно оживила меня. В ожидании этого решения я запоздал этим письмом и теперь решаюсь отложить его отправление до пятницы, чтобы отправить с верным человеком до Берлина. Это даст мне возможность подробно рассказать тебе мои здешние похождения без участия любопытных почтовых чиновников.
>
> Представление мое Государю откладывалось день на день по причине бригадных учений и тому подобное, так что мы свиделись лишь сегодня в Царском. Между тем, еще в субботу я имел длительные переговоры с Великим Князем

[3] Письмо Милютина супруге. (Печатается по тексту оригинала. — *Прим. науч. ред.*)

Константином Николаевичем. Ему первому пришлось мне передать причины, по которым я считал невозможным ехать в Варшаву. Нетрудно было доказать, что управлять краем, особенно при теперешних обстоятельствах, нет никакой возможности, когда не знаешь ни законов этого края, ни его дел, людей и обычаев, ни, наконец (и это самое важное), языка, без которого нельзя и познакомиться со всем этим. Мои доводы встречены были с самым живым сочувствием, чего я и ожидал, узнав еще накануне расположение Великого Князя и его приближенных.

Дело в том, что замедление моего приезда не осталось без последствий[4]. Намерение Государя стало известно заинтересованным лицам, маркиз Велёпольский стал работать и при помощи князя Горчакова, Валуева и некоторых других лиц поколебал первоначальный план. Придумали новую комбинацию: управление вверить Велёпольскому, а чтобы успокоить двор, который не верит его искренности, поставить над ним сильного наместника: Великого Князя Константина. К крайнему изумлению всех (и самого Государя), Великий Князь не только согласился на эту комбинацию, но и показал особенную готовность <...> Все это сработалось в несколько дней, можно сказать, в несколько часов, и моя скромная особа, нечаянно выдвинутая вперед, вновь оказалась на заднем плане, к моему полному удовлетворению. Великий Князь придумал для меня, как утешительный приз, посадить меня в Государственный Совет и Крестьянский комитет, о чем и представил формально Государю.

При таких-то обстоятельствах происходила сегодняшняя аудиенция. Государь встретил меня чрезвычайно ласково и даже дружелюбно. Ему видимо было неловко, и по мягкости и действительной доброте его прекрасного сердца он этого не скрывал. Он вошел в самые подробные объяснения относительно моего вызова и новых комбинаций, и в заключение пожелал узнать мои желания и намерения. На откровенность я отвечал откровенностью.

Сущность моих объяснений состояла в том, что мое здоровье вовсе не так плохо, чтобы давать мне действительное

---

4 Задержка, о которой пишет Милютин, была вызвана, в частности, долгим переездом из Берлина в Санкт-Петербург, так как регулярного железнодорожного сообщения между двумя столицами тогда еще не было.

> право уклоняться от службы; что хотя для тебя собственно теплый климат очень важен, но мы оба готовы многим жертвовать, если жертвы действительно могут быть полезны, что в прошлом году я уехал и теперь просил отсрочки собственно в том убеждении, что мое участие в делах, при ненависти и раздражении, которые я вызываю против себя, было бы более вредно, чем полезно для укрепления нового порядка; что это, как мне кажется, не совсем еще миновало, но что, впрочем, мне самому нельзя быть судьей в собственном деле и он один может решить, когда и где мое участие в Правительстве может быть действительно полезно.
>
> Все это, разумеется, высказано было беспорядочно, с перерывами, пояснениями и всякого рода рассуждениями, но вообще встречено было одобрением.
>
> В результате положено: теперь возвратиться мне за границу на лето; осенью же, если будет возможно, приехать сюда совсем. Разумеется, в душе своей я положил рискнуть всем только в таком случае, если твое летнее лечение будет вполне благоприятно. То, что я здесь увидел и услышал, нисколько не убедило меня, чтобы мое участие в крестьянском деле было на самом деле полезно и нужно. Это я говорю по чистой совести. При свидании объяснюсь подробнее.
>
> Вот, добрый друг, мой полный отчёт обо мне. Пишу это собственно для тебя и для Павла Дмитриевича[5], а также для весьма немногих друзей, на скромность которых можно положиться. Доверяю одной тебе и разве одному Павлу Дмитриевичу (но однако не более), что Государь объявил мне поверительно свое решение назначить меня к осени в Государственный Совет и Крестьянский комитет, причем просил держать это под секретом, что я и обещал. <...>
>
> Теперь, когда мой отъезд окончательно решен, мое нетерпение растет ежеминутно. К несчастию, мне послали официально разные дела, по которым я обещал дать свое мнение...

В тот же день Милютин написал аналогичное письмо великой княгине Елене Павловне, которая взяла с него обещание немедленно информировать ее о результате аудиенции у императора.

---

[5] Графа П. Д. Киселева.

Санкт-Петербург, 16 / 28 мая 1862 года.

По приказу Вашего Императорского Высочества тороплюсь представить вам отчет о результате моей поездки в Царское Село. <...>

Переносимая с одного дня на другой, официальная аудиенция у государя состоялась лишь сегодня. Оказанный мне прием был самый доброжелательный, я сказал бы, почти дружеский. Государь был так добр, что несколько раз извинился за внезапно причиненное мне беспокойство. Он разрешил мне (без особых усилий с моей стороны) возвратиться за границу для продолжения лечения, но настоял на возвращении к началу следующей зимы и возобновлении (как он выразился) *активной* службы. Я почти обязался выполнить это требование. Кроме того, я воспользовался случаем, чтобы изложить ему свои убеждения. — «Мое здоровье, — сказал я, — не настолько повреждено, чтобы принудить меня к безделью. Год назад мои усилия стали бесполезными для правительства по причинам, известным государю лучше, чем кому-либо другому. Если эти причины все еще существуют, я прошу оказать мне милость и дать возможность остаться за границей. Если нет, то я вернусь по первому призыву. Пусть только его величество определит подходящий момент. Только он один есть суверенный арбитр и вершитель судеб». <...>

Все в городе взволнованы назначением великого князя Константина Николаевича. Исключая интриганов, в целом, все сожалеют о необычной комбинации, которая оставит зияющий пробел в правительстве этой страны, не давая достаточно шансов на успех деятельности великого князя. <...>

С самыми искренними пожеланиями здоровья, примите, уважаемая Госпожа... и т. д.

Мы видим из этих писем, что, если он и воспринял с удовлетворением свое личное освобождение от грозивших ему польских дел, Николай Алексеевич мало доверял самой комбинации, освобождавшей его от столь мучительной обязанности. Отъезд великого князя Константина Николаевича в Варшаву казался ему тем более неуместным, что в его лице работа над реформами теряла в Петербурге одного из своих самых просвещенных и влиятельных защитников. Милютин смутно осознавал, что там, на берегах Вислы, великий князь мог растерять свою популярность и влияние. Как писал ему несколькими неделями позже из Карлсруэ один из его друзей, К. Д. Кавелин, Милютин знал, что «в Польше было не легче, чем в России, создать умеренно либеральную партию, и что активистам этой партии, даже при условии, что таковые существуют, будет недоставать доверия правительства, чтобы осмелиться на какие-то действия»[6].

Думая, как он сам об этом заявил самодержцу, что время его возвращения еще не наступило, Милютин тем не менее не оставался в Петербурге без дела. Мы видим это из его писем. Не имея официальной должности, в виде дружеской услуги, он выполнил для просивших его об этом министров анализ некоторых наиболее значительных реформ последнего царствования, в частности *земской*, учредившей губернские собрания, план которых он разработал еще в качестве заместителя (товарища) министра Ланского. Милютин проявлял к этим скромным провинциальным учреждениям большой интерес еще и потому, что в его понимании выборные собрания должны были приучить страну к принципу *самоуправления*. Похоже, что, так же как и некоторые его друзья, он разглядел в них, хотя и не в настоящем времени, но на еще не определенное будущее, ростки представительной формы управления. Однако то, что он видел в Петербурге, не создавало у него желания задержаться более в столице, как мы видим из следующего фрагмента его переписки.

> Санкт-Петербург, 20 мая / 1 июня 1862 года[7].
>
> После данного мне разрешения возвратиться в Париж мне еще труднее сдерживать свое нетерпение; но благоразумие взяло верх, и я решился окончить здесь те работы, которые

---

[6] Далее автор письма Милютину добавляет (13 июля 1862 года): «На все усилия, направленные на то, чтобы их убедить, умеренные люди неизменно отвечают: "Кто нам гарантирует, что завтра ветер не подует в противоположную сторону? Что из Петербурга не придут приказы разрушить все, что будет сделано?" Кто ответит за это? Железный маркиз, как называют Велёпольского, презираем всеми партиями: его терпят, потому что видят в нем *временщика*, фаворита на час».

[7] Из письма Милютина супруге.

> были от меня спрошены частным образом. Мой образ жизни здесь самый суматошный, бестолковый и утомительный. Целое утро принимаю или делаю визиты, которым нет конца. Затем ежедневно обеды и вечера у приятелей, которые приняли меня самым радушным образом <...> Но мало времени для работы <...> На прошлой неделе обедал три раза у Дмитрия, а остальные дни у Рейтернов, Оболенских, Соловьева и т. д. Одним словом, русское гостеприимство показало себя во всем блеске. Всем официальным лицам, министрам и прочим, я сделал визиты, получил их карточки, но кроме Чевкина и князя Горчакова никого не видел, о чем особенно не жалею. При свидании расскажу подробно, что видел и слышал. Перемен вообще не много, и в лицах, и в разговорах. Те же рассказы, рассуждения, критика и опасения, только все приняло какой-то лихорадочный и неопределенный характер. Все чего-то ждут, чего-то боятся, и — болтают, болтают без устали. <...>
> Здесь холод страшный. Солнце во всем блеске, а воздух ледяной. Березки только что зазеленели, а на кустах и на липах едва заметно что-то зелененькое. Нельзя смотреть без сострадания даже на эти чахоточные деревца, которые трясутся, как в лихорадке. Но не один климат ужасен: пустота, бедность, неряшество, отсутствие всяческих удобств и настоящей городской жизни.

Видно, в какое меланхолическое настроение повергла Милютина бледная и непритязательная северная природа после голубого неба и роскошных сельских пейзажей Италии, после живого и блестящего парижского бомонда. Поэтому он так торопился вернуться в Париж, чтобы насладиться последними месяцами своего отпуска. Грустный и усталый, он покидал берега Невы с мрачным предчувствием в тот самый момент, когда пожары, приписываемые полякам, сеяли беспокойство и возбуждение в обществе и народе[8].

---

[8] «...Весь город находится в смятении из-за пожаров, которые, вот уже три дня, разгораются то с одной, то с другой стороны. Невольно у народа мысли сосредоточиваются на поджигателях...» (из письма Милютина супруге от 24 мая 1862 года).

Хотя и не питая больших надежд на успех миссии в Польше, доверенной Велёпольскому, Николай Алексеевич уезжал, не предполагая, что неудача планов умиротворения, с которыми ехал в Варшаву мудрый и отважный поляк, вскоре приведет к тому, что на него ляжет все бремя мучительной обязанности, от которой он только что с успехом освободился.

После короткого пребывания в Петербурге Милютин более чем когда-либо пребывал в опасном положении чиновника в резервном распоряжении государства, на которого при возникшем затруднении можно было в любой момент взвалить любую, самую неблагодарную и трудную работу. Прежнее предубеждение, которое испытывали к нему члены императорского двора, не исчезло окончательно. Мы это видим из письма министра народного просвещения А. В. Головнина:

> Санкт-Петербург 15 / 27 сентября 1862 года.
>
> <...> С месяц тому назад я писал великому князю в Варшаву и просил напомнить Государю о предполагаемом вызове вас в Петербург и назначении, — но отзыва до сих пор не получил. Дмитрий Алексеевич говорил мне, что он положительно отказывается начинать с Государем разговор о Вас. Сегодня я представил Его Величеству три первые журнала Ученого комитета Министерства народного просвещения по делу о составлении нового университетского устава (дело это ведется в комитете теми же порядками, как редакционные комиссии вели крестьянское дело) и сказал, что для меня было бы весьма важно воспользоваться Вашими мыслями по сему делу, что я прошу разрешения сообщить Вам наш проект и сожалею, что отсутствие ваше лишает меня возможности поговорить на словах, что было бы для дела полезно. Государь согласился и спросил, «когда вы будете». Я отвечал, что не знаю того, но что, зная Вас 20 лет и зная Вашу деликатность, полагаю, что Вы исполните всякое приказание, но опасаетесь навязываться на них; к этому я присовокупил, что Вас обвиняли в либерализме (на что сказано «да»), но либерализм Ваш состоял в желании освободить крестьян, а последствия показали, что эта мера самая консервативная.

> Государь сказал тогда, что весной вызывал Вас для Польши, но когда это не состоялось, то предоставил вам вернуться за границу, впредь до выздоровления, — а теперь поручает мне спросить вас, «когда Вы можете приехать». Все это я тотчас сообщил Дмитрию Алексеевичу. Мнение Дмитрия Алексеевича, что Вам следует вернуться, даже если и не получите назначения в Государственный Совет, Вы должны присутствовать на слушаниях в Сенате. Я такого совета дать не могу; потому что лично я влюблен в хороший климат и итальянскую зиму, и, рассчитывая, что живем на свете только один раз, остался бы еще на зиму на юге. Весной положение Ваше здесь будет то же, что и теперь. Следовательно, зачем терять чудную зиму, которую можно провести в Ницце, Флоренции и, наконец, в Париже. Заметьте, что я не рассуждаю здесь как эгоист, потому что для меня Ваше присутствие здесь было бы столь же полезно, сколь приятно: было бы с кем поговорить и от кого набраться светлых мыслей...

Дав Николаю Алексеевичу свободу провести еще одну зиму на Западе, это письмо удовлетворяло все его пожелания. Поэтому нас не удивляет его ответ министру народного просвещения.

> Париж, 1 / 13 октября 1862 года.
>
> Почтеннейший Александр Васильевич,
>
> Письмо ваше было для меня великою радостью. Не знаю, как благодарить вас за память и дружеское участие. Первым движением моим было — написать вам самое искреннее спасибо. Но, чтобы обстоятельно отвечать на милостивый вопрос Государя (когда мне можно будет приехать?), надо было дождаться медицинского решения, для которого собственно я и приехал в Париж.
>
> Прежде всего, не могу не рассказать вам, как глубоко тронул меня новый знак Высочайшего внимания. Государь, как вы мне пишете, изволил отозваться, что «прошлою весною, при личном свидании, предоставил мне остаться за границею сколько понадобится до выздоровления». Это напоминание было как бы новым подтверждением данного мне официального отпуска, которым я пользовался до сих пор (признаюсь) с крайним опасением. Боясь злоупотреблять высо-

> чайшею милостью, я был в страшном недоумении: могу ли продлить на зиму пребывание за границею? Ваше сообщение устранило, на нынешний раз, все опасения, и я решился последовать совету здешних врачей, которые считают пребывание в умеренном климате еще необходимым для довершения лечения. Поэтому я рад пользоваться данным мне отпуском.
>
> Само собою разумеется, что всякое поручение, которое угодно будет на меня возложить во время моего здесь пребывания, я приму с глубочайшей признательностью и постараюсь выполнить со всем усердием, по мере сил и умения. За тем, если обстоятельства позволят, я готов явиться на службу в Петербург, когда и как угодно будет Государю.
>
> Вот, Почтеннейший Александр Васильевич, ответ, который просил бы Вас довести до высочайшего сведения. Все мое желание в точности сообразоваться с волею Государя. Еще раз благодарю вас от души за дружеское письмо. Надеюсь, что вы мне напишете словечко в досужую минуту. Искренно желаю вам здоровья и успехов в трудах ваших и прошу верить искренней дружбе.
>
> Преданно ваш,
>
> Н. Милютин.

В этот момент произошел инцидент, сам по себе не имеющий значения, но для нас столь же характерный, сколь и странный. Предложения работы поступали Милютину в Париж и варьировались от месяца к месяцу самым необычным образом. Трудно вообразить, какое место неожиданно предложили этому энергичному уму, привыкшему к действию, человеку, ставшему душой колоссальной реформы, которого долгое время рассматривали как основную кандидатуру на ключевой пост самого сложного в то время Министерства внутренних дел. После его поспешного отзыва из Парижа в Петербург в апреле 1862 года, чтобы доверить, вместе с польской администрацией, самый опасный пост в империи, менее чем через год, в апреле 1863 года, Милютину предложили своего рода литературную синекуру, совершенно чуждую законодательной работе и политике, — должность директора Императорской библиотеки. Если бы это произошло не в России, где ничто не удивляет, можно было бы сказать, что после попыток скомпрометировать или погубить его, отправив в пекло разгоравшегося польского пожара, петербургские недруги Николая Алексеевича попытались его сломить и обречь на забвение, похоронив в роскошных залах библиотеки. Предложение было ему сделано через человека, известного как его друга и ранее консультировавшегося с ним по вопросам важнейших реформ в Министерстве народного просвещения. Имея в своем распоряжении свободное, стабильное и хорошо оплачиваемое место, он, несомненно, думал, что совершает благодеяние, предложив его Милютину.

Ответ Милютина, о котором известно от нескольких лиц, писавших тогда в Министерство народного просвещения[9], весьма характерен для этого человека, его времени и его страны. На странное предложение, которое в других государствах такой человек, как он, нашел бы неуместным или оскорбительным, Милютин отвечает с невозмутимым спокойствием, обычным для страны бюрократического абсолютизма. Его отказ, пространно мотивированный, сформулирован в скромных выражениях, в которых едва заметна досада и сдержанная ирония. Это предложение, которое Милютин был бы вправе принять за происки соперников, жаждавших убрать его с политического горизонта, бывший товарищ министра рассматривает как оказанную ему честь и милость. Он отклоняет его как слишком значимое для его недостаточного образования, указывая, что не обладает качествами и знаниями, необходимыми для хорошего библиотекаря.

> Париж, 22 апреля / 4 мая 1863 года.
>
> Почтеннейший Александр Васильевич,
>
> Письмо Ваше от 12 апреля я получил третьего дня, и спешу благодарить от всего сердца за новое доказательство Вашей доброй памяти и постоянного дружеского участия. Скажу вам не обинуясь, что место Директора Петербургской библиотеки было бы совершенно согласно с моими вкусами, тихая и скромная кабинетная жизнь не только не пугает

---

9 Мы узнаем об этом из письма великой княгини Елены Павловны.

> меня, но имеет в моих глазах особенную привлекательность. Но, совесть моя возбуждает серьезные опасения, которые я не могу и не должен скрывать. Во-первых, заведывание Публичной библиотекой требует известных технических сведений и знаний языков, ни того ни другого, у меня, к сожалению — нет. Если первое, т. е. технику и можно бы приобрести, то увы! на второе (при моих летах и природной неспособности к языкам) — не могу иметь никакой надежды[10]. Вообще место, которое вы мне предлагаете, принадлежит по праву ученому, или, по крайней мере, — знатоку в библиографии. <...>
> Второе опасение имеет более личный для меня характер. После двухлетнего отдыха не считаю себя вправе добиваться каких-либо мест, особенно синекуры. Мне было бы очень горестно, если бы в уме Государя, после всех сделанных им снисхождений, возникла мысль, что я пользуюсь вашею дружбой из личных видов, что все это дело возбуждено моим искательством, и т. п. Таких подозрений, я, по совести, не заслужил, и не хотел бы повлечь на себя.
>
> Вот мои опасения. Я пишу вам их откровенно без всяких затаенных мыслей, и прошу вас принять их с той же искренностью. Если за всем тем дело состоится, как вы предполагаете, и Государь пожелает мне вверить библиотеку, то я примусь за это новое для меня дело с полной готовностью и добросовестностью, и с глубокой признательностью. Повторяю, заведование библиотекой удовлетворяет всем моим вкусам, потому что страсть к книгам и книжные занятия никогда меня не покидали, с годами развились более чем когда-либо...

Напомнив министру о необходимости обладания техническими знаниями и профессиональным образованием для выполнения некоторых функций, Николай Алексеевич в завуалированной форме преподал ему один из тех уроков, в которых так нуждались правители этой страны, веками привыкшие раздавать гражданские должности без учета образования и профессиональных

---

[10] Милютин очень хорошо владел французским языком, немного знал немецкий, но совершенно не владел английским и языками юга Европы.

навыков чиновников. Для них не было другой заботы, кроме соблюдения старомодной иерархии Табели о рангах и странного принципа соответствия *чина*, согласно которому военного можно было перевести на работу в Сенат, а руководителя Законодательного комитета посадить в кресло библиотекаря.

Проект министра народного просвещения не имел продолжения. Даже если бы Николай Алексеевич принял его предложение, ненависть его врагов при дворе вряд ли позволила бы ему почивать на лаврах в скромной и спокойной должности[11]. Милютин провел еще несколько недель в Париже, с беспокойной проницательностью наблюдая за ухудшением положения в Польше. Тем временем его дядя, граф Киселев, по состоянию здоровья был вынужден представить свою давно уже неизбежную отставку. Его сменил А. Ф. Будберг. Вспыхнуло восстание, и польские дела, к несчастью заинтересованных сторон, превратились в международный вопрос. Франция, Англия и Австрия направили в Петербург угрожающие ноты, которые, не поддержанные никакими эффективными мерами, стали для Польши лишь политически недальновидным и преступным подстрекательством к обреченной на неудачу революции.

Милютин, еще недавно желавший продолжить свое пребывание на Западе, страдал от подозрительности и озлобления по отношению к России, которая возрастала повсюду за границей.

---

[11] Его брат, генерал Дмитрий Милютин, писал ему из Петербурга 9 / 21 мая 1863 года: «В один из последних дней у меня состоялась длительная беседа с великой княгиней Еленой Павловной. По своему обыкновению она много говорила о политике, о выборе людей и, в особенности, о необходимости твоего возвращения в администрацию, в чем я с ней совершенно согласен. Я часто сожалею, что, при нашем *безлюдье*, тебя оставили в стороне. Великая княгиня хлопочет теперь за тебя в Министерстве государственных имуществ, хотя я ей и говорил, что здесь нет никаких шансов, потому что Зеленóй (действующий министр) в большом фаворе. В том, что касается Публичной библиотеки, я нахожу твой ответ Г[оловнину]. очень правильным и разумным. Не следовало категорически отказываться из страха навлечь на себя подозрение в том, что ты желаешь получить должность только из амбициозных соображений. Но должен сказать, что у тебя было бы мало надежд получить даже это место, потому что комбинация Головнина в отношении барона Николаи и Делянова вряд ли удастся, по крайней мере сейчас...»

Ничем не прикрытая враждебность в обществе к русским с начала польского восстания подвергала жестокому испытанию его патриотизм и национальное самолюбие. Ему становилось трудно дышать воздухом Парижа и Европы. К тому же, как он сам писал в конце ответа министру народного просвещения, он принял решение не откладывать более свое возвращение в Россию.

> Недели через три[12] предполагаем выехать из Парижа в Эмс и потом, по окончании всего курса лечения, через Дрезден в Петербург, куда желал бы поспеть до наступления сентября. Это особенно заботит меня, чтоб осенний переезд не повредил всем результатам лечения. Оставаться далее за границею — не приходится, потому что давно уже тяготит меня даром получать жалованье. При этом, при теперешних обстоятельствах, еще более совестно жить вне России. Правду сказать — это и не легко. Здешняя атмосфера слишком нам враждебна, чтобы оставаться в ней по доброй воле без крайней надобности.
>
> Нет худа без добра. Возбуждение народного чувства в России — искренно меня обрадовало. Оно, надеюсь, отрезвит многих от смутных и незрелых порывов и скрепит расшатавшиеся связи нашего общества. Что-то будет впереди? Когда Европа убедится, что мы не так слабы духом, как она думала, и уроков на пути развития нам не нужно, — она значительно обуздает свою горячность. Затем останется серьезно научиться тому, что становится теперь великою заботою всех правительств: уметь обращаться с общественным мнением.
>
> Немалая доля этой заботы выпадет на Вас, господин Министр Народного Просвещения...[13]

---

[12] Продолжение предыдущего письма (22 апреля / 4 мая 1863 года).

[13] Самарин в своих письмах Милютину из российской глубинки делает аналогичное наблюдение, действительно полностью подтвержденное фактами. «Провинция, — писал Самарин 5 июня 1863 года, — окончательно просыпается от летаргического сна. Толчок, который нам дала Европа, в целом был нам очень полезен. Если новые реформы сметут препятствия, которые мешают моральному общению разных классов, на их месте лишь останутся гнилые бревна и доски, и потребуется новый мощный толчок, чтобы общество почувствовало свое единство и силу».

Николай Алексеевич был прав. Он чувствовал то, что слишком многие его соотечественники не понимают еще и сегодня. Это то, что причиной враждебности, поочередно скрытой и явной, Запада к Петербургу и Москве в значительной степени является режим абсолютной власти в России. Это объясняет, почему Европа почти одинаково не доверяет русским, когда они выступают как освободители южных славян и когда действуют как угнетатели Польши. Милютин прекрасно понял причины этой смутной и устойчивой антипатии, которая прекратится только при новой и окончательной либеральной эволюции на берегах Невы.

> Париж, 23 апреля 1863 года[14].
>
> <...> Перехожу теперь к самому главному, предупреждая тебя, что в этом вопросе я располагаю поддержкой и полномочиями барона Будберга[15], с которым мы поддерживаем самые дружеские отношения. Этой же почтой вам доставлен его официальный отчет о впечатлении, которое здесь произвели записки князя Горчакова. <...>
>
> Дело в том, что здесь впечатление, произведенное нашими нотами, хотя по виду и благоприятное, в сущности едва ли изменит положение дела и взаимные отношения. Французское тщеславие, конечно, будет немало щеголять нашими чересчур изысканными любезными формами (что даже едва ли нам будет выгодно в глазах остальной Европы); но наша дипломатия странно ошибается, если думает, что за формой забудется сущность дела. Еще страннее ожидать каких-нибудь серьезных результатов от *сердечных излияний* (иначе нельзя назвать дополнительной ноты, предназначенной собственно для Наполеона). Спрашивать у него: какие у него цели, какие затаенные мысли и проч. — это чересчур наивно. Все это понятно только в том случае, если хотят выиграть время (впрочем, здесь, как и у нас, к развязке вовсе не торопятся); но ни нежности, ни диалектика не могут уже развязать дела. <...>

---

14 Письмо Н. Милютина брату, генералу Д. Милютину, в то время бывшему военным министром.

15 Преемник графа Киселева на посту посланника России во Франции.

Общественное мнение Европы нам враждебно; это факт; порывы его смутны, неясны, в практическом отношении большей частью нелепы; но они все (надо сознаться) направлены против абсолютизма. <...>
Чем более живу здесь, тем более в этом убеждаюсь. Предубеждения против нас невероятные, и они так глубоко вкоренились, что нужно много и много усилий, продолжительных и настойчивых, чтобы искоренить их, хотя бы в уме людей умеренных, которые везде есть. Многое у нас сделано и делается, что могло бы этому содействовать; но Европа этого не знает, и мы не умеем даже обставить наши действия понятным ей образом (доказательство — амнистия, данная не вовремя; отмена телесных наказаний, сделанная в виде *jugement dernier à huit clos*[16], и проч.). Но я невольно увлекся и вышел из дипломатического круга. <...>
В настоящем деле есть два рода мер, которые переплетаются в уме, хотя строгая логика требует их различать: это меры радикальные и меры паллиативные.
О первых хотелось бы поговорить; но ни время, ни место не позволяют. Возвращусь к последним. Результатом последних объяснений с Наполеоном было предложение его открыть *конференции*. Сомнительно, чтобы из них вышел толк; но, во всяком случае, они менее опасны, чем *конгресс*, о котором мечтает наш вице-канцлер[17]. Не знаю, известно ли тебе, что он уже писал об этом Бруннову[18]. Это какое-то затмение. Как? Мы добровольно явимся в качестве подсудимого перед всей собравшейся Европой, которая уже заявила так единодушно свое недоброжелательное настроение по польскому вопросу? Непонятно, какими софизмами можно поддерживать такую *рогатую мысль*. <...>

---

[16] Jugement dernier (*фр., библ.*) à huit clos — «Страшный суд за закрытыми дверями». Намек на высказывание поэта А. Тютчева, который, услышав в 1860 году жалобы князя В. Долгорукова, начальника III отделения, на слишком большую гласность, приданную подготовительным работам крестьянской реформы, воскликнул: «Может быть, он хотел бы, чтобы и Страшный суд происходил за закрытыми дверями?»

[17] Князь Александр Михайлович Горчаков. — *Прим. перев.*

[18] Граф Филипп Иванович Бруннов, русский дипломат, в то время — посол в Англии. — *Прим. перев.*

> Как бы то ни было, но теперь самое решительное паллиативное средство было бы — *решительное военное действие* в Польше и Литве. Не могу передать тебе, какое плачевное впечатление производит здесь безуспешность наших действий против полувооруженного сброда *попов, мальчишек* и всякой *сволочи*[19]. Если это продлится, то никакая дипломатия, никакие либеральные меры не помогут. <...>
> Пора кончать, а многое хотелось бы еще сказать. Не знаю, передал ли тебе мое поручение В. П. Боткин. Понимают ли у вас, что в последние два месяца Правительство поставило вопрос внутренний на весьма скользкую дорогу, на которой остановиться нельзя; что *полунамеки* и полуобещания *без положительных действий* приведут рано или поздно к столкновению, что нет для России большего несчастья, чем выпустить инициативу из рук Правительства, что пора бы подумать серьезно и дать себе ясный отчет, что можно и что нельзя сделать. Жаль, если с самого начала дело попадется в руки, которые злонамеренно или по наивности дадут ему ложное направление.

Патриотическая обеспокоенность Н. Милютина объяснялась общей ситуацией в Европе, недобросовестностью европейских кабинетных чиновников, продолжительностью польско-литовского восстания, внешней беспомощностью русского правительства и его нерешительностью. К этому следовало добавить внезапные безрассудства императора Наполеона III, который, если верить наиболее информированным польским кругам, тайком советовал повстанцам продержаться до следующей весны, как если бы этим бессмысленным пролитием крови он хотел дать себе самому время побороть обычную нерешительность. Но то, что, возможно, наиболее беспокоило энергичный и привыкший к действию ум Николая Алексеевича, это отсрочки и колебания кабинета министров в Петербурге в его поведении по отношению к загранице и к Польше. Он опасался большой коллизии и хотел бы, чтобы правительство предупредило ее четким и решительным

---

19 Дано по оригинальному тексту письма. Во французском тексте автора латиницей написано *popof, maltchikof* et *sbroda*. — *Прим. перев.*

поведением в польских делах. То, чего он требовал от России, — это следования по отношению к Европе и Польше твердой и прямой линии поведения, с которой ее не могли бы отклонить никакие рассуждения. Он не подозревал, что стоит ему вернуться в Петербург, как ему тут же предложат самому претворять в жизнь программу, намеченную из Парижа в письмах брату. Он считал, что пишет инструкции для кого-то другого, и не предполагал, что именно ему в конечном итоге доверят опасную миссию решить, «что в Польше было возможно и что невозможно», и что радикальные меры, которые он советовал принять в отношении восставших провинций, будет поручено исполнять именно ему, Николаю Милютину.

Глава VI

Положение в России по возвращении Николая Алексеевича в августе 1863 года. — Приехав в Петербург, он узнает, что император желает снова доверить ему управление польской администрацией. Аудиенция в Царском Селе. — Беседа Александра II с Милютиным о польских делах. — Каким образом предубеждение самодержца и двора в отношении Милютина стало одной из причин отправки Николая Алексеевича в Польшу

По ряду признаков Россия за два года отсутствия Николая Милютина изменилась особенно. Польское восстание рикошетом оказало значительное влияние на внутреннюю ситуацию в империи. Как писал летом Николаю Алексеевичу Юрий Самарин[1], внезапный толчок, полученный нацией и обществом от неуместного польско-литовского восстания, и пустые угрозы европейской дипломатии привели к резкой активизации чувства национальной принадлежности. Патриотическое перевозбуждение на время прекратило бесплодное внутреннее волнение и лишило сил зарождавшиеся революционные настроения. Одним из таких резких поворотов, более свойственных русскому народу, чем какому-либо другому, как если бы вдруг произошла перемена ветра, дующего из Лондона на Москву, стало изменение симпатий общественного мнения. Еще несколькими месяцами ранее оно, казалось, было безраздельно отдано Герцену и его революционному эмигрантскому «Колоколу». Теперь же симпатии неожиданно перешли к М. Каткову и его «Московским ведомостям»[2].

---

1 Из письма Ю. Самарина, датированного июнем 1863 года.

2 Справедливо будет заметить, что влияние Герцена и эмиграции уже было существенно поколеблено тем, как было осуществлено освобождение крестьян.

Два разных, хотя и более или менее взаимосвязанных в сознании русских явления (восставшая Польша и русские революционеры) оказались одновременно затронуты этим резким поворотом. Естественно, что на Польшу, бывшую его причиной и следствием, результаты изменения общественного мнения должны были повлиять в первую очередь. До восстания поляки могли рассчитывать на доброжелательность значительной части русского общества на двух противоположных его концах или полюсах, как это к тому же наблюдалось в то время за границей и в самой Франции. Консерваторы аристократического направления и революционные неофиты на Западе также питали, по разным причинам, симпатии к несчастной Польше, из которых, при наличии терпения и политического чутья, поляки могли со временем извлечь серьезные преимущества. В огромном большинстве народа восстание 1863 года подавило симпатии к полякам, которым русские не могли простить своего беспокойства за целостность и безопасность государства. Уже внушавшая недоверие своими неосторожными требованиями Польша снова стала предметом гнева и ненависти европейцев и исконным врагом русских, против которого московские патриоты произнесли свое *Delenda Carthago*[3]. Ее старые друзья оставили ее или умолкли. Только революционеры еще осмеливались называть себя друзьями Польши и поляков. Генерал Дмитрий Милютин писал 9 мая 1863 года из Петербурга Николаю Алексеевичу:

> Публика в целом несравненно лучше настроена сегодня, чем в прошлом. Только убежденные нигилисты считают своим долгом демонстрировать беспристрастность или даже симпатию по отношению к Польше. Все здравомыслящие люди охвачены несомненным патриотическим порывом, который во многом сводит на нет идеи, распространенные за границей нашей революционной эмиграцией и нашими тупоумными туристами.

---

[3] Delenda Carthago (*лат.*) — Карфаген должен быть разрушен; крылатая фраза, приписываемая древнеримскому полководцу и писателю Марку Порцию Катону. — *Прим. перев.*

Окружив польский мятеж ореолом своей бесполезной словесной поддержки и тайных устремлений, русские революционеры обратили против себя национальное чувство[4]. Разделив с Польшей ее непопулярность, они скомпрометировали себя перед общественным мнением. В их поведении прослеживалась связь с идеями анархистов и родство с эмигрантскими настроениями Герцена и Бакунина, что стало для радикальной пропаганды жестоким ударом, от которого она оправилась лишь к концу царствования Александра II. В связи с этим можно сказать, что, взявшись, в приступе безумия, за оружие, поляки, сами того не желая, оказали очевидную услугу правительству, против которого они восстали. На десять или пятнадцать лет они задержали появление на свет ростков революции, семена которой к тому времени уже зрели в школах и университетах.

Не одни только радикалы и анархисты были ослаблены или разбиты из-за событий в Польше. Поражение последней или, лучше сказать, провал всех попыток примирения с ней косвенно отразился на либералах западного образца, называемых в России *западниками*, временно отдав симпатии публики партиям, подчеркивающим свою национальную принадлежность. Если и не во внутренних делах России, то по крайней мере по отношению к Польше побеждала именно их позиция.

После неуспеха предприятия великого князя Константина Николаевича и маркиза Велёпольского трудно было предположить, что правительство вернется к либеральной политике уступок в отношении Польши, которую в Петербурге и Москве считали ответственной за все несчастья. Несмотря на гарантии, которые он давал России, и организацию им в 1863 году рекрутского набора, который, по словам лорда Джона Рассела, был скорее высылкой нежелательных элементов, в народе Велёпольского считали предателем, а правительство, которое его использовало, относилось к нему с подозрением. Сам великий князь

---

[4] По информации «Московских ведомостей», революционная группа, созданная в 1861–1862 годах под названием «Земля и воля», в западных губерниях России состояла одновременно из русских и поляков.

Константин Николаевич, самый либеральный и просвещенный член царской семьи во всей империи, не мог чувствовать себя вне подозрений и нападок. К несчастью для России, в этой верноподданнической попытке он растерял значительную часть своей популярности.

К моменту возвращения Милютина Польша, еще охваченная восстанием, была основным предметом озабоченности страны и правительства. «Что будет с Польшей?» — вскоре задаст вопрос в своем знаменитом этюде остроумный публицист из прибалтийских губерний[5]. Этот вопрос задавала себе вся империя от Финского залива до Каспийского моря, обычно отвечая на него совсем иначе, нежели это делал русско-немецкий барон. На границах России Польша оставалась зияющей раной, воспаление которой было решительно опасно допускать. К несчастью, среди высокопоставленных русских чиновников не было добровольного врача, готового попытаться ее исцелить. Предприятие казалось слишком рискованным. Николай Алексеевич вернулся очень кстати, чтобы ему поручили решение этой задачи.

В день своего прибытия в Санкт-Петербург, 25 августа 1863 года[6], он узнает, что, поскольку великий князь Константин Николаевич был отозван из Польши, на пост главы администрации Царства Польского должно было быть назначено другое лицо. На следующий день, 26 августа, в Царском Селе Николай Алексеевич принимал визит своего брата, Дмитрия Милютина, военного министра. Генерал проинформировал его о том, что именно на Николае Алексеевиче император окончательно остановил свой выбор в поисках кандидата на отправку в Польшу.

Несколько раз за прошедший год, получая плохие новости из Царства Польского, Александр II, казалось, пожалел о том, что уступил уговорам великого князя Константина Николаевича и сторонников польской автономии. «Если бы я не уступил и назначил Николая Милютина, — говорил он иногда, — этого

---

5 Шедо-Ферроти, псевдоним или анаграмма барона Фиркса.

6 Даты здесь указаны по русскому календарю, как известно, отстающему на двенадцать дней от нашего.

не случилось бы». Разгоревшийся пожар восстания, бессилие правительства в Варшаве, моральная изоляция великого князя и Велёпольского постепенно утвердили императора в мысли о необходимости смены лиц и режима. В течение августа месяца он неоднократно с нетерпением справлялся о возвращении Николая Алексеевича. Согласно его инструкции, начальник III отделения князь В. Долгоруков держал наготове формальный приказ вернуться, в случае если бы Милютин слишком задерживался со своим возвращением на родину.

Эта новость поразила Милютина, как удар грома. Причины, которые годом ранее помогли ему отказаться от назначения в Польшу, ни в чем не утратили своей силы. Уставший от долгого путешествия, он отказывался верить, что ему поручили такую задачу. На этот раз ему не удастся ее избежать. Буквально со следующего дня слух о его назначении в Варшаву передавали из уст в уста. Генерал Дмитрий Милютин рассказал брату, что, встретившись с императором утром, он тщетно умолял его величество не посылать Николая Алексеевича в Польшу. Уже принятое решение Александра II не могло отменить ничто. «Какой оборот, Боже милостивый! — воскликнул Милютин. — Мне упорно хотят вырыть могилу». И, возвращаясь к своему первому впечатлению, добавил печально: «Мое положение поистине трагично. В этот торжественный час, когда горизонт хмурится грозой, будет малодушием торговаться о службе, если чувствуешь, что можешь быть полезен». Его останавливало то, что он считал, что не сможет таковым быть.

События слишком настоятельно требовали принятия решения, чтобы самодержец мог дать Милютину время на тревожные переживания своей неуверенности. Он тотчас же назначил ему аудиенцию в летней императорской резиденции Царское Село. Она состоялась 31 августа, менее чем через восемь дней после возвращения Милютина и в день, следующий за днем памяти Александра Невского, святого покровителя Александра II.

Встреча длилась около двух часов. Император принял человека, по отношению к которому так долго испытывал предубеждение, с сердечной любезностью. Он доверился Милютину с открытостью и благородной простотой, рассказав ему о своих заботах и беспокойствах. Император изложил причины, которые, несмотря на природную мягкость и желание примирения, вынуждали его к изменению политики в Царстве Польском. С необычной прозорливостью монарх изучил различные линии поведения, которым империя могла следовать в отношении своего польского сателлита, фатально привязанного историей к ее западным границам[7].

Обычно за пределами России кажутся необъяснимыми действительные причины непримиримого антагонизма между Россией и Польшей. Многие русские, и прежде всех император, инстинктивно чувствовали, что Польша была для их родины скорее источником затруднений, чем признаком силы империи. Многие еще и сегодня, как Александр II говорил это Милютину, охотно предоставили бы полякам возможность самим распоряжаться своей судьбой, дали бы им широкую автономию или, еще лучше, полную независимость, если бы считали маленькое Царство Польское достаточно сильным, чтобы жить самостоятельно, или достаточно мудрым, чтобы не требовать возвращения к прежним границам Речи Посполитой и не претендовать на пограничные губернии, являющиеся, по мнению русских, исконно русскими территориями.

В предместье Варшавы, рядом с церковью Святого Александра, воздвигнутой в честь императора Александра I, восстановившего польское королевство, растут два кипариса, по народной легенде, если память мне не изменяет, точно на месте могилы двух братьев, убивших друг друга в безумной дуэли из-за любви к своей родной сестре. Эта языческая легенда, несомненно мифического происхождения, могла бы, как уже давно заметили исследователи[8], служить символом братоубийственной вражды двух славянских народов, с оружием в руках оспаривающих их общую сестру — Литву.

---

[7] Подробности этой аудиенции у императора, а также других встреч того же рода, о которых пойдет речь далее, заимствованы из записей, сделанных в то время со слов самого Милютина.

[8] См. [Murray 1875].

Предметом спора между русскими и поляками действительно служит эта обширная промежуточная территория, населенная славяно-литовскими племенами, образовавшими в прошлом Великое княжество Литовское, которое впоследствии объединилось с Польшей, но никогда не было интегрировано с ней полностью. После трех разделов прошлого века Россия, под управление которой перешли эти земли, в основном малороссийские, в свою очередь стала утверждать, что обладает на них давними правами. Волынь, Подолье и Киев — территории, которые русские называют малороссийскими, а поляки русинскими. К ним следует добавить Литву и смежные области Белоруссии, чтобы получить картину этого яблока раздора между двумя странами, которые, ссылаясь обе на факты истории и этнографии, в равной степени считали эти прилегающие к ним области своей легитимной национальной собственностью[9].

В ходе трех разделов Польши, организованных с 1772 по 1795 год Фридрихом Вильгельмом II и Екатериной II, Россия, как в ней считают, лишь получила назад исконные русские земли, узурпированные в свое время ее соседями при распаде Древней Руси в период монголо-татарского нашествия. Русские считают, что не аннексировали никаких польских земель до того момента, пока в 1815 году по международным договорам Российская империя не присоединила эфемерное Великое герцогство Варшавское, образованное в Польше императором Александром I[10]. Когда русские говорят о Польше, под этим названием они всегда понимают земли вдоль реки Вислы, образующие небольшую долину, центром которой служит Варшава и которой Венский конгресс 1815 года придал статус царства. С точки зрения русских государственных деятелей, как и русских историков, не существует другой Польши, кроме этой, если не считать некоторых других территорий, входящих в состав Австрии и Пруссии.

---

[9] См. [Leroy-Beaulieu 1881–1889, I (2-e édit.), liv. II, ch. IV].

[10] Для исторически точной характеристики периода с 1795 по 1815 год следует упомянуть об аннексии Белостокского воеводства, которое Наполеон уступил Александру I по условиям Тильзитского мира 1807 года.

Полякам, естественно, трудно согласиться с такой точкой зрения. После 1815 года они продолжали считать польской, и на этом основании предназначенной войти в состав нового королевства, бóльшую часть территорий, которые веками оставались связанными с Польшей и где вся аристократия еще и сегодня имеет польское происхождение. До и после 1815 года многие поляки надеялись добиться решения этого вопроса от Александра I. Действительно, похоже, что любимый внук Екатерины II и сам неоднократно к этому склонялся[11]. Надеясь на решение вопроса в 1815 году, многие поляки тогда открыто выражали свои симпатии к России. И в 1863 году они не хотели еще разочаровываться. Для народов, как и для отдельных личностей, бывает тяжело смириться с незаслуженной, как им кажется, утратой, хотя это часто требуется в интересах дела. Несмотря на слабость своей позиции по сравнению с конкурентами в Петербурге и Москве, для спасения нации поляки не смогли отказаться от притязаний на Литву и земли вдоль течения Днепра и Западного Буга. Призрак Люблинской унии, трехсотлетие которой в 1869 году отметили их собратья в Галиции, никогда не оставлявший их в покое, стал для них фатальным наваждением. Вместо возвращения Литвы они потеряли Польшу. Я слышал рассказ о том, что в начале 1863 года, еще до восстания, император Александр II, принимая одного из видных представителей польской аристократии, спросил его, что требуется Польше, чтобы ее удовлетворить. «Сир, — ответил поляк с отвагой или неосторожностью, ставшей фатальной для его соотечественников, — Польша не может забыть своих братьев в Литве». «Позвольте, — возразил император, — вам известно, что не я произвел разделы Польши, и теперь вы не можете просить меня

---

[11] См., в частности, переписку Александра I и князя Адама Чарторыйского (Чарторыжского) (например, его письмо от 31 января 1811 года) и исследование *La Russie et les Russes* Николая Тургенева [Tourgueneff 1847, I, appendice], докладную записку Поццо ди Борго и письмо историка Карамзина, адресованные также императору Александру I, его записку 1814 года и письмо 1819 года, чтобы разубедить императора отдать Польше области, присоединенные к России Екатериной II.

о разделе России». В августе 1863 года нечто подобное император говорил и Милютину.

По мнению всех русских, как и по мнению императора, требуя Литву и вызывая возмущения в западных губерниях вплоть до Дуная на юге и почти до стен Петербурга на западе, поляки желали расчленения России и призывали заграницу в этом им помочь. Это объясняет быстрый антипольский подъем общественного мнения в 1863 году и силу национального чувства, которые в момент, когда Россия и ее правительство, казалось, были наиболее расположены к полякам, вдруг резко обратились против них, в подобии страстной одержимости. Это объясняет также, почему правительство и страна сообща игнорировали польский национальный вопрос там, где ранее никогда его не оспаривали и даже взяли за правило уважать. И это дает наконец понять суровость от природы мягкого и человечного монарха, освободителя крестьян, а также действия Милютина и его друзей. Когда все убедились в том, что поляки не удовольствуются маленьким царством, которым русский патриотизм хотел ограничить их национальные притязания, что в Варшаве будут рассматривать долину Вислы лишь как плацдарм для операций по отделению от России ее западных губерний, император и русский народ стали видеть решением только полную ассимиляцию Польши, отмену всех ее привилегий и особой конституции.

Еще одна причина подтолкнула императора Александра II к смене относительно либеральной политики в отношении Польши на радикально отличную от нее политику диктата. Для того чтобы Польша смирилась и осталась в составе России, было недостаточно предоставить ей административную автономию. Недавняя неудача Велёпольского была тому доказательством. Вместе с автономией Польше нужно было правительство одновременно национальное и конституционное. Попытку его создания в свое время предпринял Александр I. Императору Александру II идея конституционной монархии была не менее отвратительна, чем его дяде. Он заявил об этом Милютину во время аудиенции и в то же самое время созывал в Гельсингфорсе финский сейм, деятельность которого была приостановлена в царствование Николая I. Но в глазах императора польский сейм в Варшаве мог стать лишь причиной беспорядков и лишних иллюзий. Опыт 1830 года был для него лишним доказательством ошибки Александра I.

Кроме того, между русским самодержцем и естественными требованиями польских либералов вставало роковое и непреодолимое препятствие, бывшее одной из причин безнадежного непонимания в отношениях двух стран. Польша могла казаться политически более зрелой, чем Россия, но императору было неловко предоставить своим польским подданным права и свободы, в которых он отказывал русским. В их представлении это означало бы создание привилегированной ситуации в покоренной Россией стране. Патриотизму и самолюбию Петербурга и Москвы было бы трудно смириться с такой аномалией. Отныне Польша в составе России не могла надеяться на свободы и конституцию, иначе как только если бы вся страна получила их вместе с ней. «Как, — говорил император все в той же беседе с Милютиным, — дать конституцию бунтующим подданным и не предоставить ее подчинившимся?» В качестве российского самодержца Александр II не мог высказаться иначе. Чтобы иметь право вернуть полякам их сейм и хартию, потребовалось бы созвать *Земский собор*[12] в Петербурге или Москве. Не будучи высокого мнения о самодержавной власти, груз которой тяжело давил на него в эти нелегкие годы, царь-освободитель не считал русский народ, значительная часть которого была недавно освобождена, достаточно зрелым для такой смены режима. Он говорил так не только о народе, который считал не без основания «самым надежным элементом порядка в России», но и о высших классах общества, казавшихся ему «еще не достигшими уровня культуры, необходимого для создания представительного правительства». По этому вопросу у Николая Алексеевича не было разногласий с его верховным руководителем. В отличие от многих своих современников и в противовес мнению, которое тогда высказыва-

---

[12] Представительное собрание, более или менее аналогичное в прошлом нашим Генеральным штатам.

лось даже в дворянских собраниях, Милютин считал любое требование конституции в России преждевременным. В принципе он также был сторонником конституции, но считал, что перед тем, как обратиться к политическим, требовалось закончить административные реформы, и, чтобы обучить страну самостоятельному управлению, следовало начать с *местного самоуправления*.

Рассматривая, таким образом, этот вопрос во время беседы в Царском Селе, начальник и подчиненный не нашли никакого способа примирения со злополучной Польшей. После неудачи великого князя Константина Николаевича и маркиза Велёпольского император, одновременно утомленный и раздраженный внешними и внутренними затруднениями и опасностями, которые сулили ему мятежные польские провинции, естественным образом решил вернуться к противоположной политике. Речь могла идти только о политике ассимиляции и поглощения, которую до этого, даже при Николае I, никогда серьезно не применяли, по крайней мере на берегах Вислы. И почему император решил поручить эту миссию Милютину? Александр II не скрывал от него причины своего выбора, и, как бы неожиданно они ни прозвучали из уст императора, их было легко понять. Вопрос был не только в нехватке способных и честных людей, которая, по словам самого императора, нигде так не чувствовалась, как в польской администрации, где осуществлять любой контроль было сложнее, чем где-либо. Выбор императора пал на Николая Алексеевича как раз из-за его репутации друга народа и демократа. Радикальные тенденции, в которых двор упрекал Милютина, и приписываемые ему врагами уравнительные настроения, которые были мотивом неприязни к нему в России, становились рекомендацией к отправке в Польшу.

Как такое могло случиться? Почему то, что казалось недостатком или пороком на берегах Невы, становилось положительным качеством на берегах Вислы? Потому что в Польше, как и в Литве, оппозиция царскому правительству исходила в основном от высших классов, аристократии или, как ее называют, *шляхты* — этого многочисленного и малоимущего дворянства в городах и селах. Ведь в сознании русских, вполне искренних в этом преувеличении, Польша в основном была аристократической страной, никогда не обладавшей иной силой и жизненным смыслом, кроме аристократии. И для того чтобы сломить ее сопротивление, надо было нанести удар по дворянству и его полуфеодальным правам. При такой постановке вопроса человек, характеризуемый в Петербурге как систематический враг дворянства, должен был оказаться на своем месте в Варшаве. Он, можно сказать, был выбран ненавистью и злобой московской знати и придворной среды Зимнего дворца.

Александр II не скрыл этого от Милютина. Император знал, что делает, призвав его на этот неожиданный пост. Со стороны самодержца в этом не было никакого противоречия. Его выбор был частично продиктован старым предубеждением. Александр II признался в этом Николаю Алексеевичу: то, что способствовало такому выбору императора, это его «демократические или, если угодно, антиаристократические принципы», за которые его так ненавидели при дворе. По мнению самодержца, все отношения между польской аристократией и троном империи были разорваны навсегда. Он считал, что исчерпал все средства, чтобы привлечь поляков на свою сторону, и счел необходимым окончательно порвать с их аристократами и отказаться от системы уступок, введенной Александром I и впустую возобновленной великим князем Константином Николаевичем и маркизом Велёпольским. Поскольку России не на что было надеяться в отношениях с польским дворянством, император решил повернуться лицом к простому народу и крестьянам, которые обычно оставались глухи к призывам мятежников. Он считал, что русское правительство должно искать поддержку, не находимую им нигде более, в среде глубинного сельского плебса. А кто подходил лучше для такой работы, как не бывший заместитель Ланского, враг господ и друг *мужика*?

Не все удовлетворяло Милютина в этом знаке доверия, в котором так явно просматривались старые предубеждения. Ему было отвратительно, что на него всегда смотрели как на демагога и что именно этой репутации он был обязан призывом на выполнение задания, которое было ему так неприятно. Отчасти поэтому в разговоре с императором он позволил себе заметить, что был представлен его величеству в ложном свете и что, будучи предан делу народа, он совсем не считал, что когда-нибудь можно будет управлять какой-нибудь страной, в частности Россией, без помощи просвещенных классов, без помощи ее дворянства, и поныне остающегося единственным культурным классом.

В том, что касалось Польши, Милютин полностью разделял взгляды своего государя. Как и он, Николай Алексеевич считал польское дворянство непримиримым. В разговоре с императором он напомнил, что сам видел, как в европейских столицах и при дворах его представители устно и в прессе обвиняли правительство России и русский народ и везде искали союза с их врагами.

> На кого, кроме аристократии и дворянства, — говорил он императору, — мы можем опереться в Польше? На духовенство? Но оно нам еще более враждебно, чем *шляхта*, и ратует за крестовые походы против московских схизматиков. На класс торговцев или евреев? Но Россия никогда не была либеральна к сынам Израиля, и было бы иллюзией пытаться завоевать их симпатии в Польше. На администрацию и государственных чиновников? Но большинство их принадлежат к мелкопоместному польскому дворянству. Многие открыто или тайно поддержали восстание, и на них нельзя будет положиться в исполнении законов, которые они хотят очернить и желают их провала. Остается народ, остается крестьянин. Но как, каким образом достучаться до него? И, даже если допустить, что он не будет нам враждебен, что можно завоевать его симпатии с помощью послабления налогов или какими-нибудь аграрными законами, разве человеку, чуждому польских дел, пристало принимать на себя такое деликатное поручение?

Милютин с жаром объяснял самодержцу, что лично ему не хватало для такого дела всех необходимых знаний. Не зная страны и ее языка, обычаев и традиций польского народа в прошлом, он не мог, как он говорил, понять ни его настоящих потребностей, ни устремлений в будущем. Он добавил, что для того, чтобы уверенно заниматься делами польских крестьян, ему потребуется столько же времени и труда, сколько он уделил в свое время таким делам в России. Не имея возможности напрямую общаться с народом, он всегда будет зависеть от посредников, в большинстве своем враждебно настроенных или коррумпированных, и будет посмешищем для поляков, которыми должен управлять. «Я буду слеп, глух и нем!» — воскликнул он с болью и, ради блага России, умолял императора избавить его от выполнения задачи, заклиная его не повторять так часто допускавшихся в прошлом ошибок. Милютин считал, что посланный в Варшаву чиновник, который будет не в состоянии реально управлять делами, заранее обречен стать декоративной фигурой, маскирующей ошибки своих подчиненных, или игрушкой в руках местных интриганов.

Но все уговоры были тщетны. Император не собирался отступать от своего плана: Милютин мог сколько угодно говорить, что неспособен к такой службе, что репрессивные меры, неизбежные в восставшей стране, были противны его характеру и даже здоровью, еще поколебленному и страдающему от нервной нагрузки. Ни одно из его возражений не осталось без ответа. Самодержец уверил его, что строгие меры, принятие которых было поручено военным властям, никак не будут его касаться.

Говоря о польских чиновниках, император горько сетовал на коррумпированность некоторых из них. «По крайней мере, благодаря тебе, — сказал он Милютину, — я буду избавлен от стыда за них». Заканчивая аудиенцию, император передал ему докладные записки и польскую корреспонденцию, громоздившуюся на его столе, выделив Николаю Алексеевичу восемь дней на ознакомление с ними. По прошествии этого срока Милютин получил приказ приехать в Царское Село с окончательным ответом. На этот раз он вышел из императорского кабинета, услышав о себе много лестного, но с большей грустью и унынием, чем когда входил. Он так и не дал самодержцу своего окончательного согласия, но чувствовал, что не сможет отказываться бесконечно.

Глава VII

Сомнения Милютина перед необходимостью оставить внутренние дела России, чтобы заниматься делами Польши. — Советы Ю. Самарина. — Новая аудиенция в Царском Селе. — Милютин соглашается выполнить неопределенное задание, только чтобы не быть надолго связанным с Польшей. — Его обращение к друзьям Ю. Самарину и Черкасскому. — Порыв национального чувства и готовность патриотов работать под руководством Милютина

Следующие восемь дней были для Николая Алексеевича неделей тревог и раздумий. Его друзья утверждают, что и во времена самой ожесточенной борьбы за освобождение крестьян никогда не видели его таким подавленным. Подчинившись приказу императора, он погрузился в изучение документов, переданных ему в Царском Селе и позже дополненных польскими досье из разных министерств. Их чтение не развеяло его сомнений. Из них он поочередно узнавал о благородных намерениях, превращенных роковой ситуацией или человеческой ошибкой в пустую утопию, и о неуместных или плохо продуманных строгостях, решения о которых принимались под влиянием момента и которые становились бесполезными из-за непоследовательности действий. Повсюду были видны сумятица, противоречия, отсутствие какой-либо программы или определенной системы. Часто в самые напряженные моменты чиновники обменивались пустыми, ничего не значащими бюрократическими записками. По мнению Николая Алексеевича, во всем этом просматривались лишь иллюзии и ослепление в Санкт-Петербурге и иллюзии и ложь в Варшаве. Более всего его поразило то, что, читая эти официальные документы и конфиденциальные доклады, он, как ему казалось, находил следы тайного соучастия, если не сговора, между революционным комитетом в Варшаве и некоторыми службами Статс-секретариата по делам Польши в Петербурге.

Новости из Варшавы не внушали оптимизма. В сельских районах Царства Польского по-прежнему полыхало восстание. В столице взрывались бомбы Орсини[1], горели подожженная городская ратуша и архив, прямо на улицах происходили убийства, было даже покушение на генерал-губернатора графа Берга. Теневое революционное правительство казалось хозяином положения. Однако не эти опасности повергали Милютина в сомнения. Более всего он боялся впустую потратить свои силы, которым мог найти лучшее применение в Петербурге.

Разговоры, которые Милютин слышал вокруг себя, также не могли убедить его принять решение. Среди его друзей и сторонников большинство были в отчаянии: все боялись за его будущее и даже за его жизнь. Многие видели в создавшейся ситуации лишь придворные интриги и комбинацию в стиле Макиавелли с целью удаления Милютина из столицы, подальше от центра принятия решений. Считали, что Николая Алексеевича хотели послать в Польшу, только чтобы отделаться от него, скомпрометировать в глазах либералов и похоронить в стране, где все посланные в нее русские чиновники роковым образом теряли репутацию, популярность, а иногда и жизнь. Кроме того, полагали, что он любой ценой должен сохранить себя для России, где его знания и энергия найдут более обширное и надежное поле деятельности.

Похоже, что в глубине души и сам Милютин так считал. В конечном счете Россия лишь выиграла бы, сохранив для себя и для своих будущих реформ неутомимого труженика, который, будучи послан ею в Польшу, лишь впустую истощит там свои силы. Однако в целом общественное мнение было настроено к решению самодержца благоприятно. Серьезность ситуации, сложившейся на берегах Вислы, и опасности, которые она создавала в других

---

[1] Бомба Орсини — самодельное взрывное устройство, сооруженное в 1850-х годах террористом Феличе Орсини и названное в его честь. — *Прим. перев.*

местах, бросались в глаза всем, заставляя забыть о внутренних проблемах. Польша стала основной проблемой для империи. В связи с этим вполне естественным казалось использовать в ней человека, деловые качества которого никто не оспаривал. Так думало большинство, в то время как некоторые политики, возможно, были лично заинтересованы в назначении на рискованный пост опасного конкурента. В этот момент друзья и противники Милютина могли, по противоположным причинам, сойтись в едином мнении относительно его политического будущего.

В один из дней этой тяжелой недели, когда ему необходимо было сделать окончательный выбор, Милютин пригласил к себе на ужин князя Дмитрия Оболенского, ставшего его другом после того, как в 1860 году он отказался заменить Николая Алексеевича на посту товарища министра внутренних дел. Князь пытался ободрить Милютина и уверял, что, если того все же назначат в Польшу, там он получит поддержку лучших патриотических сил. Однако Милютин сомневался в этом. Работа казалась ему слишком неблагодарной. «И кто же согласится последовать за мной?» — спросил он. «В первую очередь Самарин и Черкасский», — ответил князь. При произнесении этих двух фамилий мрачное лицо Милютина прояснилось, но только для того, чтобы тотчас снова нахмуриться. Он не чувствовал себя вправе пригласить друзей для участия в такой работе, особенно после своего рода общего неодобрения, высказанного в их адрес за участие в подготовке крестьянской реформы. Помимо этого, он знал, что Самарин откажется от любой официальной должности. Милютин вспомнил, как летом Самарин писал ему, что считает себя наиболее полезным, работая в провинции, и не променяет эту работу ни на какую другую[2]. Николай Алексеевич считал, что угадал

[2] Письмо, датированное июнем 1863 года. У Самарина к тому же это было навязчивой идеей. Он писал Милютину в своей обычной образной манере: «Два года, которые я провел в глубинке, меня убедили в том, что работа в провинции является сегодня самой полезной сферой деятельности. <...> В том, что меня касается, я не променяю ее ни на какую другую. Строя самые прекрасные проекты законодательного здания, не надо забывать о строительном материале, которого нам так часто не хватает. Нам недостает кирпичей, а они лепятся поштучно».

в этом высказывании негласную просьбу не предлагать Самарину никакой официальный пост.

Князь Оболенский состоял в родстве с Самариным и, считая, что может служить гарантом свободного волеизъявления своего двоюродного брата, взялся передать ему письмо Милютина, не доверяя его доставку официальной почте.

> Санкт-Петербург, 4 / 16 сентября 1863 года.
>
> Наконец, после долгих кочеваний, мы опять дома, почтеннейший Юрий Федорович. Вы сами обнадежили нас, что посетите нас в Петербурге, лишь только узнаете о нашем возвращении. Эта мысль улыбалась мне в продолжение всего долгого, нескончаемого и скучного пути. Здесь же, тотчас по приезде, обнаружились такие обстоятельства, которые еще сильнее заставляют меня желать *скорейшего* с вами свидания. Не могу писать более, но речь идет о крестьянском деле, которому мы — или лучше сказать Вы, уже столько принесли жертв. Если есть малейшая возможность, то убедительно прошу Вас ускорить своим приездом сюда. Может быть, мне самому придется скоро выехать, и крайне будет горько разъехаться. Надеюсь, что дней десять (по меньшей мере) меня оставят в покое. До того времени, авось-либо Вы соберетесь сюда. Скажу только, что это *крайне нужно.* <...>
>
> Не зная адреса Черкасского, решаюсь просить Вас передать ему это письмо. Оно до него также *вполне* касается. Пожертвуйте несколькими днями и приезжайте оба на *необходимое* совещание. Предмет того вполне заслуживает. <...>
>
> Если соберетесь сюда, то известите меня прямо или через Дмитрия Оболенского, который взялся доставить это письмо.

Бросается в глаза загадочный тон этого воззвания. Похоже, что, написав слово «Польша», Николай Алексеевич боялся испугать своих друзей. Он упоминает только о крестьянском вопросе, зная, что для них он лучшая приманка. Разгадку интриги он оставлял для личной встречи. Случай для этого не замедлил представиться. Уже на следующий день Юрий Самарин прибыл в Петербург и встретился с Милютиным. Верный своему обещанию, для этой встречи он не дожидался информации о возвращении своего старого коллеги по работе в редакционных комиссиях. Письмо, доверенное князю Оболенскому, было еще в пути, когда он уже разговаривал с Николаем Алексеевичем. Естественно, что Польша была основной темой разговора двух друзей. Всегда серьезный, спокойный и сдержанный в выражениях, Самарин выглядел более озабоченным, чем обычно. Не убеждая друга безоговорочно принять предложение, которое вызывало у того отвращение, Самарин, желая прежде всего придать делам в Польше иной оборот, просил его не отказываться наотрез от поручения. Он долго обсуждал с Милютиным польский вопрос, исследуя все его стороны с редким аналитическим профессионализмом и с неумолимой логикой подсказывая правильные решения. Как когда-то, в тиши имения Райки, в квартире мрачной петербургской улицы чиновник и писатель вместе составляли план, осуществление которого должно было изменить положение польских крестьян. Эти два человека, такие разные по характеру, манерам и образованию, оказывали друг на друга необычное влияние. Два независимых или, как говорили их противники, бескомпромиссных и категоричных ума с почтительным уважением относились к убеждениям другого. Во время их встреч, проходивших в серьезных и спокойных беседах, они поправляли и, если можно так сказать, уравновешивали друг друга. Несмотря на частые расхождения точек зрения, каждый из них с таким уважением относился к мнению другого, что, взятый в отдельности, казалось, ощущал свою неполноту.

Ю. Самарин и Н. Милютин провели вместе три дня и, в течение трех суток почти не расставаясь, вместе изучали и обсуждали все известные им данные грозной проблемы, вставшей перед их страной. Затем Самарин должен был уехать к семье в Москву. Друзья простились без каких-либо взаимных обязательств. Николай Алексеевич все еще надеялся снять с себя так неожиданно возложенный на него груз высочайшего поручения. Тем не менее после этой встречи, которая напомнила ему беспокойства и утешения самого плодотворного периода жизни, Милютин чувствовал себя увереннее и спокойнее. Отныне он смотрел на события более ясным взглядом, постепенно обретая душевный покой, которого ему так не хватало по возвращении в Санкт-Петербург.

Тем временем император снова оказался в столице после поездки в Гельсингфорс на открытие финского сейма, деятельность которого была приостановлена в годы царствования его отца. Создавалось впечатление, что резким контрастом между отношениями России с Великим княжеством Финляндским и Царством Польским он хотел дать почувствовать своим мятежным подданным, автономию которых собирался упразднить, всю политическую недальновидность их безумного восстания. Милютин был приглашен на аудиенцию на второй или третий день после возвращения императора. Он был полон непоколебимой решимости отказаться от любого назначения, которое окончательно привязало бы его к Польше. Однако, если он не сможет освободиться иначе, Николай Алексеевич оставлял для себя возможность принять к выполнению временное поручение в Царстве Польском.

На этот раз самодержец не торопился его принять. Он отложил на три часа аудиенцию, первоначально назначенную в полдень. Очередной раз все происходило в Царском Селе, которое можно считать русским эквивалентом Сен-Клу или Версаля. Был прекрасный день ранней северной осени. Николай Алексеевич использовал непредвиденную задержку, чтобы нанести визиты высокопоставленным чиновникам, находившимся на отдыхе вблизи императорской резиденции. Завершив эти посещения, он побродил под сенью деревьев вдоль длинного вытянутого озера большого английского парка. Это был традиционный час, когда по парку беззаботно порхали *великосветские* бабочки. Хотя в конце сезона численность представителей бомонда в Царском Селе сильно уменьшилась, определенное количество элегантных дам еще прогуливалось по аллеям парка, со скучающим видом демонстрируя свои туалеты адъютантам и молодым офицерам военного ведомства. Там же можно было видеть высокопоставленных гражданских чиновников, отдыхавших от забот своих ответственных должностей и с восхищением или насмешкой наблюдавших за дамами. В этой светской атмосфере, во всем этом стиле придворной жизни, окружающей дворцы в самые трагические часы истории, чувствовалась неприкрытая бесполезность, удручавшая Милютина и резко контрастировавшая с его возраставшим внутренним беспокойством.

Во время прогулок и официальных визитов Милютин принимал знаки поддержки и поздравления, банальная вежливость и лицемерная искренность которых были ему невыносимы. Его уверяли, что именно он был нужен в Польше в этот момент, что там ему будет сопутствовать удача в делах, не принесших славы его предшественникам. Казалось, что все были удивлены его колебаниями. Например, князь Долгоруков, шеф III отделения, как истинно полицейский чиновник, надзирающий за убеждениями подданных, упрекал его за «недостаточное внимание к особому доверию, которое выказывало Милютину Его Величество, и к возможности доказать ему свою преданность». Все средства были пущены в ход, чтобы победить нежелание Николая Алексеевича. После политических соображений ему стали открыто намекать на преимущества новой должности частного характера, которые в России имеют не меньший вес, чем в других странах. Говорили, в частности, что он не умел защищать свои материальные интересы, что на посту, который до него занимал Велёпольский, он будет получать 33 000 рублей жалованья в год, что соответствует сотне тысяч франков, вместо скудного жалованья сенатора, составлявшего 8 000 рублей[3].

Князь Горчаков, бывший тогда еще вице-канцлером и находившийся в зените своей популярности, писал Милютину записку о польских делах языком, более достойным патриота. Зримо представив ему окружавшие Россию опасности, опытный дипломат спрашивал Николая Алексеевича, как в час, когда каждый должен работать не щадя сил, он имеет смелость отказать в своих услугах самодержцу там, где тот считает эти услуги полезными. «А я-то рассчитывал на вас!» — повторял князь. «И вот, — до-

---

[3] Отклонив предложение любой официальной должности в Польше, Милютин, как уверяют, получал жалованье в размере 10 800 рублей в год, включая транспортные расходы, и вынужден был влезть в долги.

бавлял он с частым для себя бахвальством, — уже год, как я всеми силами стараюсь держать Европу в узде, а вы отказываетесь прийти мне на помощь! Это невозможно!» Милютин с трудом отбивал такие наскоки. Верный своему решению, которое, как он считал, примиряло его обязанности подданного с голосом совести, в конце концов Николай Алексеевич ответил канцлеру, что он скорее согласится стоять часовым у двери *наместника*, чем даст наделить себя всей полнотой власти, которую, возможно, не сможет использовать во славу своей страны. «После этого, — добавил он, — если нужен простой работник, я не отказываюсь трудиться. Пусть меня пошлют, если угодно, с заданием в Царство Польское, а затем, если будет доверие к эффективности мер, которые я предложу, кто-то другой, более компетентный, сможет их осуществить». — «Ну что же, — живо ответил князь Горчаков, — это все, чего от вас требуют. Отправляйтесь в Польшу в каком хотите качестве, только отправляйтесь».

И действительно, это было то единственное, чего от него требовали. Не отдавая себе в этом отчета, Милютин сам сложил оружие. Условия, выдвинутые им при капитуляции, в действительности были для него неблагоприятными и не могли соблюдаться долго. Согласившись на выполнение подобной миссии, Николай Алексеевич не мог предвидеть, что, единожды коснувшись польских дел, он скоро будет вынужден надолго погрузиться в них целиком. Его возражения будут тщетны. Против своей воли он окажется целиком втянут в занятие острыми проблемами, в разрешении которых хотел оказать лишь незначительную помощь. Выдвинутые им ограничения и предосторожности способствовали его окончательному проигрышу. Отказавшись от званий и должностей, которые ему предлагали, не обращая внимания на советы чиновников с практическим знанием дела, Милютин добился только утраты своего материального благополучия. Ему пришлось нести груз всех трудов, препятствий и ответственности высоких должностей, показной блеск и материальные выгоды которых он гордо отвергал.

Наконец настал час императорской аудиенции. С первых же слов беседы Николай Алексеевич понял, что монарх был в курсе его разговора с князем Горчаковым. Его величество казался удовлетворенным согласием Милютина ехать в Варшаву, пусть даже в не определенной заранее должности. Милютин чувствовал себя приговоренным. Тем не менее он сделал последнее усилие, чтобы уклониться от предложений или, точнее, приказов, которые до конца дней приковывали его к живому трупу, каковым была Польша. Ко всем доводам, представленным им на предыдущей аудиенции, он тщетно добавлял, что переданные ему документы и досье, которые он изучал в течение восьми дней, лишь укрепили его в мысли о собственной недостаточной компетентности для решения поставленной задачи. У Александра II был ответ на все. Постоянно прерывая Милютина, возражая ему со своей обычной добротой, прося и ободряя его, перескакивая с одной мысли на другую, император производил впечатление человека, решение которого окончательно принято, который торопится и думает о другом.

В это самое время семья императора собиралась покинуть летнюю резиденцию в Царском Селе, чтобы переехать на цветущее крымское побережье в Ливадии, где находилась ее осенняя резиденция. Посреди самых серьезных политических событий гла́вы государств, как и простые смертные, всегда оставляют место для личной озабоченности, семейных и даже супружеских дел. Императору, известному своей нервозностью и впечатлительностью, уставшему от парадной жизни Петербурга и Царского Села, утомленному физически и морально, в особенности беспокойствами последних зимы и весны, жаждущему отдыха и свободы от дел, не терпелось быстрее переехать на благоухающие берега Тавриды, чтобы на время забыть все политические неприятности. В тот момент, когда он принимал Милютина, император мысленно готовился к отъезду. По ходу аудиенции, организованной наспех между двумя поездками Александра II, в кабинет входили молодые великие князья и великая княжна Мария Александровна[4], принося записки от императрицы и пре-

---

[4] Великая княжна Мария Александровна, дочь Александра II, в замужестве герцогиня Эдинбургская.

рывая своими не представляющими интереса вопросами беседу императора с государственным деятелем. В этом часто встречающемся контрасте между величием поставленных на карту государственных интересов и мелочной озабоченностью повседневной жизни, между внутренним беспокойством чиновника, жизнь и репутация которого зависят от этого мимолетного момента, и объяснимой торопливости монарха, желающего быстрее окончить дела, для Николая Алексеевича было нечто более обескураживающее и мучительное, чем самые категоричные приказы. Последняя аудиенция была для него неумолимым приговором. Не без грусти он почувствовал, что должен смириться, и мужественно принял окончательное решение.

В конце аудиенции Милютин тщетно попытался добиться от императора определенной программы действий. Александр II, похоже, полагался на него во всем и предоставлял Николаю Алексеевичу полную свободу действовать по своему усмотрению. Милютин ограничился тем, что повторил императору, что едет в Польшу, лишь подчиняясь воле своего государя, что не вправе принять никакое назначение на пост в Царстве Польском и что в любом случае ничего не сможет предпринять немедленно. Он считал, что прежде должен многое постичь сам и изучить местные условия, чтобы понять, какие меры могут быть приняты. Он также потрудился добавить, что просил дать ему возможность особо изучить положение сельского населения и крестьянский вопрос, по его мнению, самый неотложный в Польше и единственный, в решении которого его опыт прошлого мог быть в какой-то мере ему полезен. «Именно так я и понимаю дело, — отвечал император, — но я не хотел бы, чтобы ты ограничивался только этим. Вся польская администрация в плохом состоянии, тебе придется всем заниматься»[5]. Напрасно Милютин возражал

---

[5] Немного позже, в письме, отправленном из Ливадии, шеф III отделения князь В. Долгоруков повторил от имени самодержца то же предписание: «Император хочет надеяться, что ваше поручение в Царстве Польском окажется богатым на результаты и что ваши *соображения* (по проектам реформ), далеко не ограничиваясь крестьянским вопросом, распространятся на другие ветви польской администрации» (письмо от 26 сентября 1863 года).

против такого знака слишком большого доверия. Решение императора было непоколебимо. Он отпустил Николая Алексеевича с привычной любезностью, позволив ему пригласить к себе сотрудниками всех, кого захочет, даже не из числа административного персонала, включая тех, кого не охватывала бюрократическая Табель о рангах, например Самарина, чья фамилия, произнесенная Милютиным, поначалу удивила императора. Действительно, всего за полтора года до этого Самарин оказался в центре скандала, отослав графу Панину награду, которой был удостоен в связи с работами по подготовке крестьянской реформы. После недолгого молчания Александр II согласился на кандидатуру Самарина, если тот примет предложение. После этого император попрощался с Милютиным, рекомендовав ему заботиться о своем здоровье и личной безопасности и одновременно уверив его в том, что в Царстве Польском будут отданы все соответствующие распоряжения, чтобы оградить его от любой опасности. Так, в ходе этой поспешной встречи и бессвязного разговора, в суете подготовки к отъезду, без определенных полномочий и точных инструкций, бывший заместитель Ланского получил от императора задание, которому было суждено стать для Царства Польского отправной точкой радикальной революции.

Но жребий был брошен. Несмотря на все свое отвращение к создавшейся ситуации и все предпринятые им усилия, Николай Алексеевич внезапно остался один перед неразрешимым польским вопросом. Когда он осознал отсутствие для себя любой иной возможности, он огляделся и хладнокровно оценил ситуацию. Какими бы ни были трудности, человек его склада не мог долго оставаться сломленным ими. Неуверенность, упадок сил и малодушие рассеялись, как по волшебству. Милютин вновь обрел спокойствие с тенью меланхолии, которую уже ничто никогда не сможет стереть с его лица.

Решившись наконец приняться за работу, он с головой окунулся в изучение польских дел. Для начала он окружил себя всеми книгами, брошюрами, трактатами, записками и всевозможными печатными или рукописными, конфиденциальными или предназначенными для общего пользования документами, касавшимися этой *терра инкогнита*, какой для него была Польша, куда он оказался внезапно брошен без провожатого. К тому же, по всей видимости, судьба этой страны была отныне в его руках. Его рабочий кабинет наполнился *польскими исследованиями* разного рода, всех направлений и на всех языках. Это были русские, французские и немецкие книги по истории, законодательству, политэкономии, административному праву, финансам, религии, в особенности имеющим отношение к сельскому населению. Милютин собрал все книги, какие мог найти по Польше, Галиции, Познани, обращаясь к Самарину и другим своим друзьям, чтобы получить от них списки литературы. День и ночь он читал и делал пометки. Обычно считают, что Милютин уехал в Польшу внезапно, с предвзятой умозрительной программой, составленной им заранее, не заботясь о нравах и обычаях страны. Считают, что он был полон решимости переделать ее на русский манер, как инертную и бесформенную массу. Такая точка зрения, по крайней мере частично, ошибочна. Письма Милютина это доказывают[6].

---

[6] Несколькими днями позже, в письме, адресованном шефу III отделения князю В. Долгорукову, находившемуся тогда в Ливадии вместе с императором, Н. Милютин, пытавшийся определить наконец характер своего задания в Польше, писал следующее: «...Глубоко проникнутый важностью доверенного мне государственного задания, я начинаю его выполнение, лишь подчиняясь воле Государя. Это испытание покажет, смогу ли я быть полезен польской администрации. Изучив мои собственные сомнения и исследовав свое сознание, убедившись на месте в возможности продолжить эту работу такого нового для меня рода, я изложу свое мнение по этому вопросу честно и открыто, соотносясь только с интересами Государя и благом государства...» Немного дальше в том же письме он добавляет, возражая против любого своего назначения в Совет Царства Польского: «Мое пребывание в Польше будет недолгим. Кроме того, у него будет особая цель: крестьянский вопрос. Я смогу присутствовать на заседаниях Совета, только чтобы составить для себя представление о ходе дел, не для того, чтобы принять прямое участие в местной администрации, которую я не знаю и с которой едва ли смогу познакомиться за столь короткий промежуток времени. До сего момента мое сознание решительно сопротивляется идее принятия любого поста в Царстве Польском, где, учитывая современные волнения, нужны энергичные чиновники, которым знание языка и нравов страны может придать необходимые твердость и авторитет. Только оставшись на какое-то время в Варшаве и увидев состояние дел на месте, я смогу решить, в состоянии ли

Он был далек от мысли рассматривать Польшу как *табула раса* или как территорию вседозволенности, где он мог позволить себе безнаказанно экспериментировать и заниматься законотворчеством, как бы в вакууме, на манер кабинетного реформатора. Наоборот, он не щадил сил, чтобы ознакомиться с прошлым и с традициями страны и ее народа, дабы отдать себе отчет в том, что можно было попытаться предпринять или сымпровизировать[7]. И не его вина в том, что нехватка времени, внезапность наступивших событий и человеческое нетерпение не позволили ему углубить это предварительное изучение.

В этих обстоятельствах Милютин еще меньше заслуживает упрека в бюрократической самонадеянности, который, в России и за ее пределами, ему так часто делали. Его нежелание погружаться в польские дела доказывает, что на этой скользкой почве он менее чем когда-либо был склонен к самомнению. Не доверяясь собственному знанию, он немедленно призвал себе в помощь сотрудников, втройне независимых по своему духу, месту в обществе и имущественному положению. Это были гордые и свободные люди, в характере которых никогда не было ничего раб-

---

продолжить занятие такого рода. Только надежда иметь возможность откровенно объясниться по этому поводу по возвращении придает мне сегодня силы предпринять работу, которая мне так чужда и последствия которой столь серьезны на будущее» (Письмо от 16 сентября 1863 года, переведенное по черновику Милютина).

7 Вот, например, что он писал 16 сентября 1863 года шефу III отделения князю В. Долгорукову, служившему ему посредником в общении с императором, находившимся на отдыхе в Ливадии: «В соответствии с приказом Вашего Величества я занялся работами, предваряющими мое *задание* в Царстве Польском. Положение сельского населения в нем так отличается от положения в России, что одно только изучение настоящего законодательства и его связей с историей и политической ситуацией на данный момент представляет немалую сложность. <...> Поэтому мне представилось необходимым перед отъездом уделить некоторое время изучению материалов и документов, имеющихся у меня здесь в распоряжении (в Статс-секретариате Царства Польского и других ведомствах), чтобы иметь ясное представление, по крайней мере в теории, о том, каким должно быть положение польского крестьянина *де юре*, чтобы затем на месте исследовать, каким оно является *де факто* с точки зрения экономической и административной».

ского, которые на все имели свою точку зрения и во всем придерживались своих идей. Одним словом, это были, вероятно, наименее покорные и уступчивые сотрудники, каких можно было отыскать во всей империи.

Первое приглашение к сотрудничеству Николай Милютин, совершенно естественно, отправил Юрию Самарину, а также, через него, князю Черкасскому, который, ленивый в переписке, реже общался непосредственно с Николаем Алексеевичем.

> Санкт-Петербург, 13 / 25 сентября 1863 года.
> Судьба моя решилась, любезный друг Юрий Федорович. Причины, по которым я считал по совести невозможным принять в Польше какую бы то ни было распорядительную должность (а тем более главное управление краем) — были на этот раз уважены. Но Государь потребовал, чтобы я отправился в Варшаву, для изучения возбужденных вопросов, особенно по крестьянскому делу. <...>
> Решено, что я отправлюсь около 1 октября, примерно на месяц, и тотчас по составлении *соображений*[8], привезу их в Петербург. Что будет со мною потом — решится самою сущностью дела. Если действительно сельский вопрос в Польше может разрешиться удовлетворительно, то я готов приложить к нему свой труд и свои силы, насколько они могут пригодиться. Видно, такова воля провидения, и я ей покоряюсь безропотно. Этой решимости всего более содействовали Ваши мнения и советы. Не могу не сознаться, что меня поддерживает надежда на Вашу деятельную поддержку. Я никогда не посмел бы звать Вас на эту тяжелую жертву, если бы Ваше сочувствие не выразилось само собою. Каюсь, что я не скрыл этой надежды от Государя и получил *самое категорическое одобрение*. Теперь судьба дела частью в Ваших руках. При моих чисто теоретических сведениях в вопросах *сельского быта*, я не могу обойтись без Вашего содействия. В Польше я помощи не найду, это несомненно. Стало быть, мои личные соображения будут поневоле *односторонними* и шансы успеха значительно умаляются даже в моих собственных глазах. <...>

[8] В данном случае речь идет, скорее всего, о законопроектах.

> Ради Бога, подумайте обо всем этом с тем же сочувствием, которое Вы мне здесь показали. С трепетом ожидаю вашего решения. Степень Вашего участия в этом деле будет совершенно от Вас зависеть. В официальном же отношении мне дано на этот счет совершенное полномочие...
> Хотелось бы очень обратиться к помощи или хоть к советам кн. Черкасского по Польскому делу, но не смею. Не сделает ли он что-нибудь по нашей общей просьбе? <...>
> Очень нужно было бы иметь под рукой сведения о Познани и Галиции. Нет ли у Вас? Моя библиотека в таком беспорядке, что отыскать не могу.

Ответ друга сильно огорчил Николая Алексеевича. Самарин оставлял ему мало надежды. Одно обстоятельство в особенности останавливало его: опасение за тревоги матери при отъезде в страну, охваченную восстанием и терроризируемую, по общему мнению, теневым революционным комитетом. Положение чиновников правительства в Царстве Польском действительно было опасным: каждый день они гибли, заколотые кинжалом, застреленные из револьвера или взорванные бомбой. Естественно, что Варшава стала ужасом матерей, сестер, жен и дочерей посланных туда русских чиновников. Правда и то, что Самарин лишь временно отступил перед уговорами семьи, надеясь вскоре развеять ее страхи. В самом деле, уже через два дня он писал, что мать согласилась отпустить его и что отныне он был в распоряжении Милютина. В ответе последнего чувствовалась неприкрытая радость.

> Санкт-Петербург, 23 сентября 1863 года.
>
> Не могу передать Вам, любезный Юрий Федорович, как обрадовало меня ваше письмо. Надежда на Ваше участие в предстоящей трудной работе придает мне силы и уверенность, в которых я крайне нуждался, особенно в последнее время. Я должен сознаться, что чем больше вникаю в задачу, тем менее начинаю полагаться на собственные силы. Ваше сотрудничество мне особенно дорого. Невольно вспоминаешь прошлое, и радостнее смотреть вперед. Спасибо Вам, дорогой Юрий Федорович, Вы подкрепили меня в одну из самых тяжких минут моей жизни.

Очень охотно буду поджидать вашего приезда сюда. Около 8-го октября можно будет выехать в Варшаву; значит отсрочка относительно первоначального моего предположения будет невелика. Во всяком случае, мы нагоним это время, потому что я успею лучше подготовиться к предстоящим местным исследованиям. Здесь предстоит еще очень много чтения, без которого сама работа на местах будет менее полезна.

Месячный срок, о котором я писал вам, есть, разумеется, дело условное. По смыслу данного мне разрешения, можно будет сократить или продлить пребывание в Варшаве, смотря по действительной надобности. Само собой разумеется, что, принявшись за работу, надо будет делать ее добросовестно, насколько позволяют обстоятельства нынешнего смутного времени. К сожалению, эти самые обстоятельства заставят спешить с развязкой.

Времени столько упущено, что придется идти самым ускоренным шагом, и вот почему я говорил о месячном сроке. Впрочем, увидим ближе на месте. В необходимости действовать диктаториально я также убежден. Кажется, никто в этом не сомневается.

О книгах распоряжусь по возможности. Переводчиков в виду много, но я не знаю, как добраться до Кояловича, с которым не знаком. Нужно ли вашу поездку облечь в какую-либо официальную форму, независимо от словесного моего доклада, о котором я вам писал? Неужели сверх пожертвования собою Вы хотите нести сами еще всю тяжесть расходов? Совестно писать об этом, но еще совестнее возлагать на вас лишнюю тягу. Исполню в точности, потому что власти оказывают мне всякое внимание. С нетерпением ожидаю Вас[9].

P. S. Нас обещают поместить в замке и дать все охранительные средства. Пишу это в надежде, что ваша матушка будет при этом покойнее.

---

[9] Ю. Самарин, имевший приличное собственное состояние, поначалу отказался от всякого вознаграждения. Затем, чтобы не выделяться на фоне других членов комиссии, он согласился на выплату ему нескольких сотен рублей (900 рублей, если меня правильно информировали) на транспортные расходы. Таковы были эти люди, о которых в Петербурге говорили, что они «опустошили казну Царства Польского».

Сотрудничество Самарина не было единственным утешением Милютина. В то же самое время он получил подтверждение от князя Черкасского, помощи которого также попросил, узнав о своем назначении. Черкасский прибыл из своего имения в Москву в тот момент, когда туда вернулся Самарин после встречи с Милютиным в Петербурге. Едва князь узнал о неожиданной миссии, порученной Николаю Алексеевичу, и о его переживаниях по этому поводу, он, с обычной для себя готовностью помочь, тут же принял решение. Не тратя ни минуты на раздумья, Черкасский оставил все свои дела и отправился в Петербург. Прямо с Николаевского вокзала он приехал к Милютину и объявил ему, что находится в его полном распоряжении. В тот же день императору в Ливадию была отправлена соответствующая депеша, а на следующий день от князя В. Долгорукова, шефа III отделения, получено высочайшее разрешение монарха на официальное участие Черкасского.

Пример Черкасского и Самарина оказался заразительным. Их соотечественники тут же выразили желание присоединиться к Милютину. Несколько видных деятелей, ветеранов и новобранцев дела, собирались добровольно встать под его знамена. Среди его прежних коллег по министерству и редакционным комиссиям несколько позже Николай Алексеевич встретил Якова Соловьева, в тот момент уволенного из Министерства внутренних дел, где ему удавалось до той поры удержаться после ухода Ланского[10].

Россия переживала один из тех торжественных моментов, когда национальный патриотизм готов на любые жертвы. Чувство единения, неосмотрительно спровоцированное дерзкими требованиями Польши, находясь в перевозбуждении от неловких

---

[10] Н. Милютин писал по этому поводу Ю. Самарину в письме от 13 / 25 сентября 1863 года: «Вы, верно, уже знаете об устранении Соловьева от земского отдела. Это сделалось совершенно для него неожиданно, под предлогом разности направления. Странно, что два года, пока был труд и ответственность, он оставался на месте, а теперь вдруг оказался вредным! Видно, в Министерстве внутренних дел есть излишество в способных людях, иначе как объяснить при настоящих обстоятельствах устранение от дела человека, очевидно доказавшего свою опытность и умение работать...»

действий русской дипломатии, внезапно охватило всю страну лихорадочным пылом и мрачной решимостью. При звуках истошных воплей Каткова и «Московских ведомостей» Россия забыла о своих недавних трудностях, иллюзиях, озабоченностях и разочарованиях. В Москве и особенно в провинции все внимание было обращено к Польше. Когда стало известно, что во главе польских дел был поставлен преданный и энергичный человек, общественное мнение безоговорочно выразило ему свою поддержку. Несчастная Польша послужила в России поводом для вспышек энтузиазма и страстной увлеченности, как двенадцать или пятнадцать лет спустя это произошло из-за событий в Сербии и Болгарии. В сознании московских патриотов всякий раз Россия отстаивала одно и то же правое дело, будь то в восставших провинциях вдоль Вислы или в долинах Дуная, поднявшихся против османского ига. В их сознании в 1863 и 1864, как и в 1877 и 1878 годах, в польских делах, как и в сербских и болгарских, на кону в разных видах всегда была одна и та же славянская идея. На берегах Вислы ей грозило латинское и западное влияние Польши, а на склонах Балкан тяжелым грузом давило доминирование Османской империи. И не стоит удивляться тому, что в этих двух близких по времени, но таких, на наш взгляд, разнородных эпизодах оказались задействованы одни и те же чувства, настроения, а иногда даже действующие лица. Когда вспыхнула сербо-турецкая война, а вскоре за ней война в Болгарии, Николая Милютина и Юрия Самарина уже не было в живых, но их друг князь Владимир Черкасский пережил их и, конечно, был в первых рядах тех военных и гражданских миссионеров, которых Москва посылала в поддержку южным славянам. Приняв на себя неблагодарную миссию организации мирной жизни на территории Болгарии, только что освобожденной царской армией, князь Черкасский как будто бы продолжал дело, начатое в Варшаве с Милютиным.

Благодаря этому порыву национального чувства так пугавший Николая Алексеевича момент превратился для него в своего рода триумф, более желанный, чем все официальные вознаграждения и знаки отличия. Вокруг него спонтанно объединились люди, которых по их характеру, таланту и работе можно было бы рассматривать как элиту нации. В любой другой стране многие из них легко снискали бы европейское признание. Складывалось впечатление, что под руководством Милютина старушка Россия была готова отправиться в крестовый поход борьбы с польско-латинским влиянием, аристократией и революцией, объединившимися против Святой Руси. В Петербурге, где обычно менее склонны к энтузиазму, чем в Москве, противники Николая Алексеевича вскоре стали говорить, что он собрал вокруг себя своего рода преторианскую гвардию, чтобы идти с ней на завоевание власти и вернуться затем в столицу империи победителем.

Глава VIII

Милютин, Черкасский и Самарин исследуют восставшую Польшу (октябрь-ноябрь 1863 года). — Встреча Милютина и генерала Муравьева в Вильне. — Совпадение их взглядов при разных побудительных причинах. — Прибытие Милютина в Варшаву. Как Милютин оказался там в антагонистических отношениях с наместником, графом Бергом. — Путешествие трех друзей по польской провинции и их впечатления

Мы уже знаем, что, когда, по воле императора и против своей воли, Николай Милютин вынужден был поехать в Польшу, из дружеских чувств и патриотизма в этой неожиданной и нелегкой миссии к нему присоединились двое его самых преданных и знаменитых соратников в великом деле крестьянской реформы. Речь идет о Юрии Самарине и Владимире Черкасском. Краткому изучению тремя москвичами восставшей части Польши, принадлежавшей России, осенью 1863 года суждено было стать отправной точкой таких глубинных политических и экономических трансформаций на берегах Вислы, следы которых не сотрутся и спустя века.

В рассказе о поездке друзей по городам и селам Польши по возможности мы предоставим слово им самим, чтобы увидеть, как без прикрас в ежедневной переписке, через спонтанные личные впечатления, выражали они свои настроения и замыслы. Пусть моим союзником при этом останется беспристрастность, которая единственно приличествует иностранцу, взявшемуся дать оценку в таком деликатном и печальном деле, не изменяя, однако, традиционным симпатиям Франции к несчастной Польше. Через свидетельства трех наиболее компетентных исследователей познакомимся с русской точкой зрения на польские дела.

Потратив месяц на предварительное изучение вопроса, Н. Милютин, Ю. Самарин и князь Черкасский наконец отправились в путь в Царство Польское. Отъезд состоялся в начале октября 1863 года. Николай Алексеевич оставил в Петербурге супругу и детей, которых не хотел подвергать опасностям в стране, охваченной восстанием. Для Милютина и его друзей это первое посещение Польши было сравнимо с открытием неизвестной страны. Их экспедиция, которая должна была изменить столь многое в Польше, была немногочисленна: Милютин, Самарин, Черкасский, один или два чиновника, делегированных петербургской администрацией, которые должны были присоединиться к ним в пути, и три молодых секретаря-переводчика составляли весь персонал.

Между Петербургом и Варшавой Николай Алексеевич сделал остановку в Вильне. Обстановка в красивой столице северо-западных областей России была мрачной и удручающей. Репрессии, как и само восстание, носили в Литве характер еще большей непримиримости и жестокости, чем в Польше. Еще больше, чем в Варшаве, жители Вильны испытывали на себе двойной террор польских революционных комитетов и русских военных комиссий. В Вильне находилась резиденция Михаила Николаевича Муравьева, знаменитого генерала, которому император доверил задачу усмирения восставших литовских провинций. В момент проведения крестьянской реформы Муравьев выказал себя одним из самых решительных и непримиримых противников Милютина и его друзей. Человек прошлого, консервативный и авторитарный из принципа и по характеру, он был в числе тех, кто больше всех возмущался революционными махинациями «красного Милютина». По странной иронии судьбы эти два антагониста 1860 года, олицетворявшие противоположные тенденции, по-разному оценивавшие крестьянский вопрос в России — защитник привилегий дворянства и адвокат крепостных крестьян, — встретились на границе империи, принужденные к невольному сотрудничеству.

Взаимная антипатия Николая Алексеевича и генерала Муравьева была известна всем. Но она не стала препятствием к их взаимопониманию, когда они встретились в Вильне. Оба понимали, что, находясь один из них в Польше, другой в западных областях России, они не могли следовать разными путями к решению аналогичных задач. Милютин сразу понял это и заглушил в себе испытываемое им неприятие личности, идей и способов действия Муравьева. Едва только дав согласие на выполнение возложенной на него сложной задачи, он стал искать возможностей согласовать действия с бывшим противником. Опасаясь, что Муравьев затаил на него старую обиду, Милютин использовал в качестве посредника генерала Зелено́го, своего доброго знакомого, отличившегося при обороне Севастополя. Генерал сначала работал в качестве заместителя Муравьева, а затем занял его пост в Министерстве государственных имуществ. Из всех министров Зелено́й был среди небольшого числа тех, на кого Милютин мог, как он считал, рассчитывать. К тому же в общении с Муравьевым Николай Алексеевич мог обойтись вообще без посредника. Как человек действия в политике, более озабоченный настоящим, чем прошлым, генерал-губернатор северо-западных областей без колебаний ответил на предложение Милютина о встрече. 25 сентября он взял на себя инициативу и написал своему прежнему политическому противнику:

> Вильно, 25 сентября 1863 года.
>
> Милостивый Государь Николай Алексеевич.
>
> До сведения моего дошло, что Ваше Превосходительство особо занимается теперь делом устройства крестьян в Царстве Польском.
>
> Предмет этот чрезвычайно важен для будущего утверждения нашего владычества в Царстве Польском и особенно в Западных губерниях. Сельское население есть единственная наша там опора; прочие сословия явно нам враждебны, угнетают крестьян и стараются восстановить их против нас. Я делаю здесь все что могу, чтоб дать сельскому населению самостоятельность и независимый быт и отнять у помещиков возможность угнетать оное; кажется, что начинаю достигать желанного результата. Крестьяне это чувствуют и почти повсеместно во вверенных мне шести губерниях,

без различия вероисповедания, содействуют правительству к подавлению мятежа и крамолы.
В Царстве Польском дело труднее, но не считаю его невозможным. Я послал уже во вверенную моему управлению Августовскую губернию особенную Комиссию, для составления предположения об исторжении из рук помещиков и управления гминных войтов[1] тамошнего сельского населения. Также об изменении принятого там порядка очиншевания. Не знаю, удастся ли мне достигнуть в Августовской губернии желанного результата, по крайней мере употреблю к тому возможные усилия; знаю только, что и там крестьяне к нам расположены; надобно только уничтожить наведенный там страх от убийств и истязаний, производимых над сельским населением революционной партиею.
Душевно желая, чтоб это важное дело, устройства крестьян, как в Западных губерниях, так и в Царстве Польском, вполне бы обеспечило будущее владычество наше в этом крае, я с радостью услышал, что предположение по Царству Польскому поручено Вашему Превосходительству, ибо вполне уверен, что если можно еще что сделать в этом отношении, то, конечно, Вы сего достигнете.
Мы должны идти в сем важном деле рука об руку, я с совершенною искренностью предлагаю свое содействие. Мы желаем одного: пользы России, и потому без всякого сомнения даже и могущее иногда произойти разномыслие не повредит делу, а послужит к выяснению оного.
Я признал нужным сообщить Вам о всем вышесказанном по полной моей готовности содействовать Вам, по крайнему моему разумению, оставаясь в уверенности, что Ваше Превосходительство с такою же готовностью присоедините и свои силы для общего нашего действия к устройству сказанного дела.
Примите уверение в совершенном моем почтении и преданности и пр., и пр.

Прочитать такое, менее чем через три года после выхода *манифеста*, от одного из наиболее ярых противников освобождения крестьян должно было быть вдвойне приятно Николаю Алексее-

[1] *Войт* — староста в сельских общинах Польши и Литвы, в те годы назначаемый помещиками. — *Прим. науч. ред.*

вичу. Для него это было как признание прошлого с одновременной гарантией на будущее. «Вот совершенно изменившийся человек!» — воскликнул он при первом чтении письма генерала. Но на деле изменение Муравьева было более внешним проявлением, чем реальной трансформацией. Как и Милютин, он хотел привлечь внимание и благодеяния правительства в Польше к крестьянам. Считалось, что именно в сельском населении он искал поддержку. Но, за исключением такого единства взглядов по общему вопросу, их побуждения резко различались. Для генерала, как и для многих его соотечественников, эта озабоченность крестьянином и простым народом объяснялась политическими соображениями. Для них аграрный вопрос был лишь аргументом в борьбе с польским влиянием. И если в западных губерниях Муравьев расхваливал и применял приемы, которые энергично отвергал и критиковал в России, то это было совсем не потому, что он перестал видеть в них революционную угрозу. Скорее это было оттого, что он рассматривал их как удобный инструмент для уменьшения влияния польских землевладельцев. И неважно, что это оружие было заимствовано из революционного арсенала. Генерал пользовался им без зазрения совести против врагов своего государя и своей страны, потому что против таких врагов лучшим было самое надежное оружие.

Совершенно иной была точка зрения Милютина, Черкасского, Самарина и их союзников. Их защита крестьянина и интересов народа не основывалась на конъюнктуре. Аграрные законы, которые им предстояло советовать ввести и применять в Польше, не были с их стороны лишь политическим решением и оправданной мерой борьбы с бунтарскими настроениями. Рекомендованные ими в Польше приемы и предложенные принципы в значительной мере уже были опробованы и приняты в России. Восстание было лишь поводом, чтобы применить эти принципы более радикальным образом, не заботясь о правах и интересах собственников. К тому же своими неприкрытыми симпатиями к бунтовщикам польское дворянство лишило себя поддержки, которую до этого имело среди представителей русской знати.

В Польше и России Милютин и его друзья, при разных обстоятельствах, в сущности, работали над одним и тем же делом. Рассмотренные таким образом, все поведение и карьера Николая Алексеевича выглядят удивительно цельно. В запутанных польских делах, чуждых его интересам и образованию, Милютин открыл некую точку соответствия своим инстинктам, задачу, схожую с той, которую ему уже пришлось решать в России. И он с жаром и страстью окунулся в работу. Это было иное и новое освобождение, которое он и его друзья должны были осуществить на берегах Вислы, наделив землей польских крестьян, как ранее русского *мужика*, потому что, по их мнению, не могло быть реального освобождения крестьян без передачи в их собственность земельного надела.

Тремя годами ранее император Александр II, представляя Государственному Совету проект *манифеста* об освобождении крестьян, торжественно выразил сожаление в том, что в Царстве Польском, как и в Балтийском регионе, бывшие крепостные освобождались, не получив в собственность части земли, которую они обрабатывали[2]. Милютину и его друзьям польское восстание давало возможность компенсировать эту несправедливость и применить в Царстве Польском законодательные меры, предназначенные к тому, чтобы оградить царскую империю от формирования из безземельного крестьянства пролетариата, который, по мнению большинства русских, был язвой западных обществ и представлял большую опасность для современного государства.

Естественно, что дозволительно иметь различные точки зрения на эти принципы и не доверять эффективности единственно славянской теории расширения национальной территории. Эти вопросы мы уже рассмотрели в других работах[3] и не будем к ним возвращаться. То, что мы должны помнить и что слишком часто

---

[2] Речь императора в Государственном Совете, произнесенная зимой 1860–1861 годов.

[3] См., в частности, [Leroy-Beaulieu 1881–1889, II, liv. VII et VIII] и [Leroy-Beaulieu 1879].

забывают в Европе, — что меры, примененные русским правительством в Польше, не были специально изобретены для подавления поляков и движимы одной лишь политической ненавистью. Их импортировали в Польшу, предварительно опробовав на русских. Правительству в Петербурге не стоило, однако, удивляться тому, что приемы, использованные на берегах Вислы, были тут же охарактеризованы европейской прессой как революционные. Разве более или менее аналогичные практики, использованные при освобождении крепостных крестьян тремя годами ранее, не были на том же основании осуждены императорским двором, дворянством и царскими советниками? Среди них были те, кто, как Муравьев, ратовал теперь за применение таких практик в Польше и радовался, видя, как беззащитная польская *шляхта* оказалась во власти «красных» законодателей из членов бывшей Редакционной комиссии.

В Вильне Милютин и Муравьев не рассуждали об этих принципах. Им не было дела до теоретических разногласий. Достаточно было единства мнений по фактическому состоянию дел и общей линии поведения. В этом их согласие было легко достигнуто, о чем можно судить по письму самого Николая Алексеевича[4].

> Вильно, 9 / 21 октября 1863 года.
>
> Мы прибыли сюда без каких-либо затруднений и без малейшего опоздания, то есть в пять часов утра. Отдохнув три часа, я отправился к Михаилу Николаевичу Муравьеву и оставался у него до четырех часов пополудни. Поскольку через час я возвращаюсь к нему на ужин, мы почти не расстаемся в течение дня. Наша встреча и все разговоры имели самый сердечный характер. Мы даже затронули прошлое, и пришли к полному согласию[5]. Все, что он мне сказал, было в высшей степени разумно и познавательно для меня. Помимо ясного видения окружающих его людей и вещей, он обладает поистине замечательными качествами администратора. Энергии ему тоже не занимать, но я был поражен в нем

---

4 Письмо Милютина супруге, отправленное из Вильны 9 / 21 октября 1963 года.

5 Милютин рассказывал, что во время встречи генерал Муравьев сказал ему по этому поводу: «Признаю, что правда была на вашей стороне».

> неким оттенком грусти, которого не замечал у него раньше и который объясняется постоянным нервным напряжением. Согласно тому, что он мне сообщил, за шесть месяцев казнили сорок восемь человек. Однако, когда думаешь, что такими суровыми мерами спасли сотни, а возможно, даже и тысячи невинных жертв, выпады европейской прессы кажутся странными, особенно если сравнить это с тем, что в настоящий момент делается в Неаполе[6]. Конечно, в делах еще много произвола, но этот произвол втóрит другому, более резкому и жестокому, исходящему от революционной или клерикальной партии. Дела, даже в Литве, еще далеко не окончены, а в том, что касается Польши, то и говорить нечего. Воздержусь, однако, от всякого окончательного суждения о тамошней ситуации, пока не прибуду на место. <...>
> В том, что касается лично меня, с того момента, как я сел в вагон, я провожу абсолютно все свое время в бумагах и деловых документах. В течение всего пути деловое рвение моих спутников не ослабевало, даже ночью, до такой степени, что мы практически не смыкали глаз. Не могу выразить, как меня это радует, потому что я не хочу терять для работы ни одного дня, чтобы не задержать без необходимости свое возвращение.

Как мы видим, Милютин торопился быстрее закончить работу и не задерживаться в пути. Он провел в Вильне лишь три дня и оттуда направился прямо в Варшаву через охваченную восстанием страну. Вот его первые впечатления от путешествия в Царстве Польском[7].

> Варшава, 13 / 25 октября 1863 года.
> Из Вильны мы выехали в субботу ночью и сюда приехали в семь вечера, без малейших приключений. Войска везде так много, что опасения нет. Грустно только видеть край в таком неестественном положении. С Муравьевым мы расстались

---

6 Милютин, несомненно, имел в виду репрессии против вооруженных сторонников династии Бурбонов на юге новообразованного Итальянского королевства.

7 Письмо Милютина супруге, отправленное из Варшавы 13 / 25 октября 1963 года.

так же дружелюбно, как и встретились. Его объяснения были мне очень полезны, и я не жалею о трех днях, проведенных в Вильне. Здесь нас встретили на станции жандармы, которые привезли на приготовленные квартиры. В Наместническом дворце (куда переведена Ратуша после пожара) оказалось так тесно, что ни один из моих товарищей не мог поместиться вместе со мною. Поэтому мы решились остановиться в бывшей Европейской гостинице, где помещение для всех удобно[8]. Насчет безопасности ты можешь быть совершенно покойна. Кругом нас бесчисленное множество часовых и полициантов, да кроме того, ко мне приставили в качестве рассыльных и телохранителей трех линейных казаков, которые своими бараньими шапками и черкесским костюмом услаждают взгляд всей компании. Даже Людаговский[9] расцвел и объявил, что он преисполнен такою воинственною отвагою, какую никогда не ощущал.

Вообще, все наше общество отличается добростью, веселостью и великим рвением работать. Арцимович[10] нам приготовил несколько преполезных материалов, но теперь ему хотелось бы скорее улизнуть отсюда, и мне это так понятно, что если б от меня зависело, я бы ему в этом конечно не препятствовал. Графа Берга я видел тотчас по приезде, а сегодня отправился опять в парадной форме и представил по очереди моих спутников. Тут же познакомился с здешними министрами, которые не внушают мне ни малейшего доверия. Для начала, Граф Берг позвал обедать сегодня всех моих товарищей без исключения, а завтра главнейших. Вообще он рассыпается в учтивостях, но на серьезное содействие — едва ли можно рассчитывать. Впрочем — увидим. Нелегко будет узнать всю подноготную, в особенности при незнании языка. Завтра же начну работать с здешними чиновниками. Пока виделся только с Краснокутским и Жуковским (здешним комендантом), — братом Степана Михайловича.

---

8 Речь идет о большом дворце Огинского, превращенном, как нам кажется, в казарму, а по окончании восстания вновь открытом как гостиница под тем же названием.

9 Один из переводчиков.

10 Виктор Антонович Арцимович, видный российский реформатор, в 1864–1865 годах председатель Юридической комиссии Царства Польского (министр юстиции). — *Прим. науч. ред.*

Генерал граф Берг, позже ставший фельдмаршалом, был назначен в Варшаву вслед за уходом великого князя Константина Николаевича. Если к моменту приезда Милютина он еще не носил титула *наместника*, который был ему придан несколькими неделями позднее, во время пребывания Николая Алексеевича в Варшаве[11], то, однако, выполнял его функции. Он был одновременно солдат и придворный, и, как многие военные, обладал бо́льшим мужеством и присутствием духа на поле боя, чем решительностью в гражданской жизни. Его природное тщеславие лишь увеличивалось с возрастом и тем самым делало его легко доступным для лести. Граф Берг был нерешителен и упрям одновременно, очень ревниво относился к своим властным функциям и был неспособен последовательно ими пользоваться.

Как мы узнали из первого же его письма, отправленного из Варшавы, Милютин вскоре после своего прибытия заметил, что не сможет во многом рассчитывать на помощь официального руководителя администрации Царства Польского. Не намереваясь долго задерживаться в Польше или быть связанным польскими делами, он не мог еще предвидеть всех трудностей и препятствий в работе, которые создаст ему граф Берг. Милютина сразу поразили в нем нехватка единого направления в действиях, отсутствие связной программы и системы. В этом отношении он находил большое различие между Литвой и собственно Польшей, что хорошо видно из его письма брату, военному министру.

> Варшава, 13 / 25 октября 1863 года.
>
> <...> Разница между Вильной и Варшавой огромная: там власть действительно восстановлена; она в себя верит и ей верят; между начальником и подчиненными (насколько я успел заметить) полное единство в стремлениях и действиях; наконец, есть план, хотя, быть может, отличающийся чрезмерной суровостью, но в основании разумный и стро-

[11] Вернувшись из поездки по деревенским местностям Царства Польского, 25 октября / 6 ноября Милютин писал из Варшавы супруге: «Я нашел Берга *в восторге* от подтверждения его функций *наместника*. В своем упоении он согласен на все, но для принятия необходимых мер одной доброй воли может быть недостаточно».

го исполняемый; здесь — ничего подобного мне еще не удалось открыть, да и едва ли откроется; во всяком случае, с первой минуты поражает взаимное недоверие и разъединение. Тут брошено такое семя взаимного недоверия не только между гражданскими и военными элементами, но даже в среде последнего, что только сильная личность могла бы связать все части и дать им одно твердое направление; а именно этой-то личности нет. Вы будете, вероятно, удивлены таким поспешным суждением, но, по дошедшим до меня слухам и, особенно, после долгих бесед с графом Бергом, не могу отделаться от самого неблагоприятного впечатления. Я очень хотел бы ошибиться и, если смогу себя убедить в этом, готов с радостью признаться в ошибке. Не могу скрыть, что я не нашел здесь никакого определенного плана. Все делается *наудачу*, по случайным соображениям, и я боюсь, что даже эффект, на который рассчитывают, едва ли удастся. <...>

Муравьев понял очень ясно, что стычки с шайками не разрешают вопроса; что надо побороть и разрушить местную революционную организацию, разорвать нити этой подземной паутины. Для этого он противопоставил свою военно-гражданскую организацию; для этого он поднимает народ и подкашивает денежные источники революции[12]. Он меня поразил ясностью взгляда (и даже ясностью речи) в этом вопросе (что, впрочем, не мешает ему во всех других общих вопросах отличаться по-прежнему крайней шаткостью понятий и речей). Дело в том, что он попал на настоящее свое призвание и до поры до времени приносит несомненную пользу. <...>

Здесь, наоборот, суровости — дело случайное. Рядом с ними — явные признаки шляхетской тенденции. К крестьянскому делу — ни малейшего сочувствия. Гражданские власти, если не помогают косвенно и тайно мятежу, то относятся к нему как-то нейтрально, и к этому все привыкли. Мне уже попались в руки некоторые документы, которые истинно *изумительны*. Я постараюсь собрать поболее и представлю при особой объяснительной записке. <...>

---

[12] С помощью штрафов и особых налогов, которыми облагаются польские землевладельцы. Двадцать лет спустя после восстания эти налоги все еще не отменены.

> В следующий раз, в качестве иллюстрации сказанного, процитирую вам некоторые детали. Первые мои разговоры с здешними властями дают мало надежды, чтобы серьезные меры по крестьянскому делу могли совершиться при настоящем составе здешнего управления.

Эти первые впечатления лишь укрепились за время пребывания Милютина в Варшаве. За официальным фасадом учтивой вежливости (граф Берг слыл одним из самых вежливых людей империи) Милютин, Черкасский и Самарин встречали лишь холодность, подозрительность и недоверие представителей администрации, которую им было поручено инспектировать. Вместо преданности делу среди русских чиновников, почти так же, как и среди их коллег польского происхождения, они находили едва прикрытую недобросовестность, что, в сущности, было понятно. Милютин, отправленный без точных инструкций, с заданием все проконтролировать, подвергнуть ревизии и пересмотреть, не замедлил возбудить тревогу административного аппарата, который чувствовал в нем врага и реформатора.

Как и любая другая, администрация Царства Польского как могла защищала свою власть, свои привилегии, деловые практики и в то же время рутину и злоупотребления. По одной только этой причине, даже не учитывая общую атмосферу в Варшаве, влияние среды и светских связей, граф Берг вскоре должен был стать естественным противником незваных гостей, приехавших из двух русских столиц, для того чтобы навести порядок в местной администрации. В качестве наместника, ревностно охранявшего прерогативы своей должности и права возглавляемой им администрации, граф невольно и даже не отдавая себе в этом отчета ставил себя в оппозицию Милютину, Черкасскому, Петербургу и Москве как защитник обломков польской автономии. Между Милютиным, Черкасским и его друзьями, с одной стороны, и графом Бергом и администрацией Царства Польского с другой, вскоре разгорелась война, поочередно тайная и открытая, которая своими перипетиями и переменными успехами, еще долго продолжавшимися, напомнила сражения и интриги, сопутствовавшие крестьянской реформе в России.

В свой первый приезд Милютин не собирался надолго задерживаться в Варшаве. Он чувствовал себя особенно неуютно в польской столице, где население упорствовало в ношении траура и выражало открытую симпатию восстанию. При этом русское правительство даже не пыталось привлечь простой народ какими-то подачками, чтобы привязать их к России, как при предыдущих военных кампаниях. Николай Алексеевич не терял из виду то, что, как он считал, было основным предметом его миссии, — крестьянский вопрос. Недоверие, которое ему внушали граф Берг и администрация края, лишь усиливало в нем желание быстрее перейти к этому основному вопросу, который вызывал в официальной Варшаве лишь отвращение или безразличие. Поэтому еще до окончательного усмирения страны он предпринял со своими друзьями небезопасную экспедицию по ее сельским областям, о чем Самарин оставил блестящий рассказ, ставший вскоре известным во всей России [Самарин 1863]. В письмах самого Милютина также повествуется, день за днем, о том, что увидели туристы-реформаторы в исследовательской поездке по польским равнинам, во время которой трое посланцев Москвы через переводчика возвещали крестьянам современное русское евангелие о праве собственности для всех.

> Варшава, 25 октября / 6 ноября 1863 года[13].
>
> Ты уже, вероятно, знаешь (от брата) о благополучном проезде нашем по разным местностям мятежной Польши. Эти объезды удались нам сверх чаянья и во всех отношениях. Погода была отличная. Сведений набрано много. На каждом шагу встречалось много интересного и своеобразного, так что возбужденный интерес ни на минуту не ослабевал. Все что нас интересовало, нам удалось разъяснить более или менее, притом результаты оказались довольно благоприятны, то есть мы нашли умственное состояние народа выше того, что вообще здесь думают и говорят. Дело в том, что это несчастное польское крестьянство, забитое

---

[13] Письмо Милютина супруге.

и запуганное панами[14] и ксендзами, не видело других представителей русской власти, кроме военных, которые собирают от них подводы, показания и подати.

В первый раз эти бедные Мазуры и Кракусы[15] увидели лицом к лицу представителей Наияснейшего Пана (т. е. Государя), которые пришли к ним говорить об их нуждах и говорили кротко и сочувственно. Поверили нам если не везде, то в большей части случаев. Во многих местах лица видимо просияли радостью, женщины плакали, обнимали колена. По мере того как мы продвигались, невольно росла надежда, что с какою-нибудь сотней умных и честных деятелей, которых, впрочем, здесь найти нелегко, а между поляками даже вовсе невозможно, можно будет наперекор всей латинской и шляхетской Польше поднять очень скоро этот угнетенный народ, который может сделаться действительной опорой для Русского Правительства.

Мы посетили лучшую часть Польши, ближайшую к прусской границе, где больше достатка и, следовательно, больше развитости. Притом для полного изложения надо добавить, что один только низший класс местного населения мог нас поистине тешить и радовать. Все же остальные: шляхта, духовенство, жиды — до того к нам враждебны, до того избалованы и деморализованы, что с настоящим поколением едва ли можно что-нибудь сделать. Один только страх может обуздать общество, в котором извратились все нравственные основы, так что ложь, лицемерие, воровство и убийство возведены на степень героизма и добродетели. Законной представительной власти здесь нет никакой. К стыду нашему, мы ничего не сумели здесь организовать. Вся полиция, вся администрация, весь суд — в руках враждебной нам шляхты, а вне губернских и уездных городов у правительства нет ни единого агента, ни единого надежного представителя. Тупоумие, с которым мы позволили все это устроить у себя под носом, превосходит всякое вероятие.

---

[14] *Пан* в польском языке, как известно, имеет значение *повелитель*, а также *господин*. Это слово также часто используется русскими для обозначения польского дворянства.

[15] *Мазуры*, население Мазовии, центральной части Царства Польского вокруг Варшавы; *Кракусы*, жители региона в верхнем течении Вислы.

Такие вылазки в стране, где везде еще бродили вооруженные банды, проходили не без трудностей и опасных эпизодов. Нельзя было путешествовать без военного сопровождения, и, в продолжение этого письма, прерванного на какое-то время дорожными обстоятельствами, Милютин рассказывает супруге о некоторых приключениях, случившихся в пути.

> 25 октября / 6 ноября 1863 года[16].
>
> В ночь с субботы на воскресенье я выехал по Венской железной дороге вместе с Самариным и Черкасским. Прочих мы оставили в Варшаве. Арцимович, самым дружелюбным образом, вызвался нас сопровождать в качестве переводчика и принес нам превеликую пользу. Начальником нашего конвоя был флигель-адъютант Анненков, решительный юноша и молодец в полном смысле этого слова[17]. Благодаря ему все шло как по маслу. По железной дороге мы проехали с небольшим сто верст в сопровождении начальника линии, барона Радена, двоюродного брата Эдиты Федоровны[18]. На рассвете мы пересели в две придворные коляски, высланные накануне, и поскакали под конвоем полусотни линейных казаков и полуэскадрона улан. Целый день, с восьми часов утра до шести вечера, мы переезжали из деревни в деревню, из местечка в местечко, останавливаясь везде для расспросов, осмотров, устрашения войтов и бургомистров[19] и успокоения народа. Первый ночлег был в Лодзи, самом большом городе Польши после Варшавы, с сорока пятью тысячами жителей и со множеством фабрик. На другой день повторилось то же самое, но к ночи выехали опять к железной дороге около Пётркува. Вся посещенная нами местность одна из самых повстанческих. В местечках и теперь кишит население, из которого образуются шайки. Мы посетили немецкие колонии, где шайки хищников, как выражаются наши линейцы, загубили множество немцев.

---

[16] Письмо Милютина супруге.

[17] В настоящее время генерал Михаил Николаевич Анненков, недавно назначенный заместителем руководителя большого исследования о железных дорогах.

[18] Фрейлина и доверенное лицо великой княгини Елены Павловны.

[19] *Войты и бургомистры* — представители землевладельцев.

При полном успехе наших сношений с народом, общее настроение было самое бодрое, здоровое. Военные начальники нас принимали с распростертыми объятиями. Не говоря уже о линейцах, которые поистине изумительны своим молодечеством, умом и ловкостью, мы были поражены неистощимой веселостью и бодростью всех вообще солдат без исключений.

Когда после двухдневного объезда мы выехали опять на железную дорогу, то благоразумие заставило меня отделиться от своих товарищей. Они поехали дальше к австрийской границе, а я, скрепя сердце, чтобы не задерживать варшавской работы, принужден был воротиться. В этот день сожжено было два моста, так что пришлось взять экстренный поезд и пересаживаться с одного локомотива на другой, довольствоваться иногда вместо вагона открытой платформой. Меня сопровождали стрелки, которые все время буффонили и распевали песни: «Пойдем Польшу усмирять»[20] и тому подобное, так что этот обратный путь совершился самым увеселительным образом.

Что касается моих спутников, Самарина, Черкасского, Арцимовича и Анненкова, то они объехали еще несколько деревень около Олькуша, и сейчас вернулись в том же бодром расположении духа, в каком я их оставил. По их рассказам, хотя тамошние крестьяне гораздо беднее, но обнаруживали ту же степень развитости, и то же безусловное доверие к русскому правительству. Это тем более удивительно, что там над ними свирепствует Князь Витгенштейн, который перенес на польских крестьян свою подлую помещичью ненависть. Самарин, как родственник, поехал именно с целью обуздать этого дурака, но возвратился без большой надежды на исправление. Это единственная темная сторона нашей экспедиции.

Эти письма, искренность которых сквозит в каждой строке, показывают, каково было положение польского крестьянина в самое время восстания. Ничто не дает лучше понять, насколь-

---

20 «Пойдем Польшу покорять», — мне попадался также вариант *усмирять*, имеющий аналогичный смысл. Речь идет о песне, написанной к случаю самими русскими солдатами или кем-то для них.

ко всякая попытка бунта среди такого народа была безумной. Хотя, по признанию Милютина и его друзей, моральный дух польского крестьянина был гораздо выше того, что о нем говорили в Петербурге и даже в самой Варшаве, его вековое унижение сделало его глухим или бесчувственным к идеям отечества и нации. Но при этом он охотно прислушивался к речам московских миссионеров, которые, от имени царя, объявляли ему об отмене барщины и обещали собственность на землю[21].

Эта поездка, пробудив надежды Милютина, Черкасского и Самарина, открыла им весь масштаб и трудность возложенной на них задачи. Разуверившись в гражданской администрации Царства Польского, Милютин, вернувшись в Варшаву, не видел никакой возможной силы вне диктаторской системы и помощи военных чинов, призванных из армии[22]. И действительно, несколько позднее ему пришлось прибегнуть именно к этим крайним мерам. Видя, как у него все прибавляется работы, вынужденный все время откладывать свое возвращение, он с грустью предчувствовал, что разработанный им и его друзьями план реформ, за неимением способных и преданных делу исполнителей, возможно, придется применять на практике им самим. А пока, спеша быстрее покинуть Варшаву, Николай Алексеевич работал день и ночь, безжалостно напрягая свой ум и силы и рискуя навсегда подорвать едва восстановленное здоровье.

---

[21] Польские повстанцы сами прекрасно отдавали себе в этом отчет. Так, чтобы привлечь крестьян на свою сторону, они не колеблясь давали такие же обещания. В результате между правительством и восставшими возникло своего рода соперничество в использовании одинаковых приманок.

[22] «С тем составом Варшавского совета, который имеется сегодня, невозможно ничего предпринять. Необходимо действовать *диктаториально.* Нечего и думать о том, чтобы действовать иначе» (из письма супруге от 25 октября / 6 ноября 1863 года). И немного далее, в том же письме, говоря о помощи, которую ему случалось получить от офицеров, Милютин добавлял: «Не сомневаюсь, что среди них можно найти людей очень полезных для местной администрации».

Варшава, 27 октября / 8 ноября 1863 года.

С возвращением в Варшаву мы опять принялись за сидячую жизнь[23]. Из своего дворца[24] мы почти не выходим, все сидим за бумагами, и чтобы разогнуть спины, только время от времени ходим по нашим огромным залам или маленькому дворцовому саду. Утро все проходит в деловых объяснениях с чиновниками и в чтении бумаг. Но главная работа происходит ночью, тем более что здесь решительно спится менее обыкновенного, так велико желание развязаться скорее с этой страной.

Сегодня хотелось писать Дмитрию полуофициальное письмо о состоянии наших работ, с тем чтобы он доложил Государю по возвращении из Ливадии[25]. Но подробный отчет, который мы готовим о нашей поездке по Царству, еще не поспел, и потому отлагаю до следующего фельдъегеря. Отчет этот не только даст понятие о наших работах, но познакомит частью и с сущностью дела. Мое желание — подготовить в Петербурге мнение к тому, что мы привезем, и вот почему мы решились посвятить несколько лишних дней на составление отчета. Прочти это Дмитрию, которого прошу доложить при случае, что мы главные материалы уже собрали и что надеемся все кончить к половине ноября[26].

---

23 Из письма Милютина супруге (Варшава, 27 октября / 8 ноября 1863 года).

24 Милютин и его друзья разместились в замке графа Брюля. «Мы не могли, — писал он супруге 16 / 28 октября, — продолжать жить в отеле “Европа”: слишком много шума и бесконечных хождений взад и вперед, как во всякой казарме. Поэтому мы сегодня разместились во дворце Брюля, где занимаем весь второй этаж. Пишу это письмо за столом, служившим местом, где маркиз Велёпольский вел свои хитроумные записи. А сейчас стол покрыт бумагами другого рода».

25 Император вернулся в Петербург не перед приездом Милютина, как тот предполагал, а сразу после. Поэтому Николай Алексеевич смог сам представить ему доклад.

26 В письме от 30 октября / 11 ноября Милютин снова вернулся к теме доклада: «Наша работа *кипит*, хотя я очень опасаюсь, что она не будет окончена даже к 15 ноября. В настоящий момент мы завершаем описание поездки. Надеюсь, что эта дополнительная работа будет иметь то преимущество, что позволит лучше познакомить с нашими взглядами».

В настоящий момент основная забота трех друзей состояла, как это видно, в координации наблюдений, сделанных в их поездке, для внесения в доклад, предназначенный императору. Естественно, что составлять сам доклад, который должен был подготовить умы к тем радикальным мерам, которые троица исследователей посчитала необходимыми, было поручено Ю. Самарину, бывшему в то время, вероятно, самым блестящим публицистом империи. Как мы видим из предыдущего письма, Милютину очень хотелось представить этот труд непосредственно императору без посредничества графа Берга, варшавской администрации или Комитета по делам Царства Польского в Петербурге, которого Милютин также опасался. Действительно, во всем этом предприятии он должен был, сколь возможно, обращаться непосредственно к императору, либо сам, либо через своего брата, военного министра, помимо различных имперских канцелярий или администрации Царства Польского.

3 / 15 ноября Николай Алексеевич отослал наконец в Петербург этот доклад, которому придавал такое большое значение. Дабы избежать риска его разглашения, из предосторожности он довольствовался услугами «очень посредственных переписчиков», даже если, как он сам заметил, «придется еще раз переписывать доклад в Петербурге в случае, когда он окажется негодным для его представления Государю»[27].

Отправляя доклад брату, которому он поручил передать его императору, Милютин сопроводил отправку конфиденциальными замечаниями, предвидя на будущее трудности и грозы над своей головой.

Варшава, 3 / 15 ноября 1863 года[28].

О затруднениях в наших работах я выразился сколь можно мягче. В действительности, все здешнее Гражданское Управление, показывая наружное повиновение, не только не об-

---

[27] Письмо от 3 / 15 ноября 1963 года.

[28] Письмо генералу Дмитрию Милютину.

> наруживает ни малейшего сочувствия к восстановлению Русской власти, но, очевидно, этому противодействует. Наша главная забота: придумать реформы, найти средство их исполнить, и над этим мы больше всего ломаем головы. Впрочем, об этом впереди. Теперь начали проектировать заключения, которые я предъявлю Гр. Бергу и Муравьеву. От первого нелегко будет получить искреннее и категорическое мнение. Авось к 15 ноября удастся нам кончить. Кроме личной потребности вырваться скорее из этой душной и смрадной Варшавы, мы каждый день более и более убеждаемся, что мешкать решительно нельзя. До весны остается так мало времени, что страшно подумать, как успеем мы справиться, если желаем что-нибудь серьезное сделать.

В этом же письме Николай Алексеевич с возмущением сообщает, «как об одной из самых циничных мистификаций администрации края», о проекте Варшавского государственного совета ввести в стране, в качестве военной контрибуции, дополнительный налог на соль в размере четырех миллионов рублей. Бремя этого налога предстояло нести народу, симпатии которого Милютин, наоборот, хотел повернуть в сторону доминирования России. Николай Алексеевич заканчивает письмо словами: «В сущности, невозможно без горечи видеть все, что здесь делается для компрометирования власти». Он считал, что такие меры, способные лишь возбудить недовольство масс, были не просто неумелыми действиями, а, скорее, могли квалифицироваться как акт сообщничества с восставшими.

Во время этого пребывания в Варшаве несколько искусственное возбуждение и увлеченность первых недель все больше уступали место печали и унынию. В письмах Милютина, при все возраставшем нетерпении, заметны усталость и беспокойство. На месте друзья не получали поддержки ни среди польского населения, ни в русской администрации. Они вели дела крайней степени сложности с недостаточным предварительным изучением ситуации и негодными средствами к действию. В Варшаве на всех уровнях власти они ощущали неприкрытую недобросовестность. В Петербурге их ожидало прежнее недоверие и перспективы новых интриг. Перед лицом таких затруднений легко понять плохое настроение Милютина и раздраженный тон его писем. Из сквозящей в них горечи видно, что он почти ненавидел Польшу за то, что она отняла его у России и у реформ, о которых он столько мечтал, и не дала взамен ничего, кроме все возраставших трудностей. То, чего он опасался более всего, — это остаться надолго связанным польскими делами. Вещью, которую он не мог простить графу Бергу, было его назначение на пост заместителя председателя Городского совета Варшавы, в котором председателем был сам Берг, с целью нейтрализации или подчинения Николая Алексеевича. Милютин не хотел слышать ни о каких комбинациях такого рода[29]. Но, несмотря на свое сопротивление увязанию в польских делах, чем больше препятствий возникало перед ним, тем больше он свыкался с этим неприятным обстоятельством. Милютин обладал силой характера, которую препятствия могли возбудить к борьбе, но не сломить и не вынудить отступить.

> ...Все как в прошлом[30]. Мы работаем до полного истощения сил, а работе этой еще не видно конца. Дела, которые нам поручили, сложны, и здесь мы не находим никакой помощи. Нам также следует проявлять большую осмотрительность, чтобы не ввести правительство в заблуждение. Каждый день мы наталкиваемся на новые неясные вопросы, и, чтобы прояснить их один за другим, требуются собрания, расследования, сбор разнообразных сведений, и на все нужно время. Тем не менее я надеюсь все завершить к середине ноября, хотя и не могу еще назвать день моего возвращения...

---

[29] Письмо от 3 / 13 ноября и 25 октября / 6 ноября 1863 года. В нем Милютин говорит: «Берг упорствует в желании назначить меня заместителем председателя Варшавского совета. Он, несомненно, напишет что-то об этом Государю. Надеюсь, что они ничего не предпримут, не выслушав меня предварительно. Иначе мне придется представить свою отставку».

[30] Письмо Милютина супруге (Варшава, 6 / 18 ноября 1863 года).

...Наша жизнь так монотонна[31], наши занятия по одному и тому же предмету так малопривлекательны, что иногда все принимает мрачную окраску и всякого рода опасения легко закрадываются в душу <...> Мне особенно мучительно видеть, что наша работа задержит нас здесь дольше, чем я предполагал, но остановиться на полпути уже невозможно...

...Дело, которое нам навязали, мы справляем по совести, а затем интриги, какие могут обнаружиться в Петербурге, меня не пугают[32]. Если мои предположения не будут приняты, то тем легче мне будет отделаться от этой беспутной Варшавы. Возвращение мое сюда было бы для меня самым тяжелым испытанием. Ты не поверишь, до какой степени все классы здешнего населения политически деморализованы. Всюду ложь, лицемерие, трусость и зверство. Теперь здесь прекратились убийства из-за угла, потому что коноводы вывели в леса всех ножевщиков, которых напугали последние казни. Что за общество, в котором можно успешно действовать одним только страхом!
Внешних событий в нашей жизни не бывает. Все поглощено умственною деятельностью, а о ней говорить трудно. Авось скоро увидимся и наговоримся досыта. Впрочем, на этих днях было у нас маленькое развлечение: мы открыли Русскую школу, в которую с первого же дня записалось уже более ста детей! Странно сказать, что в продолжение сорокавосьмилетнего владычества ни одна Русская власть об этом не подумала! Пришли мне детские книги и учебники.

Каждый день пребывания здесь мне становится все тошнее[33]. Нужна большая сила воли, чтобы спокойно кончить начатое дело. Работы наши продвигаются вперед. Ничего не жалеем, чтобы привезти что-нибудь полное и оконченное. Перед нами белеет уже конец этой тяжкой дороги, которая навсегда останется в моем воображении чем-то по-

---

[31] Также письмо супруге (Варшава, 16 / 28 ноября 1863 года).

[32] Также письмо супруге (Варшава, 10 / 22 ноября 1863 года).

[33] Письмо Милютина супруге от 13 / 25 ноября 1863 года.

> хожим на болезненный кошмар. Но, может быть, в последнюю минуту обнаружатся какие-нибудь неожиданные недоумения, которые потребуют день-другой для разъяснения. Здесь все нужно разъяснять самому, «собственным умом», как говорит Гоголь; никто не надоумит, не объяснит наших сомнений. Вот почему я не смею еще определять времени нашего возвращения, хотя твердо желаю и надеюсь тронуться отсюда на будущей неделе.

В конце ноября, после двухмесячного пребывания в Польше, Николай Алексеевич смог наконец оторваться от того, что он называл *каторжной работой*[34]. Радость возвращения была омрачена для него лишь перспективой новой борьбы в Петербурге и, возможно, новой поездки в будущем на берега Вислы. 26 ноября / 8 декабря 1863 года он вернулся в столицу после остановки на несколько часов в Вильне для встречи с генералом Муравьевым, чтобы представить ему новые проекты реформ, которые вез из Варшавы.

---

[34] Из письма от 17 / 29 ноября.

Глава IX

Возвращение трех друзей в Санкт-Петербург (декабрь 1863 года). Атмосфера секретности, которой они окружают свои проекты. — Аудиенция у императора и его одобрение. — Создание Комитета по делам Царства Польского. Вхождение в него Черкасского и Самарина вместе с Милютиным. — Сопротивление князя Горчакова и большинства министров проектам трех друзей. — Победа проектов при поддержке императора

Новые трудности ожидали Милютина и его друзей сразу по их возвращении в столицу империи. Они вернулись с планом реформ и законченной программой, которые предстояло утвердить в Петербурге и обеспечить их выполнение в Варшаве. И то и другое было трудновыполнимо почти в равной степени. Отбросив сомнения и обретя свою привычную уверенность, Николай Алексеевич пришел к убеждению, что среди нагромождения множества польских дел, в которых он рисковал погрязнуть, ему, вместе с его соратниками, удалось открыть единственный спасительный путь. Он был полон решимости указать этот путь императору и всей России.

Вопреки предположениям Милютина, к моменту его приезда в Петербург император еще не возвратился из Ливадии, где на живописном южном побережье Крыма в окрестностях Ялты он каждый год продлевал наслаждение погожими осенними днями[1].

---

[1] Фраза полностью переделана, так как в оригинальном виде выдает незнание автором климатических условий и географических названий Крыма. — *Прим. перев.*

Долгая русская зима, сезон светской жизни в Петербурге, как, впрочем, и в Париже, наступила за несколько недель до этого. Весь высший свет вернулся в безлюдную летом столицу. Возвращение Милютина, Черкасского и Самарина стало важной городской новостью. Трое друзей везде возбуждали естественное любопытство. Что они делали в Польше? Почему вернулись? Какие планы привезли с собой? Эти вопросы были у всех на устах. Троицу реформаторов окружили вниманием, их расспрашивали, приглашали повсюду вместе или поодиночке. Все хотели их видеть и слышать.

Такая предупредительность не всегда объяснялась симпатией. Значительная часть высшего общества и официальный мир по-прежнему проявляли открытую враждебность к Милютину и его друзьям и не скрывали неодобрения проектов, которые приписывались нашим реформаторам. Вспомнив приемы, использованные австрийским правительством в отношении поляков в Галиции в 1846 году, злые языки окрестили их короткую вылазку в Польшу «научной экспедицией» с тайной целью настроить крестьян против землевладельцев. Авторство шутки, имевшей большой успех, приписывали князю Суворову. Комментарии относительно миссии Милютина в Польше были неоправданными и недоброжелательными, тем более что в отсутствие императора троица друзей не разглашала никаких сведений о своей поездке. Политики и скучающий от безделья высший свет Петербурга решительно не могли рассказать о ней ничего, что удовлетворило бы любопытство канцелярий и светских салонов.

Если Милютин и его друзья не хотели заранее информировать публику о своих проектах, то делалось это не только из уважения к императору. Наученные горьким опытом кампании по освобождению крестьян в России, они опасались, что, обнародовав заранее свою программу, тем самым отдадут ее во власть критики, недобросовестности и интриг. По их мнению, лучшим средством сбить с толку петербургских и варшавских интриганов было хранить в тайне свои планы и раскрыть их лишь императору, надеясь быстро получить его одобрение.

Такая тактика не могла прийтись по вкусу ни высшим чиновникам, ни петербургским друзьям Милютина. Одни в силу своего положения, другие из дружбы считали, что заслужили право все знать. Таким образом, обет молчания, соблюдаемый по отношению ко всем, возмутил некоторых представителей знати, таких, например, как начальник III отделения князь Долгоруков, который, в силу своего положения, считал, что имеет право быть посвященным во все секреты. Отчасти из-за него секрет стал даже поводом для временного охлаждения в отношениях Милютина с великой княгиней Еленой Павловной. Пригласив к себе, одного за другим, Милютина, Черкасского и Самарина, исповедовав, если можно так сказать, каждого из них в отдельности и всех вместе, великая княгиня была несказанно удивлена, услышав от них лишь яркие описания путевых впечатлений и мрачных картин ситуации в Царстве Польском, но ни слова об их будущих проектах. Елена Павловна была этим настолько уязвлена, что как-то сказала Милютину, что «никто вокруг нее не хочет верить в ее неведенье, и она не понимает, чем заслужила такое неуважение к себе с его стороны». К счастью для Николая Алексеевича и его друзей, через несколько дней возвращение императора в Петербург положило конец их неловкому положению.

События показывают, что осторожность Милютина не была бесполезной. Он не зря желал обсуждать дело сразу и непосредственно с императором, который, таким образом, не был заранее проинформирован о планах Николая Алексеевича из других источников. После долгой беседы император выразил свое полное согласие с планами человека, которого по своей же инициативе послал в Польшу. Однако, по заведенному в его правление порядку, для начала он решил передать предложения своих посланцев для изучения в специальный комитет, сформированный по большей части из руководителей различных министерств. Вот как в конфиденциальном письме, отправленном, по обыкновению, путями, минующими почтовое ведомство, Милютин описывал аудиенцию у императора князю Черкасскому, который вместе с Самариным накануне уехал из Петербурга в Москву.

Санкт-Петербург, 25 декабря 1863 года.

Спешу известить Вас, добрейший Князь, что до сих пор успех превзошел все мои ожидания. Работы приняты радушно, даже дружелюбно. Доклад продолжался два часа. Началось с самых ласковых расспросов о вас обоих. Известие о нездоровье и поездке Юрия Федоровича было принято с непритворным сожалением. Мне поручено вам обоим передать решительное желание видеть вас тотчас после праздников[2]. Затем началось чтение со словесными пояснениями. Кроме доклада я прочел некоторые места объяснительной записки. Все прочее рассказано мною изустно. Выражено желание на досуге прочесть все, для чего все бумаги оставлены в кабинете (т. е. не сданы в Статс-секретариат)[3]. В главных пунктах не было ни малейшего несогласия, ни даже сомнения. Наконец перешли к вопросу о порядке рассмотрения. Личные вопросы поставлены были прямо и самым дружеским образом. Решено назначить особый комитет под председательством Князя Гагарина, из Кн. Долгорукова, Чевкина, Зеленого, Валуева, Рейтерна, Платонова и Очкина. Затем членами назначены Вы, Арцимович и я. Делопроизводителем — С. М. Жуковский. Сегодня это повеление было объявлено официально Гагарину и мне. Об Арцимовиче я счел долгом настаивать, потому что оставить его в стороне — было бы решительно отбросить его в противоположный лагерь. Общее участие в деле установит, как я надеюсь, некоторые нравственные связи. Князь Горчаков будет приглашен в особое заседание, где будет прочитан собственно доклад и самое рассмотрение дела начнется после в комитете.

Из всего этого вы видите, что вам мешкать в Москве — нельзя. Ради Бога, приезжайте скорее. Вы уже столько сделали, что, конечно, не покинете меня в такую нелегкую минуту. Недоброжелательства будет много, и ваше участие необходимо, чтобы не исковеркали дело. Мне ужасно тяжело было отказаться от содействия Юрия Федоровича, тем более что наконец представилось приличное положение. Ввиду его заграничной поездки назначение его в комитет

---

2 Рождественские и новогодние праздники.

3 Милютин и его друзья не испытывали никакого доверия к руководителю этого Статс-секретариата, господину Платонову, который был женат на польке.

> устранилось, но если планы его могут измениться, то ему можно будет попросить дополнительное повеление.
> Напишите словечко: когда вы будете? Ожидаю Вас с нетерпением. Жду также известий от Юрия Федоровича. Дружески жму Вам обоим руки. Спасибо за помощь, много раз спасибо.

Как мы видим, новый комитет состоял почти целиком из одних министров. Среди последних некоторые не скрывали антипатию к «революционным» предложениям Милютина. Другие и вовсе слыли его личными врагами. Поэтому Николаю Алексеевичу пришлось вскоре умерить свой оптимизм. В Комитете по делам Царства Польского вскоре возобновился прежний антагонизм редакционных комиссий времен отмены крепостного права. К счастью, в конце концов к Милютину снова присоединились его двое друзей и спутников в поездке. Ему не без труда удалось ввести их в состав нового комитета. Для этого пришлось преодолеть двойное препятствие: бюрократическое сопротивление и настроения его друзей. Самарин, уставший и в какой-то момент заболевший, объявил о своем намерении уехать за границу для восстановления здоровья. А князь Черкасский отказывался войти в состав комитета без Самарина. Следующее письмо Милютина, адресованное двум друзьям, показывает, каким образом, благодаря поддержке императора, он смог преодолеть первые трудности и какую позицию в польском вопросе заняли основные члены правительства.

> Санкт-Петербург, 2 / 14 января 1864 года.
> Пишу Вам наскоро, любезный князь и Юрий Федорович, хотя не знаю, когда дойдет до Вас это письмо[4]. Ваши письма и растревожили меня и искренно обрадовали: возникшие опасения обнаружили мне, что я распорядился не совсем ловко; с другой стороны, я искренно обрадовался, что заграничная поездка может быть отложена, и, следовательно, вы оба не покинете меня до последней минуты. Сейчас я воротился от Государя, которому откровенно объяснил все дело. Эти объяснения (как я и ожидал), приняты были вполне

---

[4] Ввиду отсутствия надежного способа доставки и вне услуг официальной почты.

благосклонно и радушно. Уже прежде Государь выражал сожаление, что нездоровье Юрия Федоровича мешает ему принять участие в комитете. Поэтому мне нетрудно было поправить дело. Вместе с сим пишу Платонову[5], что Государь назначает Юрия Федоровича членом комитета, и не могу передать Вам, с какой радостью исполняю это поручение. <...>
При настоящем направлении дела, я опасался только одного, чтобы какие-нибудь частные исправления (при неизбежной спешности) не нарушили общей экономии проектов и не породили противоречий. Теперь, при содействии вас обоих, эти опасения значительно уменьшаются. При том, в виду возникших уже затруднений, каждому придется известная доля работы. Ради Бога, не засиживайтесь в Москве. Жду Вас с большим нетерпением и надеюсь, что теперь ничто не помешает довершить начатое дело. <...>
В прошлую субботу Государь собрал некоторых лиц и выразил им свое одобрение общей программы, изложенной в докладе. Оппозиция *замерла*. Только кн. Горчаков выразил свои замечания. Тут придется Вам особенно поработать, чтобы рассеять некоторые странные сомнения. Князь Гагарин поддакивал самым энергичным образом. Чевкин — тоже. Был и граф Панин, который вступает в комитет на место кн. Долгорукова, отказавшегося по причинам довольно понятным. Граф Панин, несмотря на легкий оттенок оппозиции, был невыразимо мил и любезен. Одним словом, все обошлось как нельзя лучше. Даже Валуев приятно улыбался, храня, впрочем, упорное молчание. Все эти приятности, разумеется, не ослепляют меня. В глубине души чувствуются признаки возникающей бури. Поэтому ваше содействие очень-очень нужно. <...>
Может быть, до Вас уже дошло о назначении меня статс-секретарем[6]. Враги радуются, я тоже, следовательно все довольны. Подробности до свидания. Надеюсь, что оно не замедлится.

---

5 Валериан Платонович Платонов, министр статс-секретарь Царства Польского с правом присутствия в Государственном Совете. — *Прим. перев.*

6 Титул статс-секретаря в России является почетным и чисто декоративным. Чаще всего он дается чиновникам высшего уровня, которых не хотят назначать в министерство. По этой причине Милютин с иронией говорит о своем назначении, которое на несколько лет отняло у него надежду на возвращение к делам.

Самарин и Черкасский не замедлили откликнуться на зов друга. В противоположность Милютину, знакомому с бюрократическим механизмом, ни Черкасский, ни Самарин не провели достаточно времени на казенных должностях[7]. Они казались чужими в компании чиновников, носивших высшие титулы Табели о рангах. В чиновном мире и министерских кабинетах удивлялись и негодовали по поводу присутствия двух любителей, «этих дилетантов политики», на заседаниях комитета. Их вхождение в дела через потайную дверь возбуждало естественное любопытство и зависть министров, которые видели в этих наделенных предприимчивостью и красноречием людях, пребывавших на нижних ступенях Табели о рангах, будущих опасных конкурентов. В силу необычного для России феномена в Милютине и его друзьях видели лидеров партий, формирующих правительство с помощью новой политической комбинации, опираясь на значительную часть общественного мнения. Это обстоятельство не могло привлечь на сторону Милютина и его друзей симпатии официального мира.

Январь и февраль 1864 года прошли в изучении и обсуждениях в комитете проектов, привезенных из Варшавы тремя друзьями. Дебаты проходили не без борьбы. Если император и выразил открытое одобрение проектам своих *посланцев*, то большинство министров были к ним настроены более или менее враждебно. В силу природной умеренности своего характера, антипатии к резким и насильственным приемам, а может быть, также мирясь с окружавшими его мнениями, император возложил на комитет обязанность одобрить или подвергнуть изменению реформы, вводимые в Царстве Польском.

Программа трех друзей, с энтузиазмом принятая московской прессой (которая угадала дух программы до того, как ознакомилась с ее текстом), встретила ожесточенное сопротивление при дворе и среди петербургского высшего света. Атаке подвергались одновременно направление мысли авторов и предлагаемые ими меры. Как говорил, не без некоторого презрения, сам Милютин,

---

[7] Черкасский и вовсе всегда работал только на выборных должностях.

против него выступил салонный или коллежский либерализм, не забывая также о естественной симпатии русских аристократических кругов к польскому дворянству и их неприятии любого аграрного закона. В силу одного из столь частых в России идейных поворотов Польша, за полгода до того находившая в империи защитников «лишь среди законченных нигилистов»[8], в январе и феврале 1864 года вновь начала возбуждать сострадание и даже симпатию части русского общества. Суровые меры, принятые Муравьевым в Литве, вызвали устойчивые сомнения в их правомерности. Имя генерал-губернатора Вильны, в Москве возведенного в ранг национального героя, часто поносилось в петербургских салонах. Восстание в Польше было едва подавлено или еще тлело, а многие русские уже взывали к умиротворению и милосердию к побежденным.

Многие хотели завоевать симпатии поляков великодушием и уступками, которые после поражения мятежа не могли рассматриваться как признак слабости. Любая уступка подразумевала более или менее полный возврат к режиму польской автономии. Однако по мнению Милютина, Черкасского и Самарина, согласных в этом с Катковым и «Московскими ведомостями», любая политика такого рода была бы для России заблуждением. Проводя ее, царское правительство лишь откладывало бы на будущее новое восстание и неизбежные новые суровые меры по его подавлению.

Наши друзья считали, что само социальное состояние Царства Польского, полностью находившегося в руках *шляхты*, не представляло никакой основы для образования автономного конституционного правительства. Если верить их недавнему изучению сельских районов Мазовии, европейское представление о Польше было химерой, состоявшей из условностей, ничего общего не имевших с настоящей Польшей, где не было ни буржуазии, ни народа, достойного этого имени. На берегах Вислы либерализм, говорили они, уже давно не порождает ничего, кроме безвыходных ситуаций и кровавых революций. Опыт был проведен:

---

[8] Из письма брата, генерала Д. Милютина, от 9 мая 1863 года.

Польше нужны были не политические права, которыми она не в состоянии пользоваться, а экономическое обновление, которое изменит ее лицо и возродит к жизни народ. После стольких проб и ошибок царское правительство должно чувствовать обязанность смело провести радикальную трансформацию страны, органическое изменение всех ее институтов. Для такой трансформации, проведения которой требует двойной интерес русского государства и народа Польши, необходимо отказаться от всякой автономии.

Такие взгляды далеко не единодушно принимались всеми царскими советниками. Во главе оппозиции стоял князь Горчаков, которому его мастерство дипломата в этот трудный период принесло огромную популярность. Такая внешняя непоследовательность со стороны одного из тех, кто способствовал отправке Милютина в Польшу, легко объясняется. Канцлер в своей роли министра иностранных дел естественным образом был озабочен иностранным общественным мнением и взглядами, царившими при европейских дворах. Он напоминал, что автономия Польши была санкционирована международным пактом и что Россия торжественно обязалась создать в Польше собрание представителей различных институций. Этому аргументу, без контекста взятому из европейского публичного права, троица наших московских друзей противопоставляла тот факт, что своим восстанием поляки собственными руками уничтожили венские договоренности. А следовательно, Россию ничто не обязывало строго соблюдать обязательства 1815 года, на которые Австрия и Пруссия уже давно не обращали никакого внимания. Канцлер и противники Милютина, Черкасского и Самарина отвечали, в свою очередь, что, вводя в Польше режим аграрных законов, вместо того чтобы умиротворить страну и смягчить враждебность Запада, Россия подвергала себя риску порождения новых опасных осложнений. Трое друзей отвечали на это, что Россия имела право делать в Царстве Польском то же, что она только что сделала в империи, добавляя, что, сделав это скоро и решительно, она приведет в замешательство всех внешних врагов. Они полагали, наконец, что, выступая в Польше защитником крестьян, русское правительство изолирует аристократию и склонит к своему проекту большинство народа.

После долгих и нелегких обсуждений трое друзей смогли настоять на своем, хотя втайне большинство комитета оставалось скорее враждебно их планам. Как недавно при работе в редакционных комиссиях, они, возможно, были обязаны успехом не столько своему упорству и красноречию, и даже не воле императора, а скорее поддержке московской прессы и общественного мнения, которые, не обращая внимания на петербургский высший свет, шумно высказывались в пользу их системы. Аграрные законы были одобрены. На улицах Варшавы и в сельских районах указ о передаче земель польским крестьянам вскоре был торжественно зачитан специальными глашатаями «от имени наместника Царства Польского».

Глава X

Милютин и его друзья готовят применение указов 1864 года. — Уход Самарина, «который оставил за собой работу в балтийских губерниях». — Милютин и Черкасский делят между собой работу, первый в Петербурге, второй в Варшаве. Черкасский принимает руководство внутренними делами в Польше. Приезд Милютина для организации этого назначения. — Набор членов в сельские «комиссии». — Милютин сам обучает членов комиссий, читая им своего рода курс по крестьянскому вопросу

Сформулированные в виде указов, проекты Милютина, Черкасского и Самарина должны были быть приняты к исполнению. При скрытой враждебности высшей администрации Петербурга и Варшавы это было нелегким делом. В России, более чем в других странах, не все проблемы решались одним лишь принятием закона. Милютин знал это лучше, чем кто-либо. Он так и не простил себе, что не смог взять на себя руководство применением на практике Положений 19 февраля 1861 года. В Царстве Польском, где образованные классы общества были единодушно против новых указов, моральные и материальные трудности их исполнения были еще бóльшими. Препятствия казались столь непреодолимыми, что в Петербурге и Варшаве многие противники Милютина питали обоснованную надежду на то, что меры, утвержденные по его советам, останутся лишь на бумаге.

Перед лицом едва прикрытого сопротивления значительной части официального мира, как в Царстве Польском, так и в столице империи, Милютин чувствовал, что доверить осуществление его программы чужим рукам, в том числе наместнику в Варшаве или Статс-секретариату по делам Польши в Петербурге, означало не только подвергнуть сомнению успех дела, но и гарантировать невозможность его выполнения. Поэтому, несмотря на все свое нежелание вернуться в Польшу, Милютин, уже раз принужденный к поездке, решил исполнить свой долг до конца. Из двух его прежних спутников только один, князь Черкасский, должен был сопровождать его для выполнения нового задания и оставаться с Милютиным до конца.

Мы уже видели, как, не без колебаний, Ю. Самарин согласился сначала сопровождать Милютина в исследовательской поездке по польским селам, а затем заседать вместе с ним в высоком комитете, изучая польские дела. Состояние здоровья не было единственной причиной, по которой Самарин старался держаться на расстоянии от любой службы и административной работы. Всему в его духовном складе, характере, идеях, принципах и любимых занятиях также претило занятие государственной должности. В стране, где, благодаря всевластию *чина* и бюрократической традиции, наиболее знатные от рождения или просто талантливые люди обычно не имели другой заботы, кроме как сделать блестящую карьеру, независимый в силу своего материального состояния Самарин всем должностям и титулам предпочитал свою писательскую свободу. В этом отношении он, мечтательный славянофил и убежденный адепт православия, в свои почти мистические часы размышлений, казалось, меньше принадлежал, как считали некоторые его московские друзья, России середины XIX века с ее засильем чиновничества, чем одной из свободных стран Запада, где в наибольшем почете всегда были независимые исследования.

Самарин присутствовал лишь на двух или трех первых заседаниях комитета по польским делам. В этом элитарном обществе, как когда-то в Редакционной комиссии, готовившей освобождение крестьян, он непременно встречал восторженный прием как оратор. Но этот успех, несколько позднее повторившийся при его выступлениях в московской *думе* и *земском собрании*, не мог заставить его изменить свои настроения и планы. После того как прошло голосование по самым важным для него вопросам, Самарин уехал в Прагу, старый славянский город на берегах Влтавы, где он был занят опубликованием произведений своего друга, поэта-славянофила Хомякова.

В это время, в начале 1864 года, в разговоре с мадемуазель де С., фрейлиной императрицы родом из Ливонии, на ее вопрос, почему он не возвращался в Польшу вместе с Милютиным и Черкасским, едкий Самарин отвечал: «Мадемуазель, я берегу силы для балтийских провинций». Этот остроумный ответ, вскоре распространившийся среди всего русско-германского сообщества и среди высокопоставленных чиновников Лифляндии и Курляндии, не был в исполнении московского писателя пустой угрозой. Самарин вынашивал план подчинить три балтийские провинции тому же режиму, который создавался для Царства Польского и Литвы. Не довольствуясь уничтожением в них последних следов существования Ганзейского союза и тевтонских рыцарей, он хотел провести там настоящую аграрную революцию — за счет местного немецкого дворянства и в пользу эстонских и латвийских крестьян, освобожденных еще при Александре I, но не получивших земли. В этом желании Самарин был лишь орудием в руках многочисленной партии, продолжающей свою деятельность и поныне. Московский писатель был известен тем, что вопрос балтийских провинций был в числе его любимых тем обсуждения. К тому же свою первоначальную известность в России он приобрел именно через свою полемику с лифляндским дворянством. Поступив в молодости на службу, как почти все мужчины его круга, Самарин был прикомандирован к комиссии, получившей задание инспектировать организацию городской власти в Риге. Молодой *коллежский секретарь* составил тогда для балтийских провинций России, бывших в то время более немецкими и феодальными по своим нравам и характеру институтов власти, чем любая часть Германии, целый развернутый план реформ. Не заботясь о бюрократической дисциплине, он ознакомил широкую публику со своим планом в письмах, полемический тон которых навлек на Самарина не только гнев балтийского дворянства, но и негодование его начальников, неприятно удивленных дерзостью простого чиновника девятого или десятого класса. За свою смелость писатель расплатился несколькими днями тюремного заключения. Вскоре он оставил чиновную службу и продолжал другими средствами войну, которую объявил немецкому духу, сохранившемуся в трех балтийских провинциях России, завоеванных Петром I.

В то время как двое его друзей были заняты масштабными изменениями в Польше, Самарин, верный первым впечатлениям, писал в тишине свои «Окраины России», встреченные бурными аплодисментами в Москве и гневным возмущением в трех балтийских провинциях, где они побудили лифляндских баронов и немецких докторов к написанию целой библиотеки ответных возражений и опровержений. Самарин мог откладывать публикацию своего знаменитого памфлета сколь угодно долго, до окончания работы Милютина и Черкасского в Польше, но его всем известные чувства по отношению к балтийским провинциям России не облегчали их задачу. В Москве с интересом следили за тем, что происходило на берегах Вислы, видя там прелюдию к событиям, которые, как многие считали, должны были вскоре произойти в низовьях Западной Двины. При этом наблюдатели с усмешкой посматривали на русских немцев Риги, Елгавы и Ревеля, как бы иронически прося их не бояться и ни о чем не беспокоиться. Призывы патриотической прессы пробуждали оскорбленное *рыцарское достоинство* прибалтов, следствием чего было формирование их спонтанной тайной солидарности с поляками. В то же время безоружное польское дворянство могло рассчитывать на потенциальную поддержку немецких собратьев, столь влиятельных в администрации и при дворе благодаря своим официальным должностям, сословному духу и верности в служении трону. В упорном негласном сопротивлении графа Берга, оказанном в Варшаве проектам Милютина и Черкасского, а также в блестящих памфлетах, опубликованных бароном Фирксом (Шедо-Ферроти), возможно, даже неосознанно для наместника, сквозил тайный патриотизм прибалтов. В обычных условиях этому патриотизму было мало дела до прав и интересов Польши, но он всегда давал о себе знать, когда речь шла о политике ассимиляции, которая могла дойти и до трех балтийских провинций.

Князь В. Черкасский был человеком совсем других вкусов и темперамента по сравнению с его другом и современником Ю. Самариным. В противоположность последнему, он был гораздо менее созерцатель и мыслитель, но определенно человек действия. Натура реалистическая, позитивная и практическая, Черкасский был чужд всякого мистицизма и любой разновидности политического или религиозного романтизма. В этом он сильно отличался от большинства корифеев московских славянофильских кружков, в которые входили его лучшие друзья. Благодаря своей энергии, интеллекту, силе воли, поведению и речам, в которых угадывалась определенная авторитарность, презрению к препятствиям и вере в свои силы князь Владимир Александрович казался буквально созданным для ситуаций, требовавших скорее решительности и настойчивости, чем тонкости и умеренности. Благородный и цельный в своих суждениях, плохо сочетавшихся с работой в подчиненной должности, по окончании учебы в университете Черкасский, в противоположность большинству сверстников, не поступил на государственную службу. Он жил то в своих поместьях в Тульской и Тверской губерниях, то в московском доме, критикуя в салонах нерешительность правительства Николая I и ожидая нового правления, при котором смена режима могла открыть ему доступ к более активной жизни. Борьба за освобождение крестьян выдвинула его на первый план в дискуссиях, а события в Польше предоставляли возможность занять важный пост, соответствовавший одновременно направлению его мысли и характеру. Князь охотно использовал возможность сыграть, вместе с Милютиным, роль в великих делах, не проходя, как это обычно бывало, все этапы долгой чиновной карьеры.

Вдвоем с Николаем Алексеевичем они разделили обязанности. Для применения новых законов прежде всего надо было иметь свободное поле деятельности и противостоять, одновременно в Варшаве и Петербурге, интригам врагов, которые рассчитывали постепенно компенсировать в деталях исполнения поражение, которое они потерпели при принятии законов в комитете. Друзья договорились о том, что Милютин, испытывавший особое нежелание возвращаться в Варшаву, к тому же лично известное императору, останется в Петербурге, в центре интриг и принятия решений, а Черкасский, его *альтер эго* по духу и общности взглядов, обоснуется в самом стане врага, Варшаве, по соседству с наместником и тайным противником — графом Бергом.

Уезжая из столицы империи в Царство Польское, Черкасский избавлял петербургских государственных мужей от своего соседства в качестве возможного конкурента, чье присутствие было им нежелательно. Возможно, что это соображение также облегчило назначение князя на должность в Польше. Хотя Черкасский имел лишь низовой гражданский чин, занимая только выборные должности, неожиданно он был произведен в *тайные советники* и назначен (временно) главным директором Правительственной комиссии внутренних дел в Царстве Польском. Несмотря на все свое нежелание возвращаться в Польшу, Милютин вынужден был совершить кратковременную поездку в Варшаву, сопровождая туда князя, чтобы организовать новую администрацию и начать применение указов, наделявших польских крестьян частью помещичьей земли.

В марте 1864 года двое друзей вернулись в Варшаву, чтобы инициировать практическое применение указов, с большим трудом принятых в Петербурге. Они прибыли в качестве представителей императора с заданием, которое, как казалось, требовало всей полноты власти. Однако каждый день и повсюду, при полном бессилии польских властей, они наталкивались на подспудное сопротивление русской гражданской и военной администрации края. Буквально на следующий день после триумфа в Петербурге, когда казалось, что они возвратятся в Варшаву победителями, положение Милютина и Черкасского стало туманным и двусмысленным. Должность Черкасского ставила его в прямое подчинение наместника, графа Берга, который прикладывал все усилия к тому, чтобы парализовать действия своего директора. Что же касается статс-секретаря Н. Милютина, то он вернулся в Польшу без определенных полномочий, примерно так, как это было в его первый приезд, когда ему предстояло лишь изучить местные условия. Теперь он возвратился в окружении преданных делу сотрудников с заданием произвести, в соответствии со своей программой, глубокие преобразования. Однако во всех администрациях края, призванных оказать ему содействие, Милютин встречал в большинстве своем враждебно настроенных или недоброжелательных чиновников. Кроме русской администрации в Варшаве было еще *Министерство Польши* в Петербурге, которое, после введения в действие новых положений, должно было быть доверено Николаю Алексеевичу. Однако оно продолжало оставаться в руках человека, известного своей открытой неприязнью к делу Милютина и Черкасского.

Бесполезно объяснять сложности этого административного механизма, пружины и винтики которого, предназначенные для взаимного контроля, на деле лишь затрудняли или останавливали работу. Таким образом, действия всей русско-польской администрации можно было резюмировать тремя терминами: приказ, отмена приказа, неразбериха. Еще более бесполезно показывать всю двусмысленность и мучительность положения Милютина, которые со временем стали раздражать его все больше. День за днем он был вынужден бороться за право пользоваться положениями, которые, казалось, были ему даны для применения. В Петербурге и еще больше в Варшаве ему требовалось месяцами и годами избегать ловушек, непрестанно расставляемых на его пути, и распутывать нити хитроумных сетей, которые терпеливо плели его неутомимые противники. В течение всего этого периода русские власти в Польше, получившие официальное поручение обеспечить выполнение нового постановления, своей разобщенностью и отсутствием единства действий напоминали мифическую Пенелопу, которая ночью распускала саван, вытканный днем. Можно было подумать, что основная забота наместника и Министерства Польши заключалась в том, чтобы в тени разрушить то, что Милютин и Черкасский делали при солнечном свете. Так, применение указов 1864 года и вся реорганизация, которую Милютин и его друзья, не без известного самомнения, свойственного предприимчивым умам, собирались осуществить в несколько месяцев, заняла у них годы и удалась только благодаря нечеловеческим усилиям воли и труду, которые в конечном итоге стоили Николаю Алексеевичу жизни.

Дадим же ему самому описать свои труды, средства к исполнению и препятствия, ожидавшие его в Варшаве:

Варшава, 7 / 19 марта 1864 года[1].

> Сейчас Черкасский привез твое письмо. Хлопот бездна. Нужно всех и все устроить, водворить, наделить работою. Сегодня ни одной минуты не мог уединиться. Как ни тяжело все это, но без такого вынужденного развлечения было бы еще тяжелее. Едва приехал сюда и уже забегаю вперед. Хотелось бы поскорее прожить эти мучительные шесть недель. Надеюсь, что мое тяжкое невольничество долее не продлится.
>
> В Вильно целый день провел с Муравьевым и его чиновниками. Объяснения были мирные и согласные. Здесь, на станции, меня ожидали власти и экипаж. Устроив наскоро своих спутников в Брюлевском дворце, я отправился тотчас к Гр. Бергу, который ожидал меня к обеду.
>
> Обнародование везде удалось; сведения о крестьянах самые благоприятные. Помещики гневаются, как и следовало ожидать, но, как уверяют, поглощены заботою о получении побольше вознаграждений, и при таком расположении, поневоле придется им быть смирными. Все это придает Гр. Бергу розовый оттенок, и потому совещание было самое дружелюбное. Впрочем, на совершенно мирный исход дела рассчитывать никак нельзя. Озлобление особенно сильно на войтов из крестьян. Меня прозвали поляки «председателем хлопского жонда»; что, впрочем, нисколько не обидно. С будущей недели начинаем действовать.

Варшава, 12 / 24 марта 1864 года[2].

> Дело подвигается вяло, как всегда бывает в начале. Наши новобранцы съезжаются чересчур медленно. Даже Арцимович до сих пор не едет, не знаю почему. Черкасский поглощен заботами о вступлении в свою новую должность, и действительно, это дело нелегкое, потому что он как

---

[1] Письмо Милютина супруге.

[2] Письмо Милютина супруге.

> в лесу: нужно знакомиться и с людьми, и с делами. Вчера он принимал чиновников и говорил спич по-русски[3]. Разумеется, все «падам до ног». Хотя до сих пор он еще гостит в Брюлевском дворце, пока приготовляется его будущее помещение, но мы почти не видимся, так что приходится мне одному заводить новый *Учредительный комитет*[4], распределять работы и пр. Забот и труда бездна.
>
> В провинциях до сих пор идет очень хорошо, но, чтобы окончательно исполнить указы, нужно посылать чиновников, и их-то пока все нет. Пожалуйста, скажи Жуковскому, что я убедительнейше прошу его посбирать их как можно более и выпроваживать их как можно скорее, для чего торопить дело в Статс-секретариате, где ужасная вялость и спячка.
>
> Только сейчас получил здесь приказ (о назначении членов Учредительного комитета) от третьего марта, т. е. десять дней тому назад. Прошу также Дмитрия поторопить командированием военных, о которых я писал три недели назад. Если дело не пойдет быстрее, то я не предвижу, когда мне удастся выбраться отсюда. А здешнюю жизнь вынести долго — я решительно не в состоянии.

Трудность нахождения надежных и умных сотрудников была одной из главных забот Милютина: мы видим это из его писем. Ему удалось привести с собой блестящую команду, которую вскоре усилили такие именитые личности, как Я. А. Соловьев, А. И. Кошелев и Петр Самарин, брат писателя. Но этого было недостаточно. Николаю Алексеевичу были нужны исполнители на местах, особенно в сельской местности. В поисках таковых он обращался повсюду во все инстанции: в Петербурге и Варшаве, как в гражданские, так и в военные администрации, так как, за неимением других сотрудников, он был вынужден обращаться к армии и ее офицерскому составу. Помощь в нахождении кан-

---

[3] До того момента единственным языком, официально используемым в Варшаве, был польский. Приезжавшие высокопоставленные русские чиновники, не знавшие польского языка, обычно говорили по-французски, как, впрочем, это делали и сами коронованные особы.

[4] Комитет, созданный для обеспечения исполнения новых реформ.

дидатов из числа последних ему оказывал брат Дмитрий, занимавший в последние три года пост военного министра. Милютин был вынужден обучать офицеров, призванных из Петербурга или рекрутированных в воинских частях Варшавы, и самостоятельно муштровать их, ориентируя на выполнение сложной задачи, где требовались скорее юристы, чем солдаты. Дабы ввести их в курс дела, Николай Алексеевич использовал все средства, которые мог вообразить: устраивал общие ужины, читал им своего рода курс лекций. Большой зал дворца Брюля освещался вечером, как для официального приема. В восемь часов его заполняли полсотни будущих уполномоченных, одни из которых были молодыми офицерами, другие — бывшими служащими или мировыми посредниками, уволенными в России за демократические взгляды. Они узнавали от самого Милютина о своем задании и о правилах поведения[5]. Едва эти импровизированные администраторы успевали похудеть и пройти спешную подготовку, как их тут же посылали в деревни и села объяснять крестьянам то, что они сами только недавно узнали: смысл и назначение указов, отменявших барщину и передававших сельскому люду собственность на землю, которой они пользовались.

> Варшава, 15 / 27 марта 1864 года[6].
>
> Не могу передать, как трудно сохранять хладнокровие и спокойствие, которых требуют мои теперешние занятия. Обнародование указов теперь везде кончено. Первое впечатление весьма удовлетворительно. Революционный жонд видимо ошеломлен. Крестьяне ликуют и начинают более прежнего ловить повстанцев. Но борьба еще впереди. Кое-где уже появлялись попытки смущать крестьян[7]. Нужно

---

[5] Из письма от 28 марта 1864 года.

[6] Письмо Милютина супруге.

[7] Чтобы помешать крестьянам вступить во владение землями, которые правительство собиралось передать в их собственность, эмиссары мятежников распространяли в деревнях слух о том, что земли будут переданы только тем, кто откажется от католической веры. Великая княгиня Елена Павловна, которая продолжала интересоваться Милютиным (хотя и не разделяла всех его взглядов на польские дела), писала ему из Берлина через баронессу Раден:

скорее исполнить на местах указы, а для этого решительно нет людей. По моим настояниям, теперь набираются в полках смышленые офицеры.

К несчастью, лично они мне неизвестны, и я должен полагаться на рекомендацию военных властей, которые не всегда действуют при этом удачно, и даже, может быть, не всегда добросовестно. Все эти дни я проводил время с полковыми командирами и указанными ими офицерами. Надо с каждым толковать, вразумлять, возбуждать участие и пр. Со вторника я открываю у себя нечто вроде публичных лекций о крестьянском деле для этих импровизированных политических деятелей. Хотелось бы к концу недели их подготовить так, чтоб можно было снарядить эту первую экспедицию во все концы Царства. Едва только удается набрать до тридцати человек, а это лишь треть того, что нужно. Польское чиновничество, избалованное долговременной поблажкой и нашей природной апатиею, кажется, не верит до сих пор, что мы действительно исполним задуманное, и это оскорбительное недоверие (к сожалению, заслуженное) придает мне бодрости, и я надеюсь воодушевить нашу молодежь.

Черкасский поглощен своим министерством, но помогает усердно, насколько хватает у него сил и времени. Прочие мои спутники тоже усердствуют. Сегодня, по случаю здешнего Светлого Праздника[8], я собрал на обед большую часть своей гражданской команды. Ефим[9] не позволил мне пригласить более четырнадцати человек, и то обнаружил не совсем веселое расположение духа. Действительно, в приборах,

---

«Ее Высочество великая княгиня узнала здесь из *надежного источника*, что в народе массовым образом распространено послание папы римского, что эмиссары красной партии (Мерославский) стремятся убедить крестьян в том, что собственность на землю будет им дана только при условии отказа от католической веры. Говорят, что уже многие церковные приходы заявили, что такой ценой они не желают получить благодеяние от императора» (письмо от 21 мая / 2 июня 1864 года).

8 В Царстве Польском уже использовался григорианский календарь. Одним из самых странных следствий новой системы ассимиляции стал, после трех веков использования нового, возврат родины Коперника к старому юлианскому календарю.

9 Слуга и дворецкий Милютина.

в прислуге и во всем недостаток. Между тем нельзя мне оставить на произвол судьбы своих чиновников, и потому я приглашаю их обедать поочередно, человек 8–9 ежедневно. Обо мне, пожалуйста, не беспокойся. Охрана сильная и постоянная. Прогулки очень редки (за недосугом) и всегда в компании. К тому же, по распоряжению (вероятно) Ефима, один из моих казаков всюду меня преследует. Для выездов же дана мне придворная карета и придворный лакей. Погода сделалась прекрасная, совершенно весенняя, а праздники придают городу даже веселый вид. Вообще Варшава против осени значительно оживилась и получила менее мрачную физиономию.

Мы видим, скольких трудов стоила Милютину подготовка молодых людей, которые должны были стать его сотрудниками. Ему мало было создать и обдумать в деталях обширный план социальных и политических реформ. Как архитектор, которому не хватает каменотесов и строителей, он был вынужден сам готовить работников, чьи руки должны были затем использовать строительный материал. И даже при наличии самого совершенного материала задача оставалась весьма сложной. Так что же говорить о том материале, которым располагал Милютин, о такой нехватке людей и рабочих рук? Чтобы понять это, надо ближе познакомиться с тем, над чем работали Николай Алексеевич и его друзья, и осознать положение сельского населения, которому Милютин хотел дать новую жизнь от имени царя и на благо России.

Глава XI

Аграрные законы в Польше. — Положение крестьян до 1864 года. — Согласие русских и поляков по вопросу о необходимости реформы. — «Сельскохозяйственное общество» и варшавские патриоты. — Чем указы 1864 года отличались от аграрных законов России. Их основные положения и экономические последствия. Трудности применения. — Что, по мнению Милютина, он дал народу Польши

Создается впечатление, что в последние века польский крестьянин был одним из самых несчастных в Европе, хотя в это время почти везде сельские труженики сгибались под двойным бременем налогов и феодальных пошлин. Угнетение сельского населения в Польше не удивляет. Речь идет о нации, в которой прослойка знати, состоящая исключительно из *шляхты*, всегда была единственной социальной группой, пользовавшейся правами, — в государстве, где полная несовершенств конституция соединяла в себе социальные недостатки экстремальной формы аристократического управления с политическими издержками доведенной до абсурда демократии. Один из наших писателей XVIII века, Бернарден де Сен-Пьер, оставил нам душераздирающее и, конечно, слишком достоверное описание положения польского крестьянина в последние годы республики[1]. В век столь же политически наивный, сколь простодушно человеколюбивый такое угнетение крестьян должно было оказать дурную услугу дворянской республикс. После религиозной нетерпимости в Польше при

---

[1] Если не ошибаюсь, в своих путевых заметках. О юридическом положении крестьян в старой Польше можно также смотреть [Huppe 1867: 58–65].

ее последних королях это было одной из основных причин снисходительности наших философов к авторам ее разделов. Наверное, это лучшее объяснение тех дифирамбов, которые они пели Фридриху Великому и Екатерине II.

К тому же зло было столь очевидно, что оно не могло не броситься в глаза польскому дворянству. Во время короткой передышки, данной их родине между первым и последними разделами, одной из главных забот патриотов было поднять народ с колен. Но борьба политических группировок, внутренние междоусобицы *конфедераций* и анархия в стране всегда привлекали пристальное и недоброжелательное внимание соседей, ревностно наблюдавших за возрождением Польши. Затем новые ее разделы и смены правительств на бесконечно перекраиваемых территориях, — короче, все в ее независимости, как и в порабощении, помешало польским либералам осуществить свои проекты улучшения положения сельских жителей. Несмотря на щедрые обещания Костюшко, республика пала, не успев отменить крепостное право.

В Великом герцогстве Варшавском, из основной части которого было образовано Царство Польское и где до и после 1815 года действовал Кодекс Наполеона, не могло быть узаконенного крепостного права. *Де-юре* крестьянин там был свободен, но фактически его положение не изменилось. Обязанный отрабатывать барщину и привязанный к обрабатываемой им земле нищетой или привычкой, практически, с экономической и административной точки зрения, он оказывался в состоянии, очень близком к крепостному праву. Пока в России существовало узаконенное крепостное право, которое у русских в конце концов превратилось в настоящее рабство, принижение положения сельского населения в Польше, по поводу которого так сожалели просвещенные поляки, не несло в себе ничего необычного. Ведь речь шла всего лишь о маленькой монархии, которую Венский конгресс присоединил к великой империи. В ней, как и в соседних литовских и малороссийских провинциях, русское правительство в разное время, в частности при императоре Николае I, пыталось с помощью так называемых *инвентарей* регулировать взаимные права и обязанности земельных собственников и крестьян[2]. Носившие заведомо временный характер, на практике они оставались малоэффективными или просто бессильными. В конце концов поляки стали сами искать комбинации для улучшения материального и морального состояния сельского населения. В этот момент освобождение крепостных в России естественным образом ускорило решение проблемы.

К тому времени крепостное право в Польше было давно официально отменено, и более того, в стране действовала ограниченная автономия и особые законы. Как и в балтийском регионе, где отмена крепостного права состоялась еще при Александре I, законы и положения, разработанные Милютиным, Черкасским, Самариным и их друзьями для улучшения положения русского *мужика*, в Польше не действовали. После провозглашения Манифеста от 19 февраля положение польского крестьянина стало настолько заметно хуже положения русского, что в Варшаве озаботились устранением такого скандального неравенства. Понятно, что это был один из вопросов, наиболее обсуждавшихся поляками за те несколько лет относительной свободы, которые предшествовали восстанию 1863 года.

Под влиянием великодушного дворянина, представителя одного из самых известных знатных семейств Польши Анджея Замойского варшавское «Сельскохозяйственное общество» стремилось объединить все здоровые интеллектуальные и экономические силы страны. Улучшение положения крестьян было основной проблемой, которой занималось общество. Не довольствуясь поисками способов отмены барщины и ее замены *чиншем* или денежным возмещением, польские землевладельцы, желавшие стать народными благодетелями, пытались найти способ сделать земельную собственность доступной для крестьян. Выдвигались разные проекты. Предлагалась система выкупа путем ежегодных погашений, растянутых на более или менее долгий

---

2 Целью этих *инвентарей* было определение количества земли, которое помещики должны были оставить в пользование крестьянам. В этом отношении они послужили отправной точкой аграрных законов 1864 года.

период. Говорили также о создании банка, который мог на переходный период стать посредником между крестьянином и бывшим помещиком. В сельских районах распространяли и читали в церквях некий циркуляр, объявлявший хорошую новость крестьянам, в которых уже ощущались недоверие и скрытая угроза[3]. В отличие от того, что наблюдалось в России, польское дворянство само предприняло действия, к которым русское правительство вынуждено было обязать свой класс помещиков.

К несчастью, первые же политические волнения похоронили все прекрасные мечты. Царское правительство не было расположено поощрять либеральные проекты, возникавшие в Варшаве. Это могло объясняться недоверием к польскому дворянству и «Сельскохозяйственному обществу», которое приобрело тенденцию постепенно превращаться в законодательное собрание, а также, возможно, желанием самостоятельно, как в остальной части империи, вести все операции, сохранив, при необходимости, средство воздействия на правящий класс. На самом пике подъема народного энтузиазма «Сельскохозяйственное общество», от которого Польша ждала усилий по мирному возрождению страны, было распущено, а вскоре вслед за этим последовало восстание. И крестьянский вопрос, резко перейдя из сферы экономической в сферу политическую, почти одновременно был поставлен двумя враждующими сторонами: царским правительством в Петербурге и революционным комитетом в Варшаве.

В неравной дуэли между царизмом и теневым правительством, которое в течение нескольких месяцев держало в своих руках всю Польшу, оба противника боролись за поддержку беднейшего крестьянства. Веками трудясь на земле и будучи привязан к ней, крестьянин не знал слов «честь» и «родина» и прислушивался только к голосу собственного интереса. Мы видели на примерах Милютина, Муравьева и даже самого императора Александра II свидетельства того, как интересы государства

---

[3] См. в частности, *Le marquis Wielopolski, sa vie et son temps*, любопытное произведение, опубликованное на французском языке неким M. H. Lisicki [Lisicki 1880: 49–57, 166–170].

заставляли представителей высшего сословия встать на сторону сельского населения и пытаться провести в его интересах широкую экспроприацию дворянства. Повстанцы в Польше не замедлили воспользоваться тем же оружием и не дожидались, когда русское правительство сформулирует свои намерения. Они тоже торопились пообещать народу собственность, в равной степени для того, чтобы привлечь его на свою сторону и чтобы дать польской нации основу, которой она была лишена. Но каким бы ни был исход борьбы, все сходилось к тому, что в ближайшем будущем Польше предстояло опасное испытание аграрными законами. Если бы произошло немыслимое и восстание победило, возможно, благодаря демократической («красной») партии, которая завоевывала все больше симпатий в рядах восставших, местная аристократия и крупные земельные собственники пострадали бы больше от победивших соотечественников, чем от русских[4].

Пример России показывает нам, сколько возмущения и гнева вызывают, даже в мирное время, аграрные законы, которые под предлогом общественной полезности частично экспроприируют один класс населения в пользу другого. Это происходит в условиях, когда указанные законы были разработаны соотечественниками и применены представителями самих экспроприированных собственников, в то время как последние имеют возможность апеллировать к беспристрастной судебной власти, также занятой защитой прав и интересов всего общества. Что же тогда говорить о таких мерах, по крайней мере внешне непременно революционных и неизбежно притеснительных, устанавливаемых победителем в чужой стране или мятежной провинции своей страны сразу после ожесточенной борьбы? Какими могут оказаться такие

---

4 Еще задолго до восстания «красная партия, состоявшая из осознанных или неосознанных революционеров, не допускала никакого другого решения, кроме экспроприации крупных собственников в пользу крестьян. <...> Наиболее умеренные из них предлагали дать собственникам право на самое минимальное возмещение, в то время как радикалы требовали, чтобы дворянство просто подарило крестьянам обрабатываемые ими земли» [Lisicki 1880: 54–55].

меры, когда они применяются руками врага, еще не остывшими от пыла сражения?

В сущности, следует лишь повторить, что указы, привезенные Милютиным и Черкасским в Польшу, были в своей основе аналогичны тем, которые тремя годами ранее были приняты ими же для применения в России. В обоих случаях Милютин и его друзья стремились обеспечить бывшему крепостному, за возмещение бывшему господину, полную собственность на зéмли, которыми доселе он мог пользоваться, лишь отрабатывая барщину. В том и другом случае они хотели передать крестьянам свободу управления делами их общины, уничтожая тем самым прежнюю господскую опеку[5]. Разным и создававшим неравенство в отношении к дворянству в Польше и России был в особенности способ применения указов. В Польше новые принципы должны были применяться с большей строгостью. Можно сказать, что была избрана иная мера или иное правило аграрной экспроприации: за меньшую сумму компенсации крестьянин получал больше, а земельным собственникам платили меньше за землю, которую у них отбирали.

Для такого разного подхода было две причины. Первая заключалась в том, что Милютин, Самарин, Черкасский и их друзья могли сколько угодно праздновать победу своих принципов, но они так никогда и не смогли придать силу закона всем проектам, составленным в пользу *мужика*, и даже те немногие, которые удалось принять, им не удалось применить. Вторая, еще более серьезная и возмутительная, состояла в том, что указы, появившиеся на следующий день после гражданской войны, были в Польше не просто мерой, принятой на благо местного населения, но и политической уловкой, вызванной сиюминутной необходимостью. Они были одновременно орудием репрессии и умиротворения, то есть, по выражению Муравьева, инструментом доминирования[6]. Такое положение дел оказалось неизбежно

---

5 Следует заметить, что, усиливая роль коммунальных собраний, что бы об этом ни говорили, Милютин никогда не собирался вводить в Польше ни *мир* по русскому образцу, ни режим коллективной собственности.

6 См. выше письмо Муравьева от 25 сентября 1863 года.

после восстания, причины которого были столь глубоки, что могли привести к новой вспышке насилия. Русское правительство, на первый взгляд не имевшее иного средства воздействия на Польшу, кроме военной силы, внезапно открыло для себя способ затронуть глубинный народ, привлечь его, хотя бы временно, своими благодеяниями, найдя на берегах Вислы почву для решения демократической и гуманитарной задачи. Оно подошло к ее решению, вооруженное всемогуществом абсолютной власти, но его действия защищали не только гуманитарные идеалы и интересы польского народа, и производились они не только в ожидании восторженной похвалы Прудона и европейских демократов. Улучшая положение крестьян и реализуя внешне утопические проекты, правительство действовало в той же мере и даже более в интересах государства, в интересах России, чем в интересах народа Польши.

В ходе аналогичных действий, предпринятых в отношении крестьян в империи несколькими годами ранее, правительство желало прежде всего защитить интересы дворянства и не допустить никакой жертвы с его стороны. В Польше ущерб, причиненный землевладельцам, был неизмеримо больше, потому что русское правительство считало дворян сообщниками мятежников. Обстоятельства превратили здесь аграрные законы в своего рода денежное наказание, военную контрибуцию или выкуп, наложенный на класс землевладельцев, считавшийся ответственным за восстание, с тем смягчающим обстоятельством, что собственники облагались штрафом, использовавшимся в пользу угнетенного ими народа[7]. Впрочем, среди стран, громче всех

---

[7] Некоторые факты говорят о том, что правительство и общественное мнение действительно иногда рассматривали указы таким образом. В письме Милютину от 15 / 27 января 1865 года Черкасский рассказывает о том, что его осаждают русские земельные собственники, которым правительство выдало маленькие майораты в Царстве Польском, с тем чтобы они насаждали в нем русский элемент. Эти собственники считали, что их оставили вне действия правил, применяемых к их польским соседям. Черкасский отвергает эту мысль, но предлагает предоставить русским собственникам особое возмещение. Такую же меру советовал Милютин, что и было, насколько нам известно, сделано.

осуждавших поведение России, мало найдется таких, где в подобных случаях не прибегли к аналогичным, или даже вовсе к открыто грабительским мерам. Не обращаясь к наиболее наглядному примеру ирландцев, в свое время лишенных своих земель, присвоенных колонизовавшими их англичанами и шотландцами, можно вспомнить своего рода жакерию, спровоцированную в 1844 году против польских землевладельцев Австрией, которая сумела внушить им с тех пор самые верноподданнические чувства. Чтобы не ходить далеко за примерами и не искать соломины в чужом глазу, вспомним, как отмена барщины и феодальных прав происходила во Франции на кабальных для дворянства условиях. И уже совсем недавно, при Третьей республике, разве наша страна не прибегла в Алжире против восставшего местного населения к мерам, которые трудно считать легитимными с точки зрения привычного нам права собственности? Кабилы из Уэд-Себау, на чьи самые плодородные земли после восстания 1871 года был наложен секвестр, а затем и конфискация, не получившие никаких выплат из-за контрибуции, наложенной на их племена, несомненно, предпочли бы судьбу польского дворянства и раздел земель за незначительную компенсацию с колонистами из Эльзаса и Лотарингии, занявшими их территорию. Правда заключается в том, что в Европе, где не любят подобные сравнения, слишком привыкли рассматривать местное население колоний вне норм частного права и даже прав человека.

Давая разную оценку аграрным законам, примененным в Польше, мы с очевидностью сходимся в одном: какими бы враждебными и злонамеренными их ни считали, они не разорили польское дворянство. После освобождения крестьян в Царстве Польском, как и в империи, было много затруднений и мучительных переживаний, некоторые из которых не окончились и поныне. Но замечено, что обнародование указов 1864 года в Польше привело к меньшему числу разорений, чем Положение от 19 февраля 1861 года в России. Польские землевладельцы в большинстве своем лучше перенесли великий аграрный кризис, чем *помещики* в России, к которым, однако, закон был более благосклонен. Это произошло благодаря плодородию почвы, промышленному подъему после отмены таможенных барьеров, которые не давали доступа польской продукции на обширный рынок империи, благодаря духу порядка, экономии и труда огромного большинства поляков, а также благодаря ранее не свойственным им качествам жизненной энергии, мудрости и надежности.

Согласно указам 1864 года, которые мы не можем анализировать подробно, польский крестьянин получал в собственность все земли, которыми он пользовался с 1846 года, когда император Николай I запретил уменьшать площадь полей, отдаваемых для использования крестьянским семьям. В этом отношении польский сельский житель, как правило, был лучше обеспечен, чем русский *мужик*, у которого после 1861 года оставалось в собственности меньше земли, чем было в пользовании при крепостном праве. В Польше для приобретения права собственности на землю ее арендатор мог лишь сослаться на свой статус узуфруктуария. Однако видя, как крестьянин в Мазовии проявляет себя не более щепетильным в вопросах собственности, чем его русский собрат, на чью несознательность сетует сам Черкасский[8], мы понимаем всю выгоду, которую алчный крестьянин мог извлечь из этого принципа в условиях, когда суды были готовы удовлетворить любое его требование. Так, батраки, нанятые на год работы, получали признание их собственности на дома и сады, которые помещики передавали им во временное пользование[9].

---

[8] Письмо от 7 мая 1861 года. См. выше, главу III, с. 84.

[9] Согласно сведениям, полученным мной лично из Польши, в январе 1873, июне 1874 и июле 1880 года площадь земельных наделов, получаемых крестьянами, варьировалась от 30 до 6 *морг* (morgen, *нем.*, или journaux, *фр.*) на семью, в зависимости от региона и конкретных мест. Площадь среднего надела равнялась приблизительно 18 моргам. Польский морг равняется ½ русской *десятины*, то есть немногим более половины гектара. Каждая семья получала, таким образом, в среднем около десяти гектаров, что является высоким показателем для страны, где плотность населения уже достигает пятидесяти человек на квадратный километр. Если такие наделы были возможны без лишения землевладельцев их земель, то это оттого, что часть сельских жителей была традиционно исключена из землепользования, в особенности оттого, что в Польше имеется многочисленное городское население и значительная еврейская диаспора. И те и другие также исклю-

Польский крестьянин получал помощь иного рода. Стоимость выкупа, который он платил за землю, была меньше, чем в России. Помимо этого, она не ложилась исключительно на крестьянина, как в остальной части империи, а в значительной мере компенсировалась из государственных финансов Царства Польского. Крестьянин принимал в этом участие лишь как налогоплательщик. К тому же компенсация, выплачиваемая земельным собственникам, была пропорционально меньше, чем в России, и ниже рыночной стоимости земли. И наконец, эта компенсация, так же как в России, выплачивалась не в денежной форме, а в особых ценных бумагах или гарантийных записях, которые, на момент их выпуска, теряли 50 % своей стоимости, а на данный момент потеряли еще 20 %[10]. В противоположность тому, что происходило в империи, в Царстве Польском земельный собственник в своем качестве налогоплательщика сам оплачивал через налог часть полагавшегося ему возмещения. Несмотря на недостатки, эта система, включившая в схему выкупа государство, а с ним и всех налогоплательщиков, представляется предпочтительной по сравнению с той, что была принята в империи. В России ежегодные погашения легли чрезмерным бременем на одних крестьян, в то время как все остальные группы населения и само государство косвенно стали выгодоприобретателями реформы[11].

Несмотря на очевидный успех, аграрная ликвидация, произведенная в Польше, не обошлась без справедливых жалоб. Основная часть недостатков, в которых упрекали творение Милютина, касалась способа исполнения. В Польше не было, как в России, *мировых посредников*, то есть собственников, избирае-

---

чались из схемы раздела земли. Как и в России, крестьянские земельные наделы уже значительно уменьшились в силу быстрого увеличения численности населения. Так же как в России, произвольные продажи здесь постепенно перевели большую часть господских владений в руки крестьян. См. на эту тему, например, [Marbeau 1882, ch. XXV].

10 В некоторых случаях вообще не было никакой компенсации.

11 См. [Leroy-Beaulieu 1881–1889, I, liv. VII, ch. II].

мых дворянством для урегулирования споров[12], которые могли возникнуть между крестьянином и его бывшим господином. Их место занимали комиссары, все сплошь русские, то есть чужие для страны, чаще всего вновь прибывшие и незнакомые с местными нравами. Одни из них были чиновниками, делегированными министерствами, другие — служащими, в свое время заподозренными в радикализме и отозванными со своих постов. Некоторые были простыми студентами, едва окончившими университет; наконец, многие — офицерами, недавно подавлявшими восстание, в большинстве своем чуждыми всякому понятию права и тому, что они называли ортодоксальным юридическим формализмом. Однако все они без исключения питали естественную ненависть к польскому дворянству. Мы уже говорили об усилиях, предпринятых Милютиным в целях посвящения в новое для них дело. Он не жалел сил, пытаясь зажечь их своей пламенной речью и ободрить собственным примером. Он представлял им польского крестьянина как младшего славянского брата русского крестьянина, образующего живой щит между Россией и Европой. «Там, где обосновался крестьянин со своим земельным наделом, там проходит граница славянского мира»[13], — говорил он. Такие слова не могли не оказать определенного воздействия на молодых людей и пылких патриотов, стимулируя их трудовое усердие, не нуждавшееся в иной мотивации. Все эти импровизированные комиссары считали, что участвуют в великой исторической миссии, и видели себя выполняющими в большей мере апостольскую, нежели судебную функцию. На практике это чувство иногда заставляло их забывать о своей роли арбитра и толкало к слепой поддержке крестьянских требований, вынуждая делать в их интересах более того, что требовали инструкции и приказы начальников. Отсюда и проистекали неравенства и излишества в применении законов. Иногда в переписке Милютина с Черкасским мы наблюдаем даже сожаление

---

[12] Мировые посредники назначались губернаторами и утверждались Сенатом. — *Прим. науч. ред.*

[13] Фраза Милютина, переданная мне одним из его сотрудников.

об избытке усердия некоторых комиссаров и узнаем об отстранении тех из них, кто допускал чрезмерный произвол в своих решениях[14]. Милютин и даже Черкасский, далеко не всегда действуя во всех ситуациях враждебно по отношению к собственникам, совершенно искренне хотели строго применять указы, не отклоняясь ни в одну, ни в другую сторону. Посреди всех жалоб, с которыми их осаждали обе стороны, они бывали рады, когда какой-нибудь один случай вызывал одновременно возражения и крестьян, и землевладельцев. Для них это служило лучшим доказательством справедливости и беспристрастности решения комиссии. Черкасский любил вспоминать, что подобное случалось с ним в России, когда он работал мировым посредником[15]. Самые справедливые жалобы со стороны польских собственников земли, достаточно обоснованные и долго не прекращавшиеся, заключались в том, что, вместо того чтобы быстро завершить ликвидационные дела 1864 года между крестьянами и помещиками, русские комиссары систематически оставляли их открытыми за счет заинтересованной стороны. В отличие от того, как

---

14 «На мой взгляд, — писал Черкасский Милютину, когда тот уже вернулся в Петербург, — сельские комиссии работают хорошо, даже слишком хорошо, исключая Остроленский уезд, где В., закусив удила, сам отдает приказы на арест непокорных собственников, хозяйничает, как в городах, так и в деревнях, одним словом, глупо подражает Михаилу Муравьеву в Литве. Следует обязательно отозвать и распустить всю эту комиссию, заменив ее более разумными людьми» (из письма от 7 / 19 мая 1864 года). Если еще не все комиссары, обвиненные в диктаторских замашках, были отозваны, то это отчасти оттого, что в своей борьбе с наместником, гражданской и военной администрацией Черкасский естественным образом был склонен принять сторону этих комиссаров, боясь их отпугнуть. В одном из писем он признает, что в иных обстоятельствах считал бы своим долгом отозвать двух или трех из них.

15 «Мы получили две первые жалобы из Варшавского уезда. Землевладельцы и крестьяне одновременно жалуются на одно и то же решение. Это решение законно и, как мне кажется, опирается на прочное основание. Поэтому эта двойная жалоба меня мало беспокоит. В ней я вижу лучшее доказательство беспристрастности комиссии. На первом этапе реформы мы принимаем жалобы от обеих сторон» (из письма Черкасского Милютину от 2 / 14 мая 1865 года).

это происходило в России, польский крестьянин сохранял право пользования лесами, полями и пастбищами, которыми ранее пользовался на условиях барщины. Такие сервитуты служили тяжким обременением земель дворянства, тем более что их границы были неточно определены или определены таким образом, что, понятые буквально, создавали разницу между, скажем, реальными лесными владениями собственников и их площадью, которую им приписывали на бумаге. С тем чтобы освободиться от сервитутов, многие собственники охотно отказались бы от значительной части таких лесных угодий. К несчастью, вопреки принятому впоследствии закону, комиссары правительства, не пытавшиеся положить конец этой неправомерной ситуации, всеми силами старались скорее помешать собственникам и крестьянам договориться между собой. Создавалось впечатление, что все были рады найти способ посеять раздор между двумя основными сельскими классами Царства Польского. Много позже, в июне 1880 года, один царский министр говорил мне: «Мы приняли меры предосторожности и держим поляков в узде этими сервитутами».

Такое новое применение принципа «разделяй и властвуй» не могло, однако, продолжаться долго. Помимо препятствий на пути законного землепользования, действия агентов правительства, мешавших полному урегулированию сельского вопроса, создавали серьезную проблему: косвенным образом они вносили в сознание народа неясность самого понятия собственности, давали ему повод думать, что права каждого не определены окончательно указами 1864 года, и порождали мечты о новых аграрных комбинациях. Тем самым открывалась возможность для революционных и социалистических устремлений. В населении, до той поры лишенном всяких идей подобного рода, рождалась тем самым смутная и химерическая надежда на новое распределение и новые разделы земли. Это то, чем иногда занимаются, втайне от правительства, некоторые его агенты в Польше. Когда собственники земли предлагают крестьянам за денежное вознаграждение или путем раздела лесных угодий урегулировать мировым соглашением эти сложные вопросы о сервитутах, некоторые *чиновники* говорят крестьянам: «К чему договариваться и отказываться от ваших прав на одну часть леса ради остальной, когда однажды можно будет все получить бесплатно?» Учитывая радикальные идеи, слишком часто распространенные в низовом чиновничестве, и ненависть к польскому дворянству, движущую столь многими мелкими служащими, в таких высказываниях, к несчастью, нет ничего удивительного. В любом случае здесь мы имеем дело с приемом, недостойным великой нации, которого рано или поздно Россия будет стыдиться.

Если не принимать во внимание неукоснительное следование этим обременительным сервитутам и ограничения, наложенные по аналогичным политическим соображениям на свободное распоряжение земельной собственностью[16], можно сказать, что после кризиса 1864 года аграрная ситуация в Польше стала одной из лучших в Европе. Раздача земли крестьянам в 1864 году была два года спустя дополнена новыми распределениями из состава государственных и церковных земельных владений. За десять или двенадцать лет, последовавших за выполнением указов, площадь обрабатываемых земель увеличилась на 550 000 гектаров, производство зерна почти удвоилось и приблизительно так же увеличилось поголовье скота[17]. И хотя к такому увеличению производства были причастны в первую очередь крестьяне, крупные и средние собственники также не оставались в стороне. Многие поместья, площадь которых, согласно закону 1864 года, уменьшилась примерно на треть, стоят сегодня больше и приносят больший доход. Из трех частей прежней Речи Посполитой именно Царство Польское, вне всякого сравнения, сейчас процветает более всех. Прогресс проявляется во всех внешних

---

[16] Мы имеем в виду законы, которые в западных областях Российской империи позволяли продавать землю только православным русским покупателям или немцам. Это делалось для того, чтобы уменьшить площадь земель, которыми владели поляки.

[17] Господа Симоненко и Анучин, среди прочих, опубликовали на этот счет вполне убедительную статистику. С ней можно сравнить работы доктора В. Залесского из Варшавы.

признаках: население быстро возрастает, и в то же время увеличивается средняя продолжительность жизни, в то время как преступность снижается. Похоже, что успех Милютина в конечном счете был бо́льшим и менее оспариваемым в Польше, чем в России. По крайней мере частью этого успеха все обязаны польскому населению, его природной гибкости и энергии. Возможно, Милютин и его друзья при этом сказали бы, что если они были успешнее в Польше, то это оттого, что, вопреки всем усилиям помешать их работе, их руки чувствовали там больше свободы.

Мы оставили героя нашего повествования в Варшаве, занятого подготовкой сотрудников, которые должны были привести в исполнение новые постановления. Накануне православной Пасхи Николай Алексеевич смог наконец отправить в польские деревни и села первый отряд своих молодых волонтеров. Их отъезду придали религиозный характер. Милютин писал супруге (14 / 26 апреля 1864 года):

> Только сегодня я смог, наконец, отправить моих шестьдесят молодцов, что перевернуло весь день с ног на голову. Утром мы все собрались в соборе (православном), где архиепископ, сам отслужив службу, благословил молодых людей всех вместе и каждого в отдельности. Затем, в половине второго, у меня был дан обед в честь путешественников, и, после соответствующих напутствий и прощаний, наши миссионеры отправились во все уголки края, нагруженные печатными и рукописными инструкциями, провизией, некоторые с женами, другие в сопровождении друзей, и все под охраной. Дай Бог, чтобы им хватило ума и стойкости победить интриги *шляхты* и побороть апатию крестьян!

В то время, когда «молодые миссионеры» Милютина уезжали из Варшавы, в Петербурге чествовали депутацию польских крестьян, приехавших благодарить царя. В здании Городской думы был дан большой банкет и, для установления символического братства сельских классов двух славянских народов, были приглашены русские крестьяне из окрестных деревень.

Празднества, отмеченные высочайшим присутствием императора, не могли, однако, снизить накал противостояния Варшавы и Петербурга. В селах Царства Польского сопротивление землевладельцев иногда опиралось на поддержку русских властей и высшего офицерства. Если Милютин и Черкасский находили в среде молодых поручиков и капитанов своих самых преданных делу комиссаров, то совсем иные настроения отмечались в высшем военном командовании. Некоторые генералы из числа военных комендантов были тесно связаны с польским дворянством и на себе испытывали все очарование этого аристократического класса, одного из самых высококультурных и утонченных в мире. Другие так и не смогли простить Милютину и его друзьям аграрные законы 1861 года. Они почти открыто подстрекали землевладельцев не подчиняться предписаниям комиссаров и заявляли крестьянам, что посланцы Милютина и Черкасского обещают гораздо больше, чем могут дать[18].

Это не были единичные факты. Хотя императорские указы отменяли барщину, не устанавливая, как в России, переходный период для организации новых аграрных отношений, некоторые военачальники, пользуясь властью, которую им давало осадное положение, группировали вокруг себя оппозицию. Они угрожали страшными карами тем крестьянам, которые отказывались работать на барщине, и «преследовали так называемых зачинщиков беспорядков»[19]. Самым необычным было то, что в этом конфликте с военными властями наместник и варшавский комитет часто вставали на сторону противников Черкасского, управлявшего внутренними делами. В результате тот был вынужден постоянно жаловаться в Петербург Милютину, а Николай Алексеевич, соответственно, жаловаться императору. Приходилось бороться за каждую провинцию, каждый уезд, почти в каждой комиссии. Противники двух друзей пустили слух о том, что

---

[18] Можно привести в качестве примера занятный доклад комиссара Дометти князю Черкасскому по поводу конфликта в уезде Влоцлавек, инициированного князем Витгенштейном (доклад от 30 апреля 1864 года).

[19] Из письма Черкасского Милютину от 13 / 23 мая 1864 года.

Милютин не вернется в Варшаву, что Черкасский будет отозван, а работы по новой организации крестьян свернуты[20].

Эти три года, 1864-й, 1865-й и 1866-й, были для Милютина длинной чередой бесконечных баталий, где в конце каждой кампании, как это было и при освобождении крестьян в России, друзьям виделась близкая опала или дезавуирование[21].

Милютин чувствовал, что не мог оставить Черкасского одного в Варшаве, где большинство в Учредительном комитете было ему враждебно и где от князя, по его собственному выражению, русское высокое начальство бежало как от чумы, что напоминало прием, оказанный ему петербургским высшим светом в эпоху недавней крестьянской реформы в России. Для проведения в жизнь многочисленных планировавшихся изменений было недостаточно бросить в бой младших агентов, рекрутированных повсюду и наспех обученных. Нужны были прежде всего люди, способные возглавить в Варшаве различные службы Царства Польского и противостоять наместнику и его ставленникам. «Черкасский, — с болью писал Николай Алексеевич, — един-

---

20 В начале июня 1864 года великая княгиня Елена Павловна послала из Берлина Милютину статью о Польше, напечатанную в *Gazette de Silésie*, где можно было прочесть, что «государственный секретарь Милютин, уехавший из Варшавы, больше туда не вернется и что работа Комитета будет приостановлена, пока не будут существенно изменены мартовские декреты». Со своей стороны, Черкасский писал Милютину 21 мая / 2 июня 1864 года: «*Czas* и другие газеты распространяют слухи такого рода: что вы уехали и больше не вернетесь, что меня самого скоро сменит Трепов, который соединит в одних руках полицию и внутренние дела, и т. д.».

21 «Когда меня здесь не будет, — говорил иногда Милютин, — разрушат все, что я сделал, как это пытались сделать в России». Со своей стороны, Черкасский писал Милютину, что, приехав в Польшу, он совершил большую глупость (письмо от 13 / 25 мая 1864 года). Несколько позже, 31 мая / 12 июня, намекая на слух о своем скором отзыве, князь добавил, что если бы он думал только о себе, то должен был бы скорее этому радоваться, потому что опала придет рано или поздно, когда закончится крестьянская реформа. В другом письме князь жаловался на то, что Министерство внутренних дел с подозрением относилось к «мировым посредникам», приехавшим в качестве «комиссаров» в Польшу, и лишало их знаков отличия, одновременно присваивая их коллегам, которые спокойно оставались в России.

ственный, на кого я могу полностью положиться, но его одного недостаточно». В тревоге Милютин безнадежно взывал к Самарину. «Вы не можете себе представить, — писал он ему в апреле 1864 года, — в каком ужасном положении мы здесь без вас! <...> Если только ваше здоровье позволит принести такую жертву, не откажите мне, приезжайте, хотя бы на шесть недель»[22]. Самарин не мог оставаться глух к таким мольбам. Несмотря на ранее принятое решение, он вернулся в Варшаву, чтобы занять место в Учредительном комитете, но оставался там лишь несколько недель, до прибытия одного из своих старых знакомых по Редакционной комиссии, Якова Соловьева, который, отстраненный от дел в Петербурге, решил откликнуться на настоятельные просьбы Милютина. Вот с какими словами Николай Алексеевич обращается к Соловьеву. Нигде он не описывает свою политику в Польше с большей ясностью и решительностью:

> Варшава, 23 марта / 4 апреля 1864 года.
>
> Надеюсь, что вы получили, душевно уважаемый Яков Александрович, посланные мною с Дюлу указы и материалы по польскому крестьянскому делу. Это первый шаг к реформам, которые должны теперь получить энергическое развитие и коснуться всех частей управления: финансов, народного образования, полиции и судов. Все это, разумеется, должно совершиться в том же духе и с ясно сознанною целью: *поднять и поставить на ноги* угнетенную массу, противопоставив ее олигархии, которою проникнуты до сих пор все польские учреждения. С радостью могу сказать, что таковы убеждения и твердые намерения государя. Могу также добавить, что с каждым днем убеждаюсь в возможности выполнить эту программу. Со временем, в самой Польше можно будет найти деятельные элементы, чтобы на них опереться[23]. Но теперь, пока, нужны русские деятели, и они необходимы не только вследствие ненормального

---

[22] Из письма Самарину от 3 / 15 апреля 1864 года.

[23] Милютин часто возвращался к этой мысли. В письме от 22 мая 1864 года он повторил, что позже можно будет использовать сотрудников из числа поляков.

> положения края, но и по причине совершенного отсутствия организаторской способности самих поляков вне их нелепых традиций. Эта способность проснется в них только тогда, когда связь с этой традицией порвется и явится на сцену новый, неведомый в польской истории деятель: *народ*.

Этот благородный язык замечателен по ряду причин. Как говорил Милютин, Россия своими аграрными законами и новой организацией местного управления вывела польский народ из состояния унижения, в котором он находился веками, и плодами этой революции первой должна была воспользоваться сама Польша. Подняв с колен сельское население и создав на берегах Вислы многочисленный класс крестьян-собственников, Милютин, на основе низового народа, вернул к жизни саму польскую нацию. Благодаря ему и его друзьям руками русских было сделано то, о чем тщетно мечтали патриоты Царства Польского. Вместо тонкой прослойки аристократии для построения будущего польской нации была использована широкая народная основа. С этой точки зрения нельзя рассматривать Милютина и Черкасского как врагов и разрушителей польской государственности. Скорее, они заслуживают занять место среди тех, кто ее возрождал. В самом деле, в глубинном народе национальное чувство пускает свои самые глубокие корни, и именно из сердца народа их труднее всего извлечь[24].

Не стоит удивляться тому, что некоторые русские интерпретировали сказанное как аргумент против планов Милютина в пользу сельского населения Польши. Один из министров Александра II рассказывал мне в 1880 году, что в то время, когда обсуждались аграрные законы 1864 года, противники Милютина так формулировали свою позицию: «Сегодня в Царстве Польском

---

[24] Русский язык в этом отношении очень точен. Термин, выражающий идею национальности, *народность*, является однокоренным со словом *народ*. Этимология ясно указывает на связь идей. В качестве сравнения можно вспомнить *Volksthum* в немецком языке. (Фр. слово *nationalité,* которое использует автор, в XX веке изменило значение и теперь чаще всего переводится не как *национальность*, а как *гражданство. — Прим. перев.*)

нам противостоят только 300 000 поляков. При новой сельской организации через тридцать лет их будет в двадцать раз больше». Очевидно, нельзя бросить упрек русскому правительству в том, что оно не остановилось перед таким возражением. Впрочем, для предупреждения любой подобной опасности у России всегда есть простой выход: уважать национальное чувство своих польских подданных, их язык, религию, традиции.

Как и русский *мужик*, трансформации которого так радовался Самарин, мазовецкий крестьянин, еще недавно униженный и раболепствующий, торопящийся лобызать полу одежды дворянина или чиновника, вот уже двадцать лет ведет себя совсем иначе. Сегодня он чувствует себя человеком, ощущает свою индивидуальность и знает свои гражданские права. Однако, так же как в России, хотя и по другим причинам, он не извлек всей предусмотренной выгоды из законов, созданных в его пользу. В этом нет ничего странного: народ не может измениться при жизни одного поколения. При всем его желании, польский крестьянин сегодня не может не чувствовать состояния унижения и полного политического порабощения своей родины, которая, номинально являясь частью империи, остается вне действия либеральных реформ, предпринятых в России.

Глава XII

Возвращение Милютина в Петербург (апрель 1864 года). — Продолжение борьбы между ним и наместником. — Отношение Александра II к обеим партиям. — Последние приезды Милютина в Варшаву. — Различные реформы. — Финансы. — Правосудие. — Образование. — Администрация. — О вхождении Царства Польского в состав России. — Можно ли назвать приемы русификации, использованные в Польше, системой Милютина?

Милютин возвратился в Петербург в первые дни апреля 1864 года. Друзья предупреждали его в письмах, что для него настало время вернуться в столицу, чтобы расстроить интриги, которым способствовало его отсутствие[1]. Вынужденный сражаться с врагом, угрожавшим одновременно с двух сторон, Милютин возвращался в Петербург, чтобы на скользком полу царского дворца и в тени канцелярий вступить в новые сражения, заключавшиеся в военных хитростях и ловушках. Мы не сможем здесь проследить за всеми перипетиями тайной войны, которая продолжалась почти три года и стоила Милютину жизни. Детальное описание этой своего рода бюрократической дуэли, перечисление всех пинков и ударов, нанесенных по очереди обоими противниками,

---

[1] «Говорят, что ваше пасхальное появление (в Петербурге) становится проблематичным. <...> Окончательно ли это? В интересах вашего дела, не будет ли лучше приехать ненадолго сюда, хотя бы для того, чтобы расстроить планы тех, кто ожесточился против Муравьева и хотел бы удалить его из Вильны? Мне кажется, что ваш приезд был бы очень полезен. Если Литва будет предоставлена самой себе или попадет под слабое управление, неизбежно начнутся волнения в Царстве Польском...» (из письма на французском языке К. Г. Катакази Милютину от 3 / 15 апреля 1864 года).

утомило бы читателя своей монотонностью. Сражение продолжалось до тех пор, пока один из противников, самый молодой и внешне самый выносливый, не пал замертво, сраженный внезапной болезнью. Без такого вмешательства естественного свойства неизвестно, сколько еще лет могла продолжаться эта гражданская война русской администрации с самой собой.

Император, которого глубоко задело восстание 1863 года (Александр II никогда не простил его Польше), мало-помалу научившийся понимать и ценить личные качества Николая Алексеевича, несомненно, душой был с ним. Обычно он поддерживал и ограждал Милютина от недобросовестности собственных министров и происков своего официального представителя в Варшаве. Однако император не торопился дезавуировать противников политики, которую сам поддерживал, и не перестал выказывать им публичные знаки своего расположения. Можно сказать, что поведение Александра II в польских делах напоминало двойную дипломатию Людовика XV и приемы, использованные им во внешней политике. В течение всего периода изменений в Польше действовало два правительства, наиболее сильным из которых было не то, которое, как казалось, представляло непосредственно императора. Желал ли он вообще остаться в стороне от придворных интриг или не хотел никому открыто отдавать предпочтение, либо, возможно, ему претила мысль об ответственности за все меры, принятые от его имени в Царстве Польском, но Александр II оставлял конфликтующим сторонам полную свободу действий. Одна из них обладала внешне видимой властью, другая — властью реальной. Поэтому противники Милютина шепотом обвиняли императора в сговоре с Николаем Алексеевичем против собственного правительства и своих министров.

Трудно себе вообразить весь накал страстей в борьбе, развернувшейся вокруг императора, обуревавшие его навязчивые идеи и тревожную бдительность сторон, стремившихся уловить признаки высочайшего волеизъявления. Например, когда Александр II собирался поехать на лечебные воды в Бад-Эмс или Бад-Киссинген, князь Черкасский слал Милютину одно письмо за другим, предупреждая, что личная встреча самодержца с графом Бергом на вокзале Ковно рисковала нанести непоправимый удар их общему делу. Охваченный тревогой, Черкасский убеждал Милютина найти способ сопровождать императора в поездке. По его словам, на встрече в Ковно императора ждал настоящий психологический штурм со стороны наместника[2]. Милютину пришлось объяснить князю, что столь откровенный демарш был бы неуместен и мог задеть самолюбие императора. «Просить разрешения сопровождать его, — писал он своему другу, — означало бы свидетельствовать о недоверии и сомневаться в твердости Государя, что, как раз, и является его "чувствительной точкой"». Несмотря на повторные увещевания Черкасского, обеспокоенного проектами графа Берга, который не скрывал своих надежд на эту аудиенцию, Милютин, далекий от того, чтобы искать предлог вскочить в царский поезд, решил положиться на гарантии самодержца[3].

Из Петербурга, где его обычно удерживали присутствие императора и необходимость противостоять враждебным влияниям, Николай Алексеевич был вынужден часто совершать короткие вылазки в Варшаву, чтобы прийти на помощь Черкасскому и его друзьям. Так сформировалась практика его «челночных» перемещений между Невой и Вислой. Каждый год, с 1863-го по 1866-й, он один или два раза отправлялся в Варшаву, чтобы на месте оценить состояние дел и лично инициировать осуществление различных реформ. Такие поездки всегда были поводом для новых изнурительных стычек с наместником, которого Милютин и Черкасский в своей переписке именовали *старым полишинелем*[4]. Конфликт между ними касался одновременно новых институций и персонала, которому было поручено направлять их деятельность. Каждое назначение становилось предметом жаркого соперничества. Используя метод своего рода качелей,

---

2 Письма Черкасского Милютину от 14 / 26 мая и 16 / 28 мая 1864 года.

3 «Обещания Государя мне были несколько раз подтверждены им лично, а еще и моим братом в момент отъезда и т. д....» (из письма Милютина Черкасскому от 2 / 14 июня 1864 года).

4 Например, в письме Милютина от 16 / 28 марта 1865 года.

Александр II, казалось, получал удовольствие от того, что по очереди удовлетворял требованиям обеих сторон, утверждая на очередном посту то кандидатов графа Берга, то кандидатов Милютина и тем самым рискуя сделать административную неразбериху в Царстве Польском постоянной[5].

Для своих поездок в Варшаву Николай Алексеевич предпочитал моменты отсутствия императора в столице. Так, летом 1864 года, во время пребывания Александра II на лечебных водах в Германии, Милютин приезжал в Варшаву, чтобы оказать помощь Черкасскому и его комиссарам. Его возвращение из Польши совпало по времени с возвращением самого императора, и в Вильне он встретился с ним в компании с Муравьевым, графом Бергом и князем Горчаковым, который намекал на то, что сумел передать жалобы наместника самодержцу прямо в Бад-Киссинген[6]. В ходе *конгресса*, как характеризовал эту встречу Милютин, граф Берг, искусно маскируя игру, как обычно, не скупился на похвалы и куртуазное обращение по отношению к своим общепризнанным противникам в Варшаве: Черкасскому и Соловьеву[7]. Из Вильны Милютин возвращался в царском поезде и в пути работал в вагоне-кабинете с Александром II, который, как казалось, не испытывал предубеждений против Николая Алексеевича, несмотря на попытки окружения возбудить их, предпринятые в ходе поездки[8].

---

[5] «В качестве компенсации за назначение Соловьева и Кошелева граф Берг смог добиться назначения (в Учредительный комитет) двух своих протеже З... и Б..., первый из которых отличился лишь тем, что отдал приказ стрелять по траурной процессии поляков...» (из письма Милютина Черкасскому от 2 / 14 июня 1864 года).

[6] «Похоже, — писал Милютин Черкасскому (16 / 28 июня 1864 года), — что в Бад-Киссингене распространили некий доклад, составленный против наших комиссий, и что автором его является князь Горчаков. Он даже послал сюда его копию своим друзьям. Но вчера, по повелению Его Величества, я получил от него сообщение об этом доносе с предписанием поступить по своему разумению».

[7] Из письма Милютина Черкасскому от 8 / 20 июля 1864 года.

[8] Из того же письма.

Менее чем через год, в мае 1865 года, Николай Алексеевич снова посетил Варшаву, где нашел графа Берга все таким же не смирившимся и недоброжелательным, как и при их предыдущей встрече. Наместник, чьи поражения не уменьшили его упорную враждебность, не скрывал надежды вскоре одержать решающую победу[9]. Оставив Милютина в Варшаве и надеясь получить высочайшее одобрение, Берг устремился к границе на встречу с Александром II, который возвращался в Россию на похороны своего старшего сына[10]. Император, часто уступая наместнику в несущественных вопросах, тщетно пытался сохранить в неприкосновенности планы Милютина. Ничто не могло остановить энергичный напор *старого полишинеля*. В декабре 1865 года Николай Алексеевич, в очередной раз призванный в Польшу, писал, что оппозиция Берга всем его действиям стала хронической[11] и что для наместника все данные ему высочайшие инструкции оставались лишь на бумаге[12]. Впрочем, как это обычно бывало, после тщетных попыток вывести из терпения своих противников в конце концов Берг смирялся и выполнял указания, которые так ожесточенно оспаривал[13].

Аграрные законы 1864 года и комиссии, которым было поручено их применять, не были единственной почвой, на которой сталкивались интересы Милютина и его противников в Варшаве и Петербурге. В конце концов Николаю Алексеевичу пришлось принять на себя весь тяжкий груз организационных вопросов, от которых, как ему казалось поначалу, он смог освободиться. Не имея возможности сосредоточить все усилия на решении крестьянского вопроса, он должен был поочередно разрабатывать планы для самых разных служб: административных, судебных, образовательных, финансовых, церковных должностей, общественных работ.

---

9 Из письма Милютина супруге от 7 / 19 мая 1865 года.

10 Великий князь Николай Александрович умер в Ницце весной 1865 года.

11 Из письма Милютина супруге от 10 / 22 декабря 1865 года.

12 Также из письма супруге от 14 / 26 декабря 1865 года.

13 Из письма супруге от 20 декабря 1865 / 2 января 1866 года.

Посреди всей этой резкой перестройки политических, социальных и религиозных институций Польши Милютин был принужден заниматься всем, преодолевая все те же препятствия и в неизменной спешке. В письме Черкасскому (12 / 24 сентября 1864 года) он обсуждает направление, которое следует придать строительству железных дорог в Царстве Польском; в другом письме (30 ноября 1864 года) он советует князю учредить новый статут шахтного дела, который А. И. Кошелев должен был детально разработать на месте. В Петербурге Николай Алексеевич председательствует в Комитете по реорганизации польских финансов, и в этом вопросе, как и в других, наталкивается на сопротивление Варшавы. С целью отстранения Черкасского от внутренних дел в какой-то момент наместник вознамерился перевести всю деятельность князя в финансовую сферу. Этот проект, который Черкасский не отверг немедленно, живо взволновал Милютина, с ужасом понимавшего, что управление внутренними делами может перейти к Трепову или к какому-нибудь другому сообщнику Берга[14]. Согласившись с мнением друга, Черкасский решил отклонить комбинацию наместника. Он продолжил заниматься внутренними делами, а финансы были доверены Кошелеву — кандидату Милютина, человеку состоятельному и независимому. Кошелев успел стабилизировать финансовое положение в крае и пережил своих знаменитых соратников[15].

Реорганизация судебной системы доставила Николаю Алексеевичу еще больше беспокойств. Как и в случае с крестьянскими указами, по этому вопросу ему пришлось противостоять яростным атакам в петербургском комитете, которому было поручено изучение этой реформы. 18 июня 1865 года Милютин писал супруге, что упорно работает над судебным уставом и боится изменений, которые затем могут быть в него внесены. В другом письме супруге, от 22 числа того же месяца, он с радостью объявляет ей о своей победе: его проекты были одобрены императо-

---

[14] Письмо Милютина Черкасскому от 12 / 24 апреля 1864 года.

[15] Кошелев умер в 1883 году, успев заняться изданием нескольких газет и опубликовав интересное экономическое исследование своей родины.

ром. Так же обстояло дело с аграрными законами. Милютину пришлось искать исполнителей, бороться с выбором, предложенным Бергом, самому нанимать новый персонал, устраивать его размещение и защищать от недобросовестных выходок наместника. Он сознательно вкладывал в эту деятельность всю свою энергию, понимая, как он писал об этом Соловьеву, что аграрные законы были тесно связаны со всей новой сельской организацией[16]. С целью облегчения задачи юристов, которых он набирал в свою судебную комиссию, Милютин заручился поддержкой Александра Федоровича Гильфердинга, одного из самых знаменитых славистов Российской империи. За несколько месяцев до своего отхода от дел Милютин с радостью отмечал, что русский язык проник даже в судебные инстанции, то есть «туда, где можно было ожидать наибольшего ему сопротивления»[17].

Мы прикасаемся здесь к одной из постоянных озабоченностей Милютина и его друзей, и в то же время к одной из самых чувствительных и оспариваемых сторон его дела. Николаю Алексеевичу часто приписывают авторство системы русификации и вытеснения польского языка, практиковавшейся в Польше в конце царствования Александра II. Несомненно, что одной из своих задач Милютин считал необходимость распространения на берегах Вислы русского языка, знание которого до того времени было в Польше слабее, чем знание немецкого или французского. Создается, однако, впечатление, что в этом вопросе часто неправильно истолковывают его намерения и что с уходом Милютина его инструкции и рекомендации были искажены и доведены до абсурда[18]. В частности, в уставе системы народного

---

[16] Речь идет о письме Соловьеву от 30 ноября / 12 декабря 1864 года. Так же как в России, в Польше Милютин создавал выборные суды для вынесения решений на основании местных обычаев, в спорах, возникавших между крестьянами.

[17] Из письма Милютина супруге от 8 июня 1866 года.

[18] В двух письмах от 14 / 26 января 1865 года, адресованных одно Черкасскому, другое Соловьеву, Милютин высказывает одобрение идее князя создать в Польше две русские гимназии, и в то же время объявляет о том, что распорядится прислать русский алфавит «для разных языков и диалектов

просвещения, опубликованном в последние месяцы его карьеры, Милютин указал на необходимость введения русского языка в гимназиях «для преподавания географии и истории России и Польши». Согласно указам, официально датируемым 5 января 1866 года, все другие предметы должны были, как и раньше, преподаваться на польском языке. И всего через три года после ухода Милютина, в 1869 году, неожиданно везде, во всех учебных заведениях Польши польский язык был заменен русским. В 1871 году это правило распространили и на религиозное образование. Дошло до того, что в Варшавском университете стали преподавать польскую литературу на языке Московии. Но ничто не позволяет приписать авторство этой странной системы Николаю Алексеевичу. Не впадая в такие крайности и отвергая всякую идею насильственной русификации польской молодежи, в своих докладах императору Милютин лишь напоминал, что русскому языку должно быть уделено «достойное место». В памятной записке, направленной 27 мая 1864 года Комитету по делам Царства Польского, Николай Алексеевич без колебаний заявил, что «все усилия, направленные на русификацию Польши, будут тщетны, что никогда не удастся привлечь поляков и слить их с русскими через систему образования и что уже хорошо, если поляки будут учить русский язык как одно из знаний, необходимых для общей культуры». Милютин также приводил своим соотечественникам похожий пример Ирландии, показывая на нем, что даже языковая общность не всегда достаточна для сближения двух народов.

Работа Милютина над административными вопросами сталкивалась с такими же трудностями. Хотя и руководствуясь необходимостью действовать, по крайней мере временно, по-диктаторски, Милютин считал необходимыми мерами скорейшую отмену осадного положения и военной диктатуры[19]. Несомненно,

---

Царства Польского». Надо ли это понимать как то, что он был из числа реформаторов, которые хотели заменить латиницу польского языка русским алфавитом?

[19] Из письма Черкасскому от 12/ 24 сентября 1864 года.

что он не разделял идею польской автономии. Он видел будущее Царства Польского в интеграции с империей, отсутствии разделявших страны барьеров и в перенесении варшавской администрации в Петербург. Милютин считал необходимым «поначалу» использовать на административных постах только русских[20]. Но нет никаких доказательств того, что он собирался лишить поляков их *национальности* и мечтал о химерической ассимиляции. Он обладал даром предвидения и слишком хорошо узнал Польшу, чтобы не предаваться подобным мечтаниям. Целью его политики было объединение, а не русификация.

К несчастью, переписка Милютина не проливает достаточный свет на этот вопрос. Лишь однажды, в письме Черкасскому от 16 / 28 марта 1865 года, Николай Алексеевич упоминает об «*инкорпорации*» Польши, к тому же в довольно неясном контексте, как если бы эта идея пришла из Варшавы от Черкасского и как если бы по этому вопросу сам Милютин не разделял полностью чувств своего друга:

> Из ваших предыдущих писем, переписки с Соловьевым и письма, полученного вчера от Кошелева, вытекает, что среди вас сильно укрепилась идея *инкорпорации* Царства Польского. Я подробно объяснился на эту тему с Соловьевым, который передаст вам мои взгляды, которые не совсем совпадают с бытующими в Варшаве. Он расскажет вам также, с какой ловкостью хитрый старик (Берг) смог придать этой идее *вид интриги чуть-чуть не революционной*, связав вопрос *инкорпорации* с всеобщим избирательным правом и выдвинув, в связи с этим, вперед Каткова, Конституцию и даже Щебальского! Бога ради, в ваших изъяснениях с этим полишинелем... будьте осмотрительны...

Каким бы образом Милютин ни планировал *инкорпорацию* Царства Польского в империю, его нельзя считать ответственным ни за то, как ее провели его последователи, ни за исключительные меры, примененные в провинциях на Висле после его ухода.

---

[20] Из письма от 23 марта 1864 года.

Ни его частная переписка, ни публичные выступления не дают основания называть радикальные приемы русификации, использованные после 1867 года, когда покушение Березовского на императора подняло волну антипольских настроений, системой Милютина. Этот термин по меньшей мере неуместен. Режим, узаконенный в конце царствования Александра II и примененный в Царстве Польском еще графом Бергом, выглядит лишь политически недальновидной пародией на систему, рекомендованную Милютиным. Следует заметить, что, когда неизлечимая болезнь заставила Милютина окончательно оставить дела, те меры, которые он с огромным трудом заставил принять в Польше, были тут же применены самым суровым образом. Правительство, первоначально проявившее столько неприязни к его «радикальным методам», без колебаний прибегло к ним, стоило Николаю Алексеевичу уйти с политической сцены.

Если реформы Милютина, и в особенности аграрные законы 1864 года, не принесли народу всех плодов, на которые рассчитывали их авторы, вина в этом в значительной мере ложится на слепую систему отмены польской национальности, которая пережила императора Александра II. Царское правительство приложило похвальные усилия к развитию образования в стране, но обучение народа не может осуществляться на иностранном языке, которого не понимает ребенок и на котором не говорит взрослое население.

Польскому народу, который Милютин, как он считал, льстя себе, «поднял и поставил на ноги» и наконец «вывел на историческую сцену»[21], одно это уже представлялось явным показателем подчиненного положения. Позволим себе также заметить, что из двух частей программы, применявшейся в Польше с 1863 года, одна часть служила препятствием для успеха другой. С одной стороны, обеспечив народ землей и доверив ему низовое административное управление в *гминах* (коммунах), царское правительство сделало немало, чтобы поднять народ. Но, с другой стороны, изгоняя польский язык из школ, администрации и судов,

---

[21] См. выше на стр. 236–237 письмо Соловьеву от 23 марта 1864 года.

оно, как кажется, работало на его подавление. В Польше, как и в других регионах Европы, например у славян, живущих вдоль течения Дуная или на Балканах, духовное и интеллектуальное развитие народа может быть полным только при наличии национальной культуры. Трудно себе представить, что Россия могла это забыть. К тому же во время Крымской войны и в период кризиса, вызванного деятельностью террористических организаций, поляки в целом проявили мудрость и сдержанность, чтобы, несмотря на прошлые обиды, не провоцировать Россию. Они ожидали, что Россия не откажет им в том, чего в свое время она сама с честью добилась для многих бывших христианских подданных Оттоманской Порты.

Глава XIII

Дела религии. 1864–1866 годы. — Секуляризация монастырей в Польше. — Как эта мера была подготовлена Милютиным и приведена в исполнение Черкасским. — Белое духовенство. — Замысел Милютина назначать католических священников на выборной основе. — Единая греческая церковь. — Разрыв России с Ватиканом

Вопрос религии, или, точнее, церковный вопрос был, после аграрных законов, основной озабоченностью Милютина и Черкасского в Польше. Как известно, ни в одной другой стране национальное сознание и религия не поддерживают и не усиливают друг друга так, как в Польше. При Николае I и Александре II этот тесный союз католицизма и польского духа был невольно ущемлен политикой России, которая всегда проявляла равную степень недоверия к «латинскому» и к «польскому» влиянию[1]. В 1863 году в еще большей степени, чем в 1848-м или в 1830-м, духовенство рассматривалось как основной после дворянства подстрекатель к польскому сопротивлению. Оно не могло выйти без потерь из поражения восстания, которое, как считалось, оно вдохновляло и поддерживало, по меньшей мере своими молитвами. Мы не сможем здесь ни описать, ни оценить все акты мщения и жестокости победителей. Поэтому остановимся лишь на тех событиях,

---

[1] На Западе, как и в России, часто преувеличивают влияние, которое оказывает на страну польская католическая церковь. В первой половине века, в частности до 1830 года, власть духовенства была далека от абсолютной. Среди дворянства было распространено вольнодумство и вольтерьянство. Доказательством может служить тот факт, что Сейм в Варшаве неоднократно отклонял проекты законов о прекращении злоупотребительной практики разводов, представленные Александром I и Николаем I, и это несмотря на их предварительное согласование со Святейшим Престолом.

в которых Милютин принял непосредственное участие и которые может по-новому осветить его переписка.

Суровым мерам временного характера Милютин во всем предпочитал то, что он называл органическими мерами. Он более охотно прибегал к воздействию на институции, чем на личности. Так он поступил и с иерархами Римской католической церкви в Польше. В самодержавной империи, равно как и в демократических государствах, правительство всегда наносит первый удар по черному духовенству и монахам, то есть по элитным отрядам церкви. И здесь, как и во всем, Милютин натолкнулся на сопротивление наместника.

Граф Берг не выступал публично против закрытия монастырей, более или менее скомпрометировавших себя в ходе национальных волнений. Он лишь высказывал Милютину и Черкасскому мысль о том, что, вместо резко взятого курса на секуляризацию, следовало бы действовать постепенно, чтобы не провоцировать в стране новых волнений. Кроме того, следуя своей излюбленной схеме, наместник считал, что, дабы не оставлять всю грязную работу русским, лучше было с самого начала передать ее в руки самих поляков-католиков. Однако среди еще не уволенных местных чиновников — поляков было затруднительно найти тех, кто смог бы взяться за такой неблагодарный труд. В управлении религиозных культов у Берга работал пожилой чиновник по фамилии Дембовский, чье прошлое и взгляды позволяли рассматривать его как подходящую кандидатуру для такой работы. «Предоставьте это Дембовскому, — говорил наместник Черкасскому, — он всегда ненавидел монахов и требовал их упразднения после 1830 года. Дайте ему возможность действовать, а потом увольте»[2]. Но Милютин и Черкасский были врагами временных мер и слишком не доверяли Бергу и польским чиновникам, чтобы согласиться с таким решением. Между тем чиновный мир приложил все усилия, чтобы затруднить работу двух друзей.

Противодействие Берга не было единственным затруднением, с которым приходилось считаться. Иногда Николая Алексеевича

---

[2] Из письма Черкасского Милютину от 21 мая / 2 июня 1864 года.

и князя Черкасского ждали на их пути самые неожиданные обстоятельства. Когда встал вопрос о роспуске монашеского сообщества, Милютин сначала подумал привлечь к работе некоего Скрипицына, который при Николае I навлек на себя ненависть немцев и протестантов прибалтийских губерний России[3]. Слух о таком выборе дошел до барона Будберга, посланника России при дворе Наполеона III во Франции. Посланник был поражен кандидатурой Скрипицына. Он написал из Парижа Милютину длинное письмо, выражая ему свою моральную поддержку в упразднении монастырей, но разубеждал его доверить эту миссию такому «православному фанатику», как Скрипицын, из опасения придать секуляризации характер преследования на почве религии[4]. Милютину пришлось отказаться от этой кандидатуры, так как он не хотел собственноручно обеспечить своих противников в Варшаве мощной поддержкой прибалтов.

Черкасскому было дано особое поручение секуляризации монастырей. Под руководство князя вместе с внутренними делами было отдано управление религиозных культов. В этом не без основания просматривалась прелюдия к серьезным мерам. Но никто не мог точно знать, какое направление примут действия двух друзей. Милютин начал с того, что собрал документацию об упразднении монастырей в соседних государствах, в особенности католических[5]. В соответствующих примерах не было недостатка. По замечанию самого Милютина, они находились во всех странах, кроме Польши и церковных владений[6]. По поручению Николая Алексеевича А. Ф. Гильфердинг подготовил обширный доклад о том, как в большинстве католических стран в тот или иной момент были приняты меры, аналогичные тем, которые планировались в Царстве Польском. Если Милютин придавал такое значение историческим прецедентам, он это делал не только для

---

[3] Скрипицын Валерий Валериевич, директор департамента духовных дел иностранных исповеданий МВД в 1842–1855 годы, противник конкордата с Ватиканом. — *Прим. науч. ред.*

[4] Письмо барона Будберга Милютину от 23 мая 1864 года.

[5] Из писем Черкасскому от 2 / 14 июня и 19 / 31 июля 1864 года.

[6] Письмо от 8 / 20 августа 1864 года.

того, чтобы ответить на нападки польской или иностранной прессы, но и с тем, чтобы сломить сопротивление по этому вопросу, которое он встречал в Петербурге. Очень нелегко принятое царскими советниками, упразднение католических монастырей в Польше подняло среди них волну живых обсуждений. Николай Алексеевич особенно жаловался на противодействие графа Панина, своего бывшего оппонента по редакционным комиссиям, который настаивал на постепенной секуляризации и которого Милютин подозревал в сговоре с Бергом[7].

Для того чтобы эффективнее расстроить планы противников, Милютин и Черкасский до последнего момента окружали проект «монастырской реформы» непроницаемой завесой секретности, повторив прием, хорошо удавшийся им во время работы над аграрными законами. Они хотели застать врасплох администрацию Царства Польского, польских монахов и европейское общественное мнение.

«Держите все в тайне», — многократно повторял Черкасскому Милютин, опасавшийся утечки информации со стороны министров и в особенности «болтливости» князя Горчакова[8]. После того как указы были одобрены императором, Милютин секретно напечатал их и отдал перевести на французский и немецкий языки. Для опубликования указов он дождался депеши Черкасского, информировавшей его о том, что момент настал[9]. Едва только получив этот знак от князя, Николай Алексеевич разослал телеграммы во все концы, с тем чтобы Европа узнала одновременно об указах о монастырях и об их исполнении.

Граф Берг объявил через генерала Трепова, шефа полиции, что внезапное упразднение монастырей рискует спровоцировать

---

[7] Письмо Черкасскому от 2 / 14 июня 1864 года.

[8] Письмо от 8 ноября 1864 года. «Мы не жалеем сил, чтобы окружить наши проекты тайной. Внезапная секуляризация должна не только облегчить исполнение, но также сильнее воздействовать на умы» (Письмо Черкасскому от 29 октября 1864 года). «Все мои усилия сводятся к тому, чтобы не дать разболтать день подписания и отправки указов» (Из письма ему же от 14 / 26 октября).

[9] Письмо Милютина Черкасскому от 8 ноября 1864 года.

в стране шумные манифестации и возобновление патриотических процессий последних месяцев 1863 года.

Такие опасения Трепова и наместника казались Милютину сильно преувеличенными. «Сейчас уже не то время, — писал он Черкасскому, — когда можно безнаказанно оскорбить *москаля* на улицах Варшавы»[10]. В глубине души он не был, однако, в этом совершенно уверен. Он спрашивал князя, можно ли опасаться какой-нибудь демонстрации со стороны духовенства, добавляя, что, если последнее осмелится нарушить едва восстановленный порядок, он сам одобрит принятие жестких мер против церкви[11]. Но Польша была слишком подавлена, а Варшава слишком убеждена в бесполезности сопротивления, чтобы увеличивать еще больше раздражение победителя бессильными демонстрациями. Императорские указы, свалившиеся как снег на голову тех, кому они были адресованы, были исполнены в ночь с 27 на 28 ноября без каких-либо возмущений. Подготовив тайно все в Варшаве, Черкасский сам возглавил закрытие основных монастырей, обозначенных в указах. Их монахи и служители, разбуженные в сумерках и спешно одевшиеся, должны были немедленно покинуть помещения и в сопровождении полиции отправиться в другие монастыри, временно сохраненные в качестве убежищ. Узнав о безболезненном исполнении императорских указов, Милютин был готов произнести триумфальную оду в честь победы своего дела, несмотря на все мрачные предсказания пророков несчастья[12]. Лишь одно обстоятельство бросало тень на его ликование. Несмотря на все принятые предосторожности и информационные записки, заранее разосланные им в газеты, за границей «эффект» от принятой меры был испорчен неумелым поведением царских агентов в Риме и Париже[13].

---

[10] Письмо от 8 / 20 ноября 1864 года.

[11] Письмо от 12 / 24 сентября 1864 года.

[12] Из письма Черкасскому от 30 ноября / 12 декабря 1864 года.

[13] Милютин высказывал сожаление в связи с поведением русского представителя в Риме, который представил свою версию событий в объяснениях папской администрации. В Париже русский посланник с опозданием представил сообщение в газеты, дав полякам себя обогнать. В результате *Moniteur*

Быстрая секуляризация, проведенная Милютиным и Черкасским, коснулась не всех церковных учреждений Польши. В сферу действия указов 1864 года попали два класса монастырей: 1) те, в которых было менее восьми монахов или монахинь — каноническое число, установленное, как кажется, папскими буллами (согласно Милютину[14], таких в Польше было не менее восьмидесяти); 2) мужские или женские монастыри, активно поддержавшие восстание (по данным Черкасского, в этом отношении только один, знаменитый Ясногорский монастырь в Ченстохове, был вне подозрений)[15]. До 1863 года в Царстве Польском насчитывалось сто девяносто три монастыря, из них сорок женских, со строгим ограничением численности монахов, монахинь и послушников обоего пола. Движимое имущество тридцати четырех сохранявшихся монастырей конфисковывалось правительством. Недвижимые строения, а также нашедшие в них убежище монахи и монахини отныне содержались за счет государства. Те, кто вынужден был покинуть закрывшиеся монастыри, не могли надолго задерживаться в оставшихся резервных. Из двух тысяч монахов и пятисот монахинь, живших в монастырских строениях Польши, около половины остались без крова над головой. Эти «сверхкомплектные единицы», как их называл Милютин, были основной головной болью авторов секуляризации. По первоначальному замыслу они должны были вернуться к мирской жизни. Однако эта идея была отвергнута большинством царских советников — как считал Милютин, по трем причинам. Во-первых, потому, что расстриженные монахи в большинстве своем не имели мирских профессиональных на-

---

использовал сведения, почерпнутые из враждебных источников. Император, как рассказывали, выразил в связи с этим свое недовольство князю Горчакову (из письма от 30 ноября / 12 декабря 1864 года).

[14] Письмо Черкасскому от 2 / 14 июня 1864 года.

[15] Письмо Милютину от 12 / 25 мая 1864 года. Обвинительный акт против польских монастырей был составлен Ильей Селивановым, сосланным в Вятку по решению полиции в период царствования Николая I. Этот любопытный документ, опубликованный в русской прессе, был переведен на немецкий язык: [Eckardt 1881: 331–334].

выков. Во-вторых, потому, что такая мера вызвала бы возмущение всего католического мира. Наконец, потому, что православное сознание не допускает отмены принятого обета, даже если он был принят католиком[16]. Этот последний аргумент, хотя и сентиментального свойства, казался Милютину наиболее существенным. Несколькими днями позже он писал, однако, Черкасскому, что если среди изгнанных монахов найдутся желающие забросить монашескую рясу в крапиву, то лучше всего будет с этим молча согласиться[17]. Большинству монахов и монахинь, не смогших или не захотевших остаться в сохраненных монастырях, было разрешено и даже оказано содействие в переезде в монастыри за границей. Естественно, все они получили пожизненную пенсию из средств конфискованного монастырского имущества.

Это имущество, еще значительное, было использовано частично на нужды народного просвещения, частично на выплаты дотаций приходскому католическому духовенству, которое до последнего времени играло в городах второстепенную роль, так как большинство церквей было в руках монахов. Излишки монастырских земель были проданы как государственное имущество или использованы для увеличения наделов, переданных для обработки крестьянам. Мужские и женские религиозные школы, содержавшиеся монастырями, были закрыты или переведены в ведение правительства, которое видело своей основной задачей вырвать образование из рук обоих типов духовенства, черного и белого.

Это последнее (белое духовенство) также было затронуто реформами. До исполнения указов оно продолжало получать, в частности в сельских приходах, некоторые выплаты от прихожан. Несмотря на свою преданность католической вере, крестьяне требовали освобождения от таких выплат[18]. Милютин и Черкасский незамедлительно удовлетворили их требования.

---

16 Из письма Милютина Черкасскому от 14 / 26 октября 1864 года.

17 Письмо от 30 ноября / 12 декабря 1864 года.

18 В постскриптуме к письму от 7 / 19 мая 1864 года Черкасский информировал Милютина о том, что он начал получать многочисленные прошения по этому поводу.

Был разрушен последний финансовый оплот церкви в виде взимания десятины, и духовенство стало получать содержание от государства из средств, полученных от конфискованного имущества монастырей. Милютин позаботился также о том, чтобы одновременно оборвать все еще остававшиеся связи между приходским духовенством и дворянством. Крупные земельные собственники, лишенные *патроната* над церквями, утратили право назначать священников в некоторых сельских приходах. Опасаясь высшего духовенства и Ватикана не меньше, чем польской аристократии, Милютин и Черкасский стремились ограничить власть епископов над низовыми священниками. Указ от 14 / 26 декабря 1865 года ликвидировал право епископов на лишение священников сана. Движимые традиционной склонностью к назначению на выборной основе, двое друзей хотели передать самим крестьянам право выбирать своих духовных пастырей, равно как и право выбора глав сельских администраций или старшин. Это была мера, которую они охотно применили бы и в России при назначении православного духовенства. Предложение относительно польского духовенства было послано в Петербург, но отвергнуто в Комитете министров, несомненно, по причине сопротивления, которое оно могло спровоцировать со стороны иерархов католической церкви[19].

Самый серьезный упрек, который можно высказать России в этом сложном вопросе, касается ликвидации последней епархии униатской, или объединенной греческой, церкви, официально переданной в состав Русской православной церкви без учета личного мнения священников и светских лиц, связанных унией с Римом. Однако следует вспомнить, что это нарушение свободы совести, запятнавшее царствование Александра II, произошло уже после работы министерства и смерти самого Милютина. Стремясь найти в Польше элементы, которые могли бы служить поддержкой русского доминирования, Милютин, конечно, не мог

---

[19] «Сегодня также изучали вопрос *патроната*. Одобрили все, кроме выбора священников их прихожанами. По этому пункту меня поддержали только мой брат и Зеленóй» (из письма Милютина Черкасскому от 2 / 14 июня 1866 года).

оставить без внимания Холмскую униатскую епархию. Начиная с лета 1864 года он настоятельно рекомендовал Черкасскому заняться ею и жаловался по этому поводу на медлительность князя Горчакова[20]. На юго-востоке Царства Польского Милютин и его друзья с радостью обнаружили посреди недружественной страны население малороссийского происхождения, сохранявшее память о православных обрядах. Они были первыми, кто попытался разбудить в этих польских *русинах* чувство их древнего национального и религиозного родства с русскими. Там, в том, что они называли «Русским Забужьем» (Холмщина и Подляшье), как и на другом конце Царства Польского, в северных литовских уездах, они искали возможности повернуть против самой Польши ее наиболее грозное орудие сопротивления — национальное чувство. Для этого, не довольствуясь субсидированием униатских церквей и священников, не остановившись на роспуске наиболее преданной римской унии части объединенного греческого духовенства, Милютин и Черкасский призвали из Галиции грекоуниатских священников, известных своими «антипольскими» настроениями. Они стали читать проповеди на малороссийском диалекте и бороться в среде своих прихожан со всеми заимствованиями из латинского церковного ритуала[21]. Если таким образом Милютин и способствовал подготовке объединения униатов с русской церковью, то он никоим образом не причастен к лицемерным актам насилия, которые в конце царствования Александра II сопровождали склонение их к православию[22].

---

[20] Письмо от 8 / 20 августа 1864 года. Если не ошибаюсь, делами униатов занималось Министерство иностранных дел. Вопрос объединенной греческой церкви из числа тех, которые мы не сможем здесь осветить. Мы изучим его в ближайшее время с большей свободой суждения, равно как и положение иных различных церквей в России, в третьем томе нашего большого труда *L'Empire des tsars et les Russes*.

[21] В 1866 году Черкасский пригласил из Галиции знаменитого Маркелла Попеля, приложившего много сил к «возвращению» объединенной греческой церкви в восточное православие.

[22] В своих поисках элементов, которые могли бы поддержать русское влияние, Милютин вспомнил даже о поселениях *раскольников*, несколько поколений которых жило в Польше. Решительный сторонник свободы выбора религии,

Политика русского правительства в отношении церкви в Польше и Литве, его усилия, предпринятые для того, чтобы отдалить от Рима русинов-униатов, приемы, использованные в отношении епископата и духовенства, закрытие монастырей, интернирование католических епископов в отдаленные уголки России — все это не могло не встретить сопротивления Ватикана. Папа Пий IX не мог молча терпеть подобные посягательства на права верующих. Пылкий и красноречивый, понтифик без устали слал Европе свои гневные протесты. В ход шли ноты русскому правительству, личные письма императору, энциклики епископам и верующим, обращения к кардиналам — для защиты польского духовенства Пий IX использовал все доступные средства политического и духовного воздействия. Однако, несмотря на свой пылкий характер и резкие формулировки высказываний, папа не собирался делать первый шаг в разрыве отношений с русским правительством. Инициатива разрыва должна была исходить от Петербурга, а ее инициатором должен был стать Милютин. Вместе с Черкасским, хотя и с меньшей страстью, чем его друг, он искал возможности ослабить связи польского духовенства с Ватиканом, от которого Николай Алексеевич уже не ждал ничего хорошего. Во вмешательстве папы он видел лишь лишнее препятствие на пути осуществления своих проектов. Поэтому, не желая договариваться с главой католической церкви, уже начиная с лета 1864 года Милютин не скрывал своих настроений всякий раз, когда римская курия искала, как ему казалось, «пути к сближению»[23]. По его мнению, царское правительство, вместо того чтобы вступать в переговоры с папой, должно было прекратить все официальные отношения с ним и решительно расторгнуть соглашения, заключенные с Римом в 1847 году. Возможно,

---

он не хотел, чтобы ассимиляция Царства Польского с империей довела этих безобидных сектантов до состояния лишения прав, которые им предоставляла религиозная терпимость в стране. В одном из писем Черкасскому (7 / 19 декабря 1864 года) Милютин упоминает по этому поводу бурное обсуждение в Комитете министров: речь шла о том, чтобы принять решение, будет ли разрешено *раскольникам* Августовской губернии оставить колокола!

[23] Письмо Черкасскому от 8 / 20 августа 1864 года.

Милютин не желал тратить силы на примирение или хотел привлечь на свою сторону общественное мнение, но Александр II долго колебался, прежде чем дойти до крайней меры. Он решился на нее только в ноябре 1866 года. Многим его советникам, и первым в их числе князю Горчакову, все еще претила мысль о подобном разрыве. После долгого и бурного обсуждения в Комитете министров Милютину удалось тем не менее одержать верх в присутствии самого императора. В том совете, члены которого не чувствовали себя связанными какой-либо солидарностью, Николай Алексеевич уже несколько раз смог заставить принять свою точку зрения, хотя только после бурного обсуждения[24]. И вот настал день его последнего усилия и последнего триумфа. Через несколько часов, возвращаясь с заседания совета и радуясь победе, Милютин перенес апоплексический удар, от которого он смог оправиться, только оставшись парализованным.

Болезнь и отход Милютина от дел не остановили исполнение мер, которые были намечены по его инициативе. Указ от ноября 1866 года аннулировал конкордат с папским престолом 1847 года. Только через семнадцать лет, в 1883 году, при императоре Александре III и папе Льве XIII, после трудных переговоров, начатых в конце царствования Александра II, Россия и Ватикан смогли договориться и подписать новое соглашение. Это соглашение, заключенное благодаря приобретенной за последние годы мудрости духовенства, стало знаком умиротворения обеих сторон. Друзья России и Польши приветствовали примирение, поскольку русские и поляки всегда лишь выигрывали от своего взаимного сближения. Ключевыми вопросами в нем всегда оставались религия и национальное чувство поляков. Только демонстрируя их уважение, русские правители могли обеспечить свое доминирование на берегах Вислы.

---

24 Письмо Милютина от 2 / 14 июля 1866 года.

Глава XIV

Милютин член Государственного Совета, затем статс-секретарь по делам Польши (с апреля 1866 года). — Короткая жизнь его министерства. — Сражение при Садовой и недоверие Милютина к Германии. — Русская политика и германизация Польши. — Болезнь Милютина. — Его последние годы. — Смерть его друзей Самарина и Черкасского. — Заключение. — Мораль этой истории

В течение долгого сражения победителей за тело закованной в цепи Польши лидеры обеих сторон в полной мере получили вознаграждения и одновременно поддержку. Граф Берг последовательно стал сначала наместником, а затем фельдмаршалом. Милютина назначили членом Государственного Совета и статс-секретарем по делам Польши.

Назначение Николая Алексеевича членом Государственного Совета и расширенного Комитета по делам крестьян состоялось в январе 1865 года, то есть тремя или четырьмя годами позже первоначально обещанного ему срока. Это двойное назначение, которое, как он говорил, «придаст пару враждебным страстям»[1], давало возможность услышать его голос по вопросам внутренних дел страны, интерес к которым у него никогда не пропадал, в частности в крестьянских делах, которые его всегда живо интересовали. Поэтому он старался добросовестно исполнять свои новые обязанности, несмотря на многочисленные дела, связан-

[1] Из письма от января 1865 года.

ные с Польшей, и добровольно взятый на себя избыточный объем работы[2].

Когда Николая Алексеевича призвали для работы в Государственном Совете и Комитете по делам крестьян, председательство в этих двух собраниях было доверено императором прежнему покровителю Милютина, великому князю Константину Николаевичу. В то же время князь Гагарин становился одновременно председателем Комитета министров, комитетов по вопросам Польши, западных областей и Кавказа. Не переставая сомневаться в эффективности такого «разделения власти», Милютин смог обеспечить порученным ему делам единообразное руководство, удовлетворенный тем, что ни один из двух председателей не обладал в советах исключительным влиянием. Он избрал для себя тактику согласия с князем Гагариным в польских делах и с великим князем Константином Николаевичем в делах крестьян[3]. Отважный труженик, он еще не мог предвидеть, что скоро будет навсегда вырван из политики и публичной сферы.

В апреле 1866 года Статс-секретариат по делам Польши перешел под управление Милютина. Николай Алексеевич не воспринимал это запоздалое назначение как однозначный успех, потому что оно сулило еще надолго связать его с польскими делами, от которых он всегда хотел быстрее освободиться. Никогда не предпринимая усилий для назначения на этот пост, по праву принадлежавший и впервые предложенный ему императором еще в 1864 году, казалось, он долгое время пытался его избежать. «Вы предпочитаете назначать министров, чем быть министром самому», — говорил ему по этому поводу князь Горчаков.

Момент, когда Милютин был призван занять министерский пост, не благоприятствовал нововведениям. Это случилось непосредственно после покушения Каракозова, первого русского,

---

2 Например, 8 / 20 января 1865 года Милютин писал Соловьеву, что не может покинуть Петербург, потому что в Главном комитете должно было начаться рассмотрение проекта организации государственных крестьян, а вскоре после этого изучение положения о прессе в Государственном Совете — два вопроса, в обсуждении которых император желал его участия.

3 Из письма Соловьеву от 28 декабря 1864 года / 9 января 1865 года.

осмелившегося поднять руку на самодержца. Покушение побудило правительство, до того нерешительное и колеблющееся, занять более консервативную позицию. Влияние в нем Милютина могло быть поколеблено: это был момент, когда он был назначен министром, но министром по делам Польши[4]. В то же самое время генерал Муравьев, еще накануне бывший в состоянии, напоминавшем опалу, внезапно возглавил правительство, как это случилось четырнадцатью годами позже в подобных обстоятельствах с генералом Лорис-Меликовым.

Друзья Милютина, еще надеясь на лучшие времена, прочили Николаю Алексеевичу ключевой пост в руководстве Министерства внутренних дел, от которого он был отстранен в 1861 году. Этим мечтам не суждено было сбыться. Милютин успел поработать в Комитете министров лишь несколько месяцев, израсходовав в нем остаток сил в баталиях, связанных с польскими делами.

Тем временем между двумя близкими соседями России в 1866 году произошла скоротечная война, ставшая прелюдией к войне 1870 года. На следующий день после сражения при Садовой Милютин писал супруге: «Поражение австрийцев полное, пруссаки разбили их наголову. Теперь они так возгордятся, что на них не будет никакой управы. Для нас в этом нет ничего хорошего»[5]. В 1870 году, больной и парализованный, уже четыре года как отошедший от дел, Николай Алексеевич испытал настоящую душевную боль, узнав о военном поражении Франции. Помимо своего естественного и провидческого беспокойства о родной стране, Милютин всегда демонстрировал по отношению к Франции предпочтение, которому никогда не изменил, за что неоднократно бывал объектом яростных нападок в России. Когда он находился у власти, одной из его забот было изменить, с помощью прессы, мнение французов о России[6]. Позже, узнав

---

[4] Милютин был назначен статс-секретарем по делам Польши, фактически это был министерский статус. — *Прим. науч. ред.*

[5] Из письма от 5 / 17 июля 1866 года.

[6] Многие письма Милютина несут на себе отпечаток этой озабоченности, в частности письма, адресованные В. Н. Чичерину, секретарю посольства России в Париже.

о капитуляции французской армии после битвы при Седане, поначалу Милютин отказался этому верить, вообразив, что, используя его немощь, окружение решило злоупотребить ею, дабы довершить дело, начатое болезнью.

Следует отметить, что за год до сражения при Садовой, по поводу одного министерского назначения в Польше, он же писал: «Немцев я опасаюсь меньше, чем поляков»[7]. Эта фраза, написанная наспех, долгое время могла служить девизом русской политики в Польше. Занятая тем, чтобы противостоять польскому влиянию, Россия неосознанно способствовала, на берегах Вислы и вплоть до своих западных границ, укреплению влияния Германии, своего самого опасного конкурента.

Мысль Милютина и суть такой политики понятны в контексте только что подавленного польского восстания и перед лицом раздробленных германских государств, в то время как Пруссия представлялась в Петербурге лишь скромным сателлитом великого северного соседа. Была ли Россия достаточно осмотрительна и рациональна после возрождения германской империи, в то время как в Берлине никто не забыл о том, что до России Варшавой правила Пруссия? Польша, несколько раз расплачивавшаяся за свою дружбу с Пруссией и Россией, долго оставаясь жертвой их сговора, могла наконец стать яблоком раздора между двумя державами. В сложном вопросе будущей организации Европы польский фактор остается элементом, которым нельзя пренебрегать в политических расчетах. Для того чтобы вырвать польскую колючку из тела России, многие русские охотно оставили бы Германии всю Польшу или по крайней мере половину Царства Польского, лежащую к западу от Вислы. Однако уступка пруссакам части Польши была бы не только предательством славянских интересов, но также могла, после укоренения на берегах Вислы, навести Германию на мысль о возможном распространении ее доминирования на остальную часть Царства Польского и далее вплоть до Литвы, Курляндии и Ливонии. Ожидаемым результатом могло быть пошаговое, область за областью, поглощение всей

---

7 Из письма Черкасскому от 8 / 20 февраля 1865 года.

исторической территории Речи Посполитой Германией в одиночку или вместе с Австрией[8].

Восстановление Германской империи, более чем когда бы то ни было, зависит от того, оставит Россия Польшу или нет. Если Россия желает ее сохранить, она должна сделать жизнь в пределах империи приемлемой не только для ее высококультурной элиты, но и для народных масс. Слепы те русские, которые льстят себе мыслью о возможности разрешить труднейший польский вопрос, противодействуя одновременно и полякам и немцам! Петербургские или московские патриоты, ратующие за лишение национального сознания жителей долины Вислы, или поляки, отвергающие любое соглашение с Россией, в равной степени работают на Берлин.

До битвы при Садовой и поражения Франции под Седаном еще можно было питать иллюзии. Сегодня Милютин не говорил бы так, как он это делал в 1864 или 1865 году. К несчастью для его родины, он уже не смог пересмотреть свои взгляды. За четыре года до того, как в зеркальной галерее Версальского замка прусский король провозгласил себя германским императором, и всего через несколько месяцев после Садовой Николая Алексеевича поразил апоплексический удар, от которого он так и не оправился.

Уже давно накопившаяся усталость от трудов, связанных с крестьянской реформой, подорвала его здоровье. Избыток работы и волнения трех последних лет довершили его разрушение. По признанию самого Милютина, постоянное испытание всех душевных и умственных сил, напряжение терпения и самообладания, к которым он был принужден, утомляли его не меньше, а возможно, и больше, чем работа[9]. Зловещие симптомы и частые недомогания уже давно беспокоили семью и друзей, но, желая прежде всего завершить начатое, Николай Алексеевич всегда откладывал лечение и отдых. Ему было суждено продолжать до

---

8 См. [Leroy-Beaulieu 1881–1889, I, (2-ème édit.): 124–128].

9 Из письма супруге от 14 / 26 декабря 1865 года. Черкасский также говорил: «Его убила не столько работа, сколько борьба».

конца то, что в одном из своих последних петербургских писем он сам называл каторжным существованием[10]. Семья решила, не предупреждая Милютина заранее, пригласить для его обследования доктора Боткина, светило русской науки. Спонтанная консультация была проведена сразу после слушания в Комитете министров, откуда Николай Алексеевич вышел полный энтузиазма, сумев доказать необходимость разрыва с Ватиканом. Доктор Боткин диагностировал у него сильно запущенную болезнь сердца и не скрыл от Милютина возможность внезапной катастрофы. В тот же вечер, вставая из-за стола после ужина, он упал и потерял сознание. Император, научившийся в последнее время ценить Николая Алексеевича, тут же приехал к нему с визитом из разряда тех, которые государи наносят своим умирающим министрам. Милютин не умер сразу, но после случившегося кризиса никакие врачебные усилия уже не смогли поставить его на ноги. Парализованный и ослабленный, неспособный к какому-либо продолжительному усилию, он был вынужден полностью отойти от всех дел. Ему едва исполнилось сорок восемь лет.

Мы не будем здесь рассказывать об унылом отдыхе Милютина в последние годы вынужденного безделья. Его деятельный и предприимчивый ум до конца сохранил свою ясность, с редким терпением перенося жестокую реальность собственного бессилия[11]. Николай Алексеевич совершил еще одну поездку за границу, желая последний раз погреться под южным солнцем и в тщетных поисках советов к своему исцелению. Несчастье иногда сближает ушедших от дел бывших противников. В Баден-Бадене и на лечебных водах Германии парализованный Милютин несколько раз встречался с одним из своих основных оппонентов

---

[10] Из письма от 16 / 28 июня 1866 года.

[11] «Вы правы, — писал Иван Тургенев супруге Милютина в мае 1871 года, — положение Николая Алексеевича, действительно, трагично: все в нем величественно и горько, несчастливо и соответствует трагедии. И нет противу того никакого средства. Надо пройти этот путь до конца, помня, что такой удел выпадает только немногим и самым великим: *Wer für die Werken seiner Zeit gelebt / Der hat gelebt für alle Zeiten*» («Кто жил делами своего времени, жил на все времена». Стих из Гёте, если не ошибаюсь).

прошлых лет, ослепшим графом Паниным. В конце концов, потеряв надежду на восстановление здоровья, Николай Алексеевич удалился в Москву, куда его призывали детские воспоминания и сердечные переживания взрослого возраста. В Москве его ждали самые дорогие сотрудники, Самарин и Черкасский, оба отошедшие от дел и погрузившиеся в частную жизнь.

Удар, внезапно поразивший Милютина, затронул всех его друзей в политике и обезглавил партию, в которой он, бывший заместитель министра Ланского, был признанным главой. Без этой трагической неожиданности вторая половина правления Александра II, возможно, смогла бы лучше оправдать надежды, которые подарила обществу первая половина его царствования. Князь Черкасский, который, по всеобщему мнению, должен был унаследовать пост Милютина в Статс-секретариате по делам Польши, не захотел служить в качестве преемника своего друга. Он вернулся в Москву, где был избран городским головой и где, рядом с Самариным, принял активное участие в скромных *думских* и *губернских* делах[12]. По примеру Черкасского, самые известные волонтеры, работавшие с Милютиным, такие как Кошелев, подали в отставку. Как мы уже говорили, польские дела от этого ничего не выиграли.

Милютин умер в Москве в январе 1872 года. Величайший из живших тогда русских поэтов, Н. А. Некрасов, известный своей любовью к простому народу, в стихотворении «Кузнец» воспел в аллегорической форме стойкого труженика дела освобождения крестьянства.

Двое ближайших соратников Николая Алексеевича, Самарин и Черкасский, ненамного пережили своего знаменитого друга. Первый умер в 1875 году, в первые же дни после своего приезда в частную лечебницу в окрестностях Берлина, где собирался пройти длительный курс лечения. В то время князь Черкасский находился в Париже, где я был свидетелем его живой душевной боли, когда он узнал о неожиданной смерти друга. Владимир Александрович вскоре последовал за Самариным. Он также умер

---

[12] Черкасский принимал участие в работе думского и губернского собраний.

на чужбине, вдали от семьи, когда ему едва исполнилось пятьдесят четыре года.

Известно, что во время последней войны на Балканах Черкасский, уже вышедший на пенсию, принял предложение возглавить нелегкую миссию по организации гражданской жизни на только что освобожденной царскими войсками территории Болгарии. Вряд ли стоит рассказывать здесь о трудностях и огорчениях в его работе, явившихся обратной стороной успехов царской армии, об апатии и сопротивлении местного населения, ошибках и противоречивых действиях военного командования, открытых нападках и инсинуациях местной прессы, слишком скорой как на похвалу, так и на порицание. Окруженный со всех сторон неприятностями, сделанный ответственным за просчеты, причиной которых были лишь обстоятельства, сломленный непосильной ношей трудов и огорчений, Черкасский оставил свой пост в тот момент, когда, благодаря установившемуся миру, его работа в Болгарии заметно облегчалась. Настигнутый лихорадкой в Адрианополе, несмотря на протесты врачей, Черкасский настоял на поездке в Сан-Стефано, где находился штаб русской армии и где начинались мирные переговоры, от которых зависело будущее Болгарии[13]. Как и Милютин, он до конца отказывался оставить работу. Сломленный рецидивом болезни, которую он считал уже побежденной одной лишь силой своей воли, Черкасский скончался на берегах Мраморного моря 19 февраля 1878 года, в день семнадцатой годовщины отмены крепостного права и день подписания Сан-Стефанского мирного договора, в подготовке которого он принял не меньшее участие, чем генерал Игнатьев.

Русские и славяне в целом слывут нацией, обладающей большей гибкостью, нежели энергией. Люди легкие в общении, но не обладающие устойчивыми взглядами, они быстро увлекаются и так же быстро разочаровываются. Русских обвиняют в недостатке индивидуальности, силы воли и настойчивости в достижении цели. Даже если эти упреки часто бывают заслуженными, перечисленные недостатки, так сказать, национального характера в них далеко не

---

[13] См. [Черкасский 1879: 360–367].

универсальны и не неизлечимы. Доказательством тому служат наши трое друзей, Милютин, Самарин и Черкасский. Можно не разделять их мнения или принципы, но невозможно оспорить ни их духовную независимость, ни упорство воли. Пример этих трех русских старого закала, трех выпускников московского университета показывает, что так называемый национальный характер может дать неожиданные проявления высочайших политических качеств, которые повлекут за собой духовное освобождение всего народа. Для наций, как и для отдельных личностей, есть нечто, что выше таланта или гения. Это верность убеждениям и бескорыстная приверженность своим идеям. И если по прочтении этой книги станет понятно, что, вопреки несправедливым предрассудкам, для того чтобы управлять страной и вести ее вперед, России не нужна иностранная помощь и она имеет полное право сказать, что она *farà da se*[14], моя задача будет выполнена и написанные страницы не окажутся бесполезными. И если в настоящее время в России не хватает достойных людей, то это оттого, что действующий в ней режим бюрократического самодержавия не столько способен проявлять таланты, сколько их душить.

Мало найдется государственных деятелей, которые могли бы похвалиться тем, что завершили при жизни дело, о котором мечтали в молодости. Милютину выпало это редкое счастье, да и то неполным образом. Он был отстранен в 1861 году, когда мог надеяться возглавить руководство исполнением положения об освобождении крестьян и внедрять на практике изменения, внесенные в проекты Редакционной комиссии. Имея свободу действий в качестве министра внутренних дел, он намечал воспользоваться государственными земельными угодьями или осуществить колонизацию пустующих земель для увеличения крестьянских наделов, которые с каждым днем уменьшались в связи с возрастанием населения. Николай Алексеевич хотел сформировать в России систему *административного самоуправления* и, через местные свободы, подготовить страну к принятию режима полноценных политических свобод.

---

[14] farà da se (*итал.*) — позаботится о себе сама. — *Прим. перев.*

Труднее оценить работу Милютина в Польше. Из всех преобразований, предпринятых в долине Вислы, самые долговечные и наиболее удавшиеся, но одновременно вызвавшие больше всего возражений — это, несомненно, аграрные законы. Если посмотреть на их результаты, то успех очевиден. Однако мы не осмелимся сказать то же самое об административной и политической реформах.

Есть страны, которые, по тем или иным причинам, легко ассоциируются одна с другой в сознании людей. Так, говоря о Польше, мы часто думаем об Ирландии. В сознании французов в особенности эти две страны образуют некое товарищество по несчастью, по религии, по исторически долгим и бессильным симпатиям нашей страны по отношению к ним. Действительно, между Польшей и Ирландией их похожие исторические злоключения сформировали некую общность. Тем не менее между ними существует, возможно, столько же противоположностей, и эти две страны можно было бы расположить как взаимно контрастирующие.

Милютин и Черкасский любили говорить или, скорее, предсказывать, что одни только аграрные законы могли бы уже привести к миру в Ирландии. Это пророчество, вызывавшее негодование английских радикалов, сбылось в виде законопроекта о земле (*land-bill*) Уильяма Гладстона[15]. Если Великобритания долго не соглашалась с такой операцией, то она это делала не только из страха затронуть религиозно охраняемое право собственности. В противоположность тому, с чем русские столкнулись в Польше, именно в среде *лендлордов*, то есть крупных аристократов-землевладельцев, британское правительство нашло в Ирландии свою самую надежную поддержку. Вероятно, там аграрные законы были бы приняты многими годами раньше, если бы оппозиция исходила от высших слоев общества.

---

[15] Аграрные законы Ирландии, правда, далеко не разрешили земельный вопрос так же четко и рационально, как это сделали аналогичные законы в России и Польше. Можно сомневаться в том, что решение, принятое в Ирландии, является окончательным. См. в *Revue des Deux Mondes* от 1 июля 1881 года наше исследование под названием *L'Irlande et le Land-bill de M. Gladstone* [Leroy-Beaulieu 1881].

В некотором роде можно сказать, что Россия в отношении Польши и Англия в отношении Ирландии долгое время действовали противоположным образом. Одна давала то, в чем отказывала другая, каждая действуя в подчиненной стране отличным от другой, но в равной степени несовершенным и почти одинаково порочным способом. В Ирландии Англия слишком часто считала, что может решить все проблемы с помощью политических свобод. В Польше Россия долгое время льстила себе уверенностью в том, что всего можно добиться экономическими реформами. В Лондоне забывали, что народы, как и людей в отдельности, невозможно накормить политическими правами. В Петербурге нечасто вспоминали евангельскую заповедь: «Не хлебом единым жив человек». Оба правительства могли бы давать друг другу взаимные уроки. Но даже и тогда преимущество будет, похоже, на стороне России и Польши. В Польше аграрные реформы разрешили экономический вопрос, и, какой бы сложной ни казалась там политическая ситуация, национальная проблема, возможно, получит менее трудное решение на песчаных берегах Вислы в Варшаве, чем на набережных, окружающих черные воды Лиффи в Дублине. Несмотря на все страдания народа, Польша достигла под властью России процветания, и ничто не препятствует вершителям ее судеб вернуть ей однажды права и свободы, без которых ни один европейский народ не может долго обходиться.

Библиография

Кавелин 1883 — Кавелин К. Д. Освобождение крестьян и г. фон Самсон-Гиммельстиерна // Вестник Европы. 1883. Т. 5. К. 9. С. 31–72.

Кизеветтер 1911 — Кизеветтер А. А. Николай Алексеевич Милютин // Освобождение крестьян. Деятели реформы. М.: Издание научного слова, 1911. С. 233–266.

Кошелев 2002 — Кошелев А. И. Записка о делах Царства Польского // Записки Александра Ивановича Кошелева (1822–1883 годы). М.: Наука, 2002. С. 322–335.

Милютин Д. 1997–2006 — Милютин Д. А. Воспоминания: В 7 т. М.: ТРИТЭ; Российский Архив, 1997–2006.

Милютин Н. 1873 — Николай Алексеевич Милютин. 1859–1861 // Русская старина. 1873. Т. 7. Вып. 6. С. 855–857.

Милютин Н. 1880 — Милютин Н. А. Три письма Н. А. Милютина // Русская старина. 1880. Т. 27. Вып. 2. С. 388–392.

Милютина 1899 — [Милютина М. А.] Из записок Марии Аггеевны Милютиной // Русская старина. 1899. Т. 97. Вып. 1–3. С. 39–65, 265–288, 575–601.

Морозова 2019 — Морозова Е. Н. Н. А. Милютин: замыслы и результаты (от полицейской реформы к созданию эффективного местного управления). Саратов: Изд-во Саратовского университета, 2019.

Самарин 1863 — Самарин Ю. Ф. Поездка по некоторым местностям Царства Польского в октябре 1863 года. СПб., 1863.

Соловьев 1882 — [Соловьев Я. А.] Записки сенатора Я. А. Соловьева о крестьянском деле // Русская старина. 1882. Т. 36. № 10. С. 131–154.

Спасович 1902 — Спасович В. Д. Виктор Антонович Арцимович 1863–1866 // Сочинения В. Д. Спасовича. Т. 10. СПб.: Книжный магазин К. Грендышского, 1902. С. 347–462.

Тимирязев 1873 — Тимирязев Ф. 19-е февраля 1872 года (Посвящается памяти Н. А. Милютина) // На кончину Николая Алексеевича

Милютина († 26 января 1872): Сборник некрологических статей. М.: Типография В. Готье, 1873. С. 60–66.

Трубецкая 1904 — Трубецкая О. Н. Князь Черкасский и его участие в разрешении крестьянского вопроса. Материалы для биографии. Т. 1, кн. 2. М.: Типография Г. Лисснера и А. Гешеля, 1904.

Черкасский 1879 — Черкасский В. А. Князь Владимир Александрович Черкасский, его статьи, его речи и воспоминания о нем. М.: тип. П. А. Лебедева, 1879.

Чичерин 2010 — Чичерин Б. Н. Воспоминания Т. 1. М.: Издательство им. Сабашниковых, 2010.

Eckardt 1881 — Eckardt J. W. A. von. Von Nicolaus I. Zu Alexander III. St. Petersburger Beitrage Zur Neuesten Russischen Geschichte. Leipzig: Duncker & Humblot, 1881.

Huppe 1867 — Huppe S. Verfassung der Republik Polen. Berlin: Ferdinand Schneider, 1867.

Leroy-Beaulieu 1879 — Leroy-Beaulieu A. Le Socialisme agraire et le régime de la propriété en Europe // Revue des deux Mondes. 1879. 3e période. T. 32. P. 76–114.

Leroy-Beaulieu 1881 — Leroy-Beaulieu A. L'Irlande et le Land-bill de M. Gladstone // Revue des Deux Mondes. 1881. T. 46. 1er juillet. P. 140–169.

Leroy-Beaulieu 1881–1889 — Leroy-Beaulieu A. L'Empire des Tsars et les russes. T. 1–3. Paris: Librairie Hachette et C-ie, 1881–1889.

Leroy-Beaulieu 1893–1896 — Leroy-Beaulieu A. The empire of the tsars and the russians / transl. by Z. Ragozin. NY-L.: G. P. Putnam's Sons, 1893–1896.

Lincoln 1977 — Lincoln B. Nikolai Miliutin: An enlightened Russian bureaucrat. Newtonville, Mass.: Oriental Research Partners, 1977.

Lisicki 1880 — Lisicki H. Le marquis Wielopolski. Sa vie et son temps. T. 2. Wienne, 1880.

Marbeau 1882 — Marbeau É. Slaves et Teutons: Notes et impressions de voyage. Paris: Hachette, 1882.

Murray 1875 — Handbook for Travellers in Russia, Poland and Finland; including the Crimea, Caucasus, Siberia, and Central Asia. 3d ed. London: John Murray, 1875.

Tourgueneff 1847 — Tourgueneff N. La Russie et les russes: 3 t. Paris: Au comptoir des Imprimeurs-unis, 1847.

Предметно-именной указатель

Оглавление

Научное издание

Анатоль Леруа-Больё

РУССКИЙ ГОСУДАРСТВЕННЫЙ ДЕЯТЕЛЬ НИКОЛАЙ МИЛЮТИН

Исследование о России и Польше времен царствования Александра II (1855–1872)

Директор издательства *И. В. Немировский*
Ответственный редактор *И. Белецкий*
Заведующий редакцией *А. Наседкин*

Дизайн *И. Граве*
Редактор *Р. Рудницкий*
Корректор *А. Филимонова*
Верстка *Е. Падалки*

Подписано в печать 29.05.2025.
Формат издания 60 × 90 $^{1}/_{16}$. Усл. печ. л. 17,9.
Тираж 200 экз.

Academic Studies Press
1577 Beacon Street, Brookline, MA 02446 USA
https://www.academicstudiespress.com

ООО «Библиороссика».
198207, г. Санкт-Петербург, а/я № 8

Эксклюзивные дистрибьюторы:
ООО «Караван»
ООО «КНИЖНЫЙ КЛУБ 36.6»
http://www.club366.ru
Тел./факс: 8(495)9264544
e-mail: club366@club366.ru

Книги издательства можно купить
в интернет-магазине: www.bibliorossicapress.com
e-mail: sales@bibliorossicapress.ru

Знак информационной продукции согласно Федеральному закону от 29.12.2010 № 436-ФЗ

www.ingramcontent.com/pod-product-compliance
Lightning Source LLC
Chambersburg PA
CBHW070401100426
42812CB00005B/1589

* 9 7 9 8 8 8 7 1 9 9 5 9 7 *